Dieter Seibert

Allgäuer Alpen

Allgäuer

Alpen

Dieter Seibert

Berge
Blumen
Täler
Touren
Geschichte

rosenheimer

Titelbild: Trettachspitze (links), Mädelegabel und Hochfrottspitze von Westen. Foto Heimhuber.

Aufnahme der Seiten 2 und 3: Bayerniederhofen in der Gemeinde Halblech im Ostallgäu. Im Hintergrund die Tannheimer Berge mit der Köllenspitze und der Schlicke.

Aufnahme rechts: Der Stuibenfall im inneren Oytal.

Bildnachweis:
Siegfried Garnweidner 89; Herbert Gruber 6/7, Archiv Gruber 115; Foto Heimhuber Titel, 16/17, 19, 54/55, 59, 62; Josef Immler 33, 53; Marcus Lutz 106; Alfons Meier 4/5; Karl Meusburger 29; Klaus Puntschuh 46;
Franz Zengerle 87.
Alle anderen Aufnahmen stammen von Dieter Seibert, der auch die Kartenskizzen zeichnete.

ISBN 3-475-52687-5

Dieses Buch erscheint in der Reihe »Rosenheimer Raritäten« im Rosenheimer Verlagshaus Alfred Förg GmbH & Co. KG, Rosenheim.
Den Satz besorgten Dieter Seibert und die Firma Typo-Kratzl in Freising. Es wurde gedruckt vom Landesverlag Druckservice in Linz und gebunden von der Firma Haßfurter Tagblatt in Haßfurt. Die Lithografie der Farbabbildungen fertigte Color Line in Verona.
Den Umschlag gestaltete Ulrich Eichberger, Innsbruck.

Inhalt

Kleine Liebeserklärung an die Allgäuer Alpen

Die Allgäuer Alpen liebt man, oder man läßt sie links liegen. Sie locken nicht mit einer auffallenden oder gar aufdringlichen Schönheit, mit Attraktionen und Sensationen. Die Landschaft ist weit, sonnig und liebenswert, sie empfängt einen sozusagen mit offenen Armen. Doch man muß sich, zu Fuß, auf den Weg machen, um den eigentlichen Reiz der Bergwelt zu entdecken. Vier Elemente schaffen das typische Bild: Wasser, Steilgras, Blumen und Fels.

Wie kein anderes Gebiet eignen sich die Allgäuer Alpen für jede Jahreszeit und als »Allwetter-

gebirge«. Denn die Auswahl reicht vom niedrigen, aber dennoch interessanten und wirklich pfiffigen Voralpenberg bis hin zu den großen, wilden Felsgipfeln, vom einfachen Skimugel bis zur rassigen Steilabfahrt. Jeder findet eine Fülle von Leckerbissen, die seinem ganz persönlichen Geschmack entgegenkommen. Und noch ein Detail: Im Gegensatz zu der Landschaft »Allgäu«, zu der bestimmt die Eigenschaftswörter still und unberührt wenig passen, findet man in den gleichnamigen Alpen alles vom richtigen Modeberg bis hin zu vollkommener Einsamkeit

Die Allgäuer Alpen

So ähnlich wie bei den Volksgruppen gehören auch zu den einzelnen Gebirgen gewisse Grundeigenschaften, die sie von anderen Gebieten deutlich unterscheiden. In diesem Kapitel sollen nun sozusagen die ganz persönlichen Eigentümlichkeiten der Allgäuer Alpen und ihres Anhängsels, der Tannheimer Berge, zur Sprache kommen. Zuallererst fällt die offene, weiträumige, sonnige Landschaft auf. Zum Charakteristischen zählen auch die fast gegensätzlichen »Bergtypen« vom Steilgrasgipfel über das Karstgebiet bis hin zum reinen Felsdom, eine Folge der ungewöhnlichen geologischen Vielfalt, die natürlich einen entsprechenden Reichtum in der Flora nach sich zieht. Zudem sorgt das Wasser für einen besonderen Schmuck durch seine zahlreichen Bergseen, Wasserfälle, Klammen…

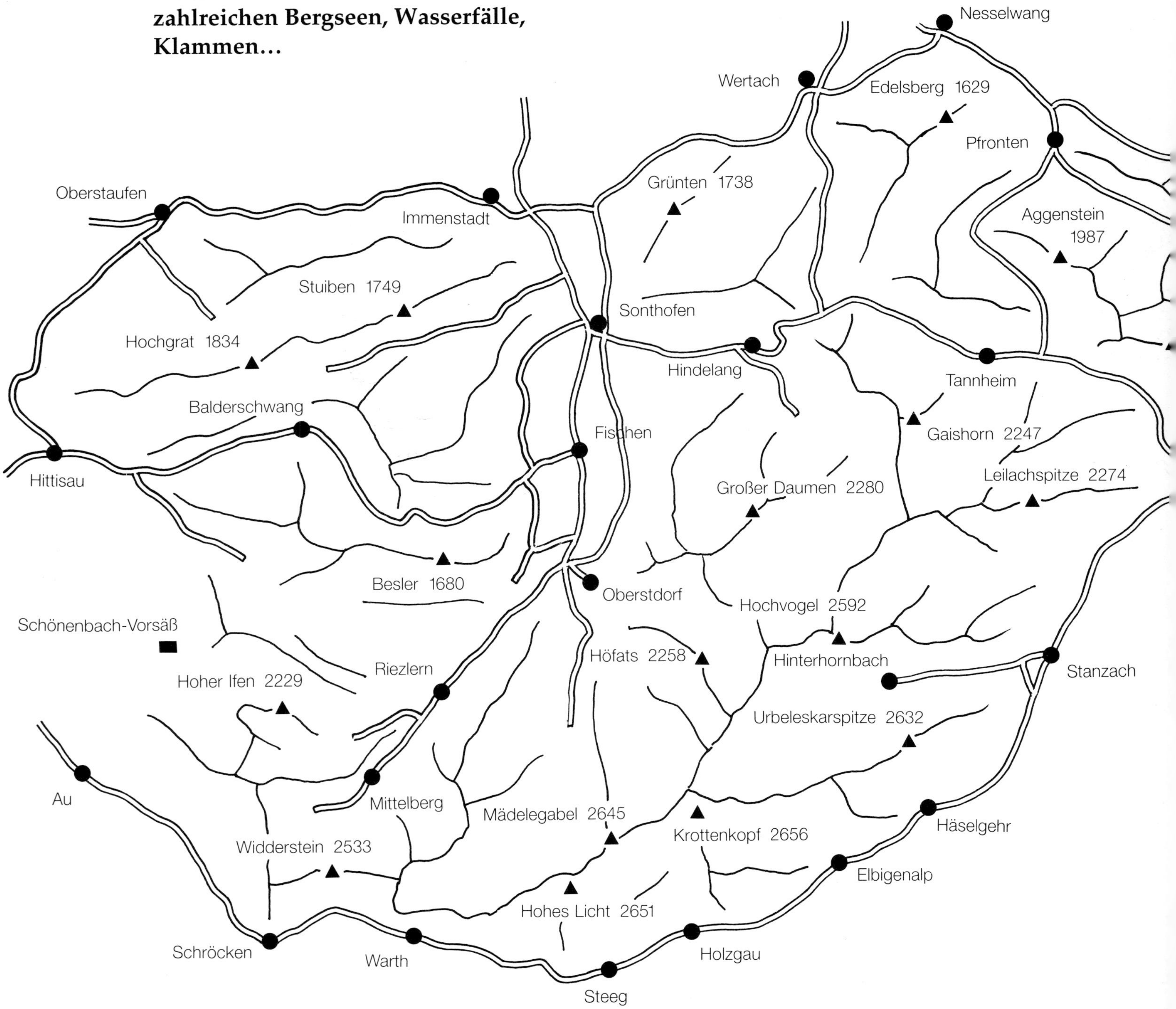

In diesem Buch wollen wir mit einer allgemeinen Übersicht beginnen, dann mehr auf das Alpine eingehen und uns schließlich mit den markantesten Bergen beschäftigen. Interessant sind die geologischen Gegebenheiten, die ja alleine das heutige Gesicht des ganzen Gebirges prägen. Eine Tour wird viel lebendiger und abwechslungsreicher, wenn man unterwegs auf die Zusammenhänge achtet, die sich oft in so reizvollen Details wie auffallenden Felspartien, Bergseen, Tobeln, Wasserfällen usw. zeigen. Das Buch bringt zahlreiche Anregungen, sich das Besondere in der Natur selbst anzuschauen. Doch der erste Teil des Kapitels soll ein paar nüchternen Tatsachen gehören.

Namen und Grenzen

Um alle Mißverständnisse zu vermeiden, sollen vorab die – im täglichen Sprachgebrauch leider oft durcheinandergeworfenen – Begriffe »Allgäu« und »Allgäuer Alpen« geklärt und entwirrt werden. Das Allgäu ist eine Landschaft, füllt den südlichen Teil des bayerischen Regierungsbezirkes Schwaben. Klar definierte Grenzen fehlen, das Gebiet erstreckt sich etwa vom Lech bis nach Wangen im Württembergischen und reicht hinaus bis Kaufbeuren und Memmingen. Das Gebirge Allgäuer Alpen schließt die Landschaft Allgäu nach Süden ab. Es breitet sich jedoch auch auf Gebiete jenseits der Landesgrenze aus; ein guter Teil liegt also – außerhalb des Allgäus! – in Tirol und Vorarlberg.

Der Alpenrand im Norden und der Lech im Osten und Süden schaffen klare Grenzen für die Allgäuer Alpen. Auch die Fortsetzung über den Hochtannberg in den inneren Bregenzerwald ist noch logisch und sauber, doch dann bekommt die offizielle Grenzfestlegung durch den Alpenverein mit der Linie Au – Schönenbach-Vorsäß – Hittisau – Aach – Landesgrenze etwas »leicht Gewalttätiges«, schneidet sie doch plötzlich mitten durchs Gelände. Doch diese Spitzfindigkeiten der Theoretiker werden den Bergsteiger wenig berühren; eine Tour zum Hittisberg etwa wird keine anderen Eindrücke hinterlassen, ob dieser Kopf nun zu den Allgäuer Alpen zählt oder zum Bregenzerwaldgebirge.

Das Bergflüßchen Vils trennt den Nordostzipfel unseres Gebirges ab, und zwar die Tannheimer Berge, die die Lokalmatadoren gerne als eigene Berggruppe betrachten. Die hier auftretenden Wettersteinkalke schaffen auch wirklich ein neues Landschaftsbild. So helle, kompakte, den Kletterer lockende Steilwände gibt es in der übrigen Region nicht.

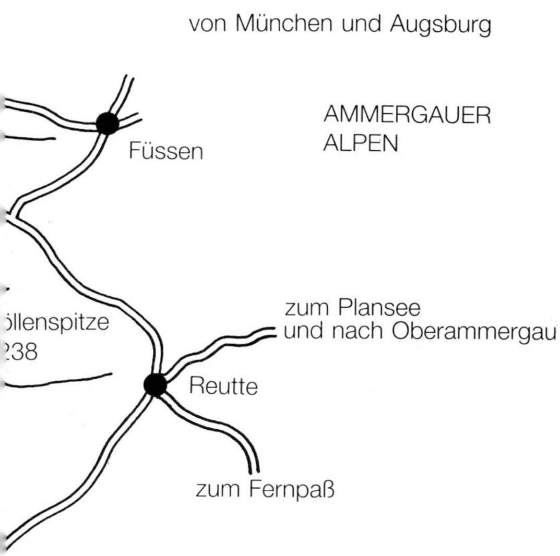

Die Erschließung

Ein Versuch, das Allgäu als eine stille, ursprüngliche Region darzustellen, wäre ebenso töricht wie unehrlich. Wie beim Berchtesgadener und dem Werdenfelser Land

DIE WICHTIGSTEN BAHNEN MIT SOMMERBETRIEB

Name	Talort	Höhe der Bergstation	Interessanteste Bergwanderung
Nebelhornbahn	Oberstdorf	1930 m	Großer Daumen, 2280 m
Nebelhorn-Gipfelbahn	Oberstdorf	2224 m	Abstieg über Geißalpseen
Fellhornbahn	Stillachtal	2000 m	Fiderepaßhütte
Kanzelwandbahn	Riezlern	1950 m	Hammerspitzen, 2258 m
Walmendingerhornbahn	Mittelberg	1930 m	Grünhorn, 2039 m
Ifenlift	Schwarzwassertal	1560 m	Hoher Ifen, 2229 m
Diedamskopfbahn	Schoppernau	2000 m	zur Schwarzwasserhütte
Mittagbahn	Immenstadt	1420 m	Steineberg, 1683 m
Hochgratbahn	Steibis bei Oberstaufen	1700 m	Nagelfluhkette
Iselerlift	Oberjoch	1660 m	Iseler - Kühgundkopf, 1907 m
Lifte zum Neunerkopf	Tannheim	1780 m	Sulzspitze, 2085 m
Lift zum Füssenerjöchl	Grän bei Tannheim	1820 m	Schlicke, 2059 m
Breitenbergbahn + Lift	Pfronten	1660 m	Aggenstein, 1987 m
Reuttener Bergbahn	Höfen bei Reutte	1730 m	Gehrenspitze, 2163 m
Lift an der Jöchlspitze	bei Bach im Lechtal	1760 m	Jöchlspitze, 2226 m

Linke Seite

Oben rechts: Nagelfluh an den Siplingernadeln.

Oben links: Auffallend geschichteter Flysch.

Links, Mitte: Schön ausgebildete Karren.

Untere Aufnahme: Liaskalke, ein »fetter« Untergrund für die Gemswurz.

Rechte Seite

Typische Felswand im Hauptdolomit; an der Urbeleskarspitze über der Schwärzerscharte.

Die Küchenschelle, einst einer der typischen Frühjahrsboten im Voralpenland, ist immer mehr einer intensiven Landwirtschaft zum Opfer gefallen.

dominiert heute der Fremdenverkehr die einst reine Bauernlandschaft. Nur wenige Winkel, wie etwa das Gunzesriedertal, machen da eine Ausnahme. Selbstverständlich werden hier alle wichtigen Einrichtungen für den Urlaubsgast gepflegt. Der Winter hat dabei mindestens den gleichen Stellenwert wie die Sommersaison, zumal das Gebiet für seinen Schneereichtum bekannt ist. Natürlich kommt hier den Bergbahnen eine große Bedeutung zu.

Felsen, Gras und Blumen

In keinem anderen Gebirge zeigt sich der Zusammenhang zwischen dem jeweiligen Gestein und dem Aussehen der Landschaft so auffallend wie in den Allgäuer und den benachbarten Lechtaler Alpen. Da der Laie mit einem geologischen Überblick wenig anfangen kann, werden hier nur ein paar typische Gesteinsformationen vorgestellt. Sie sind ja die eigentlichen Architekten für den Aufbau und den Charakter eines Berges. Und die können, wie man hier sieht, schon sehr unterschiedlich ausfallen!

Beginnen wir mit dem *Flysch*. Er entstand durch Ablagerungen von Sand und Schlamm, ist stets sehr stark gebankt und bildet ganz auffallende Schichten von gelb bis grau, wobei das erste den Sandstein, das andere den Ton anzeigt. Trotz seiner rauhen Oberfläche verwittert dieses Gestein rasch, was auch seinen Namen erklärt. Das schweizerische Wort »flysch« bedeutet etwa morsch, glitschig. Runde Bergformen, tief eingefressene Tobel und eine üppige Vegetation bestimmen die entsprechende Landschaft. Die bekanntesten Flyschberge des Allgäus, wie das Riedbergerhorn, liegen in der sogenannten Hörnergruppe westlich von Fischen.

Eine besondere Allgäuer Spezialität ist die *Nagelfluh*. Sie gehört zu den Konglomeraten, Gesteinen, die aus einstigem Flußkies entstanden sind. Feiner Sand und Schlamm kitten die rundgeschliffenen Kiesel zu einem durchaus kompakten Fels zusammen; die Oberfläche erinnert an Waschbeton. Der ungewöhnliche Name läßt sich gut erklären: Bei der Verwitterung wird der Kitt als erster herausgelöst, dann stehen die einzelnen Kiesel deutlich vor und erinnern damit an die Köpfe von Rundnägeln. Und Fluh lautet bei den Alemannen die Bezeichnung für Felsabsätze.

Auch die Nagelfluh ist deutlich gebankt, die Schichten wurden zudem bei der Alpenfaltung überall steil aufgerichtet. Winzige Tälchen trennen die schmalen Felsrippen. So sind Grate und Hänge oft in eine Vielzahl von Kleinformen aufgeteilt und gestalten eine ungewöhnlich abwechslungsreiche Bergwelt. Die Bäche sorgen für zusätzlichen Zauber; manchmal fließen sie in Richtung der Schichten, dann sind sie zu tiefen Tobeln eingeschnitten, meist jedoch durchschneiden sie die Schichtenfolge quer und bilden dann eine lange Reihe malerischer Gumpen und kleiner Wasserfälle. Und dann gibt es noch die von üppigem Moos überzogenen Felsblöcke, die richtige Märchenwälder schaffen können.

Höllenklamm
Von Pfronten-Kappel durch die Klamm zur Kappeleralp 1 1/2 Std., kleine Wanderwege in teilweise steilem, etwas rutschigem Gelände.

Eineguntkopf
Gratwanderung mit relativ kurzen Gegenanstiegen, Gesamtgehzeit gut 3 Std., Bergwege mit ganz wenigen felsigen Stellen.

Jöchlspitze und Mutte
Rundwanderung auf Wegen, fast stets im Grasgelände, einige steilere Passagen, insgesamt etwa 3 1/2 Std. Besteigung des Rothorns ohne angelegten Weg, sehr steiles Gras, gut 1 Std. zusätzlich.

Allgäuer Grasberge – auch das ist ein fester Begriff. Drei verschiedene Gesteine bauen diese Gipfel auf, die allesamt einen grünen Mantel tragen. Selbst im senkrechten Fels wächst noch Gras, leuchten die Blumen. Besonders brüchig und morsch ist der *Fleckenmergel*, ein graues, schiefriges Gestein, das für gewaltige Graspleisen sorgt. Am Linkerskopf (über dem Weg von Einödsbach zur Rappenseehütte) etwa sind die glatten Steilhänge bis zu 1000 m hoch! Zu recht tragen die *Bunten Hornsteine* ihren »Vornamen«. So fallen zum Beispiel am Rothorn, das zwischen Elbigenalp und Holzgau über dem Lechtal aufragt, die intensiv rot und gelb gefärbten Felsschichten schon von weitem ins Auge. Die markantesten und berühmtesten Grasberge, die Höfats und der Schneck, bestehen hingegen aus *Aptychenkalken*. Obwohl auch hier die Vegetation üppig gedeiht, zeigt dieses Gestein einen ganz anderen Charakter: Es ist rauh, stark gegliedert und viel fester, als man erwarten würde. Deshalb dürfte es auch kein Zufall sein, daß der Schneck mit seiner Ostwand die steilste Felsmauer in den Allgäuer Alpen (ohne Tannheimer Berge) bietet.

Eine üppige Vegetation bedeutet auch stets einen besonderen Reichtum an Blumen. Bei der Höfats, auf der Seite 80, wird beschrieben, wie der Aptychenkalk noch zusätzlich zur Vielfalt beiträgt.

Im höchsten Kamm unseres Gebirges weicht die geologische Vielfalt der grauen, pflanzenarmen Welt des *Hauptdolomits*. Es handelt sich um ein recht sprödes Gestein, das bei der Alpenfaltung stärker als die meisten Kalke zertrümmert wurde, und deshalb zu diesen kleinen, splittrigen Stücken verwittert. So herrschen bei den großen Gipfeln der Allgäuer Alpen die zerklüfteten Wände, der brüchige Fels und das allgegenwärtige Geröll vor. Mit seinen gewaltigen, wilden Felsgestalten ist das eine ebenso abweisende wie eindrucksvolle Region. Da liegt es nahe, daß fast nur die mit einem Weg erschlossenen Gipfel bestiegen werden. Lediglich an wenigen Stellen, wie an der Trettachspitze oder im Gebiet der Barthhütte, ist das Gestein so fest, daß auch das Klettern Spaß macht.

Dann gibt es noch den Karst, der sich mit nichts vergleichen und mit nichts verwechseln läßt; das trifft für das Gestein im Detail ebenso zu wie für die gesamte Landschaft. Im Allgäu wird er vom *Schrattenkalk* gebildet. Mit Schratten bezeichnen die Alemannen jene Verwitterungsform, die sonst als Karren geläufig ist. Unser Foto auf der Seite 10 zeigt ein typisches Beispiel dieser Formen, die wie eine launische, ungemein vielfältige Spielerei der Natur wirken.

Im Karst verschwindet alles Regen- und Schneeschmelzwasser rasch in geheimnisvollen Vertiefungen und Löchern, Dolinen genannt. Die gesamte Entwässerung erfolgt unterirdisch durch riesige Höhlensysteme. Deshalb fehlen hier alle Täler, statt dessen breiten sich sehr unregelmäßige, wellige Hochflächen aus. Faszinierend ist das Gottesackerplateau, ein Karstgebiet, das gut 10 qkm bedeckt! Viele Erscheinungen sind geradezu schulmäßig ausgebildet: die fast nackten, stark »zerfres-

senen« Felsflächen, Klüfte wie Gletscherspalten, Schachthöhlen usw. Zum Teil bedecken jedoch auch Latschenfelder, in tieferen Regionen sogar der Wald die Karren. In den Allgäuer Alpen findet man noch manches andere Karstgebiet wie die Bergwelt zwischen dem Besler und der Sturmannshöhle bei Obermaiselstein oder wie die weiten Flächen des Koblat südlich des Daumens, wo die Formen jedoch weniger ausgeprägt sind.
Von den kilometerlangen Höhlen, die es im Inneren der Karststöcke gibt, sind in den Allgäuer Alpen nur wenige zugänglich. Berühmt wurde nur das Hölloch, ein senkrechter Schacht von 77 m Tiefe! Es liegt als gewaltiger Trichter mitten im Mahdtal. Für den Neugierigen aber, der nicht zu den Höhlenforschern zählt, ist das Schneckenloch auf der Vorarlberger Seite des Gottesackerplateaus ungleich eindrucksvoller. Ihm wurde deshalb die nach den Tourenvorschlägen folgende Schneckenloch-Erzählung gewidmet.

*

SCHLUCHT IM FLYSCH (Höllenklamm, evtl. Edelsberg, 1629 m). In Pfronten-Kappel noch mit dem Auto zwischen den Häusern bergauf zu einem kleinen Wanderparkplatz am Waldrand (900 m). Im waldigen Bachtal mit seinen zahllosen kleinen Staustufen bergauf, dann in die ganz scharf eingeschnittene Höllenklamm mit 15-m-Wasserfall. Rechts aus der Schlucht hinaus, an einer interessanten Felskluft vorbei und schließlich über Weideflächen zum Berggasthaus Kappeleralp (1340 m). Von dort entweder direkter Abstieg auf dem »Wiesenweg« oder noch eine Stunde bergauf bis auf den beliebten Edelsberg, der für seinen weiten Blick ins Alpenvorland berühmt ist.

NAGELFLUH ZUM »ANFASSEN« (Seelekopf, 1663 m, Eineguntkopf, 1643 m): Von Oberstaufen über Steibis zur Hochgratbahn. Fahrt zur Bergstation (1700 m). Auf dem Steig nach Westen in den tiefsten Sattel hinab, dann in sehr aussichtsreicher Nagelfluhlandschaft über Gras und ganz kleine Felsstufen auf den Seelekopf. Weiter auf dem Grat, teilweise auch südlich darunter, auf Gras und zwischen Bäumen über den Hohenfluhalpkopf (1636 m) zum Eineguntkopf. Abstieg zum schon sichtbaren Berggasthaus Falkenhütte und Rückweg über die Stiegalpe zur Talstation der Hochgratbahn.

GRASBERGE ÜBER DEM LECHTAL (Jöchlspitze, 2226 m, Rothorn, 2393 m). Von Bach im Lechtal hinauf nach Benglerwald und mit dem Lift zur Bergstation in 1760 m Höhe. Auf den üppig begrünten und reich blühenden, teilweise steilen Hängen – einst Mähwiesen – zum Grat und auf die Jöchlspitze. Nach Norden in den folgenden Sattel. Nun evtl. – ohne Weg – über sehr steile, aber gut gestufte Grashänge auf das mächtige Rothorn – herrliche Aussicht! Zurück in den Sattel, dann westlich um den Gipfel und kurzer Anstieg in den Gumpensattel. Unter der Rothorn-Nordostwand hindurch zum schönen grünen Grat der Mutte und über ihn zum Berg-

Die Landschaft bei Schönenbach-Vorsäß, das man von Bizau im Bregenzerwald aus erreicht. Links der nahezu nie bestiegene Mohrenkopf, hinten der Diedamskopf, zu dem von Schoppernau aus eine Bahn fährt.

gasthaus Bernhardseck in besonders schöner Lage. In einem weite Bogen hinab nach Klapf und über Seesumpf zurück nach Benglerwald.

»GÖTTLICHE« KARST-WANDERUNG (das Gottesackerplateau). Von Riezlern mit dem Auto ins Schwarzwassertal und mit dem Lift zur Ifenhütte. Auf breitem Weg nahe der Ifenmauer empor zur obersten Skiliftstation. Jetzt rechts ab und über die kilometerweite Karstfläche des Gottesackerplateaus nach Norden. Kurzer Anstieg in die »Scharte«, drüben durch eine Bresche in den Oberen Gottesackerwänden hindurch abwärts zum Windecksattel. Durch das Mahdtal – vorbei an der gewaltigen Schachthöhle »Hölloch« – hinaus nach Innerschwende.

*

Das Schneckenloch und anderes

Von Bizau im Bregenzerwald führt ein Mautsträßchen hinüber zum Schönenbach-Vorsäß (1025 m), ein paar alten Höfen aus Holz auf einem weiten, flachen Wiesenboden. Alpweiden und Waldhänge fassen den Boden ein und ziehen hinauf zu einigen Felsgipfeln, grünen, aber doch wilden und, wegen der senkrecht stehenden Schichten, auch recht abweisenden Gesellen. Sevisschrofen, Mohrenkopf und die Grünen Köpfe werden wohl seltener besucht als alle anderen Gipfel der Allgäuer Alpen.

Von Süden, also von der Iferschinderhütte, war ich zum Sevisschrofen (1659 m) heraufgestiegen. Das von den Lawinen geschundene Steilgrasgelände hatte an verschiedenen Stellen zu regelrechtem Klettern gezwungen; die Grasschöpfe dienten als Griffe, mit den Kanten der Sohlen versuchte ich, mich in der Erde festzukrallen. Doch der Kampf hatte sich gelohnt; jetzt liegt der Talschluß der Subersach ganz frei vor mir, die Abbrüche am Hohen Ifen, die 500 m hohen Wände der Fellifluh, die Nordflanke des Diedamskopfes. Die stets gleichen Winkel in den Bergen werden als malerisch beschrieben und gelobt; Scharen von Menschen rücken aus, um dort zu schauen und zu staunen. Anderes, ebenso schön und wirkungsvoll, bleibt weitgehend unbeachtet – wie die ganze Region im Westen und Norden des Gottesackergebietes.

Der Gipfelblick vom Sevisschrofen ist nur das Vorspiel zu einer ganzen Symphonie faszinierender Eindrücke – allerdings ganz anderer Art. Über ein paar wackelige Felsen und durch eine steile Schneerinne steige ich rasch – und im Verhältnis zum kämpferischen Aufstieg geradezu vergnüglich – hinab in das schmale Talbecken des südlichen Laublisbaches. Ein paar Minuten talaus fällt der Boden plötzlich steil ab. Ich balanciere auf glitschigen Blöcken über den vom Schmelzwasser angeschwollenen Bach und folge, nun ohne Weg, dem jenseitigen Ufer bergab. Das Wasser spielt hier ein Vivace, heiter und etwas stürmisch, mit vielen kleinen Wasserfällen und Katerakten, metertiefen Gufeln, auf dessen Grund man noch kristallklar jedes Steinchen sieht, sauber ausgeschliffenen Rinnen und Rillen…

Ein gutes Stück tiefer treffe ich auf einige Pfadspuren und folge ihnen nach rechts. Ich überquere das ebenfalls malerisch ausgewaschene, felsige Bett des Schneckenlochbaches, der oberhalb und unterhalb in kleinen Klammen verschwindet. Auf dem Steiglein geht es nun etwa 20 Minuten in dem lichten Wald wieder bergauf. Immer näher rücken die senkrechten Wandstreifen, die das Gelände nach oben und nach rechts abschließen. Die Erwartung wächst, und doch zeigen sich nur Bäume und abweisender, bewachsener Fels. Über eine kleine Halde steige ich das letzte Stückchen zum Fuß der Wand hinauf und stehe dann urplötzlich in einem Riesenmaul, dem Eingang zum Schneckenloch. Nackte Zahlen sagen in diesem Fall am meisten: Das Portal ist 12 m hoch und 40 m breit. Man stelle sich eine Halle dieser Größe vor! Ein Hang fällt ins Höhleninnere ab, verliert sich rasch im Dämmerlicht. Ich steige über die Halde hinab, die von der Decke herabgestürzten, zu dicker Schicht aufgetürmten Trümmer sind von einer stumpfen, schmutzigen Schicht überzogen – eine Melodie in Grau, ja, in düsteren Tönen, aber doch packend und faszinierend. Fast von einem Schritt zum anderen weicht das matte Licht einer undurchdringlichen Finsternis. Ich taste im Rucksack nach der Taschenlampe. Der kleine Lichtkegel wirkt reichlich verloren in der noch immer gewaltigen Halle. Ein Stückchen rücke ich noch vor, bleibe stehen, knipse die Lampe wieder aus und lasse die Dunkelheit wirken, die etwas eigenartig Unendliches, Unausweichliches in sich birgt.

Die Karte verzeichnet ganz nahe beim Schneckenloch, der größten Höhle Vorarlbergs, in blauer Schrift die verheißungsvollen Buchstaben »Wssf«. Aus der Unterwelt zurückgekehrt quere ich – das Rauschen als Kompaß nützend – die Hänge nach Norden und komme nach wenigen Minuten zum Schleierfall des Nördlichen Laublisbaches. Über einen etwa 30 m hohen Felsabbruch staubt das Wasser herab. Als besonderes Kuriosum quillt es aber auch an verschiedenen Stellen aus geheimnisvollen Löchern, die zum Teil mitten in der Wand liegen. Hier herrscht eben der Schrattenkalk, ein von Höhlengängen durchsiebtes Gestein.

Wieder folge ich dem Bachbett abwärts, bewundere vor allem eine gewaltige Felstreppe, über die der mächtige Bach in die Tiefe springt und eilt. Ein Stückchen weiter feiern die vom Wasser ausgefrästen, polierten Felsen noch einmal regelrechte Orgien in ausgefallenen Formen und Mustern; mit kleinen, gewundenen Klammen fließen die beiden Laublisbäche und der Schneckenlochbach zusammen. Dann steige ich die wenigen Meter hinauf zum Wanderweg, wo ein Schild mit einem Paukenschlag die Wasser- und Höhlensymphonie zum Verstummen bringt. »Jagdliches Sperrgebiet, Betreten verboten von September bis April«, steht an dieser Stelle zu lesen. Nach dem Erlebnis dieser faszinierenden Natur wirkt diesesZeichen von menschlichem Egoismus und Eigennutz doppelt engstirnig!

Gottesackerplateau
Aufstieg vom Lift 1 1/2 Std., Weiterweg über die Hochfläche und Abstieg durchs Mahdtal etwa 2 3/4 Std., Bergwege, nebelfreies Wetter notwendig.

Schneckenloch
Von Bizau Mautstraße nach Schönenbach-Vorsäß. Von dort an der Iferswiesalpe vorbei ins Tal des Laublisbaches und hinauf zur Höhle in 1260 m Höhe (letztes Stück nur noch Pfadspuren im Wald). Aufstieg 1 1/4 Std.

Die Bergseen

Die Gesteinsformationen sind gewissermaßen das Rohmaterial, aus dem die Berge bestehen, während die Verwitterung die Arbeit des Steinmetzen übernahm und die heutigen Formen schuf. Die Gletscher der verschiedenen Eiszeiten trugen am meisten zum Bild der Bergwelt unserer Tage bei. Sie tieften die Hochkare ein

Eines der bekanntesten Bergmotive überhaupt: Abend am Rappensee, der knapp unterhalb der gleichnamigen Hütte liegt. Links der Kleine Rappenkopf, ganz hinten der Widderstein.

und modellierten damit die heutigen Grate heraus, sie gruben die breiten und tiefen Trogtäler mit ihren steilen Talhängen, frästen die Kanten und Rippen weg…
Gäbe es die Bergseen nicht, würde den Allgäuer Alpen ihr besonderer Zauber fehlen. Gerade die Kontraste von sattem Grün, blauen Wasseraugen und wilden, lebensfeindlichen Felsbergen dahinter schaffen die eindrucksvollsten Bilder. Diese Seen liegen ausnahmslos in den Hochmulden und verdanken ihr Dasein alle den Gletschern. Folgt in einem Kar hangabwärts nach einer weichen Gesteinsschicht eine härtere, dann schürfte der Gletscher das weniger widerstandsfähige Material tiefer aus als das feste. So entstanden Mulden, die sich nach dem Abschmelzen mit Wasser füllten. Eine andere Möglichkeit für die Seenbildung sind die Stirnmoränen aus der letzten Vergletscherungsperiode der Allgäuer Alpen. Sie wirken als natürlicher Damm, hinter dem sich das Wasser staut.
Alle Bergseen haben nur eine begrenzte Lebensdauer. Früher war ihre Zahl höher und manche Fläche wesentlich größer. Einerseits werden nämlich die Becken mit Schwemmaterial aufgefüllt, und die Seen verlanden, andrerseits tiefen sich die Abflüsse immer stärker ein, dann sinkt der Wasserspiegel. Dabei haben die Bäche mit den Moränenwällen natürlich weniger Arbeit, aber selbst in den gewachsenen Fels nagen sie sich tiefer und tiefer ein.
Mit einer Breite von 500 m ist der Schrecksee der größte unter den richtigen Bergseen. Er liegt in einer üppig begrünten, auffallend welligen Kuppenlandschaft, die ihm auch zu den abwechslungsreichen Ufern und einer größeren Insel verhilft. Die Nordwände von Kastenkopf und Kälbelespitze (2135 m), die im Süden aufragen, geben einen recht alpinen Hintergrund.
Am seenreichsten ist jedoch das Nebelhorn-Daumengebiet. Unter den sechs Wasserflächen nimmt der Seealpsee eine Sonderstellung ein. Er liegt am äußersten Ende einer kleinen Hochmulde, die dann 600 m tief ins Oytal abbricht. Jenseits des Tales ragen die Steilflanken der Höfats auf. Ein eindrucksvolles Bild! Der Weg aus dem Nebelhorngebiet zum Seealpsee und dann über die hohe Steilstufe hinab zum Gasthaus Oytal wird jeden Trittsicheren begeistern. Der Rappensee, der etwas unterhalb der gleichnamigen Hütte liegt, wurde durch so manches Foto bekannt. Nach Westen ist das Gelände frei, und so lassen sich dort die schönsten Abendstimmungen einfangen. Schließlich soll noch der Hermannskarsee erwähnt werden. Er liegt in der stolzen Höhe von 2218 m in einem von so wilden Felsbergen wie dem Krottenkopf, der Marchspitze und der Hermannskarspitze umrahmten Hochkar, das jedoch den Blick nach Südosten in die Lechtaler Alpen frei läßt.

BERGSEEN IM ABSTIEG (Geißalpseen). Von Oberstdorf mit der Nebelhornbahn zur Bergstation (1929 m). Nach Westen meist eben zu einer Geländerippe, drüben über eine sehr steile Stufe hinab, quer durch den Großen und den Kleinen Gund, dann wieder kurz empor zum

DIE WICHTIGSTEN BERGSEEN

Name	Höhe	Länge	Gebiet	Schnellster Zugang von
Hermannskarsee	2218 m	150 m	beim Krottenkopf	Barth-Hütte
Peischelsee	2215 m	80 m	unter dem Wilden Kasten	Steeg
Kleiner Rappensee	2075 m	80 m	Rappenseehütte	Rappenseehütte
Rappensee	2047 m	230 m	Rappenseehütte	Rappenseehütte
Laufbichelsee	2018 m	120 m	Daumengebiet	Nebelhornbahn
Kreuzkarsee	1983 m	140 m	Hornbachkette	Hinterhornbach
Hochalpsee	1970 m	150 m	beim Widderstein	Hochtannberg
Engeratsgundsee	1878 m	270 m	Daumengebiet	Giebelhaus
Eisseen	1827 m	130 m	innerstes Oytal	Oberstdorf
Schrecksee	1802 m	500 m	beim Kastenkopf	Hinterstein
Oberer Geißalpsee	1769 m	250 m	Nebelhorngebiet	Reichenbach
Schlappoltsee	1719 m	160 m	unter dem Fellhorn	Fellhornbahn
Traualpsee*	1649 m	550 m	Tannheimertal	Vilsalpsee
Seealpsee	1628 m	400 m	Nebelhorngebiet	Nebelhornbahn
Geißalpsee	1509 m	280 m	Nebelhorngebiet	Reichenbach

* teilweise gestaut

Geißalpseen
Fast reine Abstiegswanderung, Gesamtgehzeit bis Oberstdorf etwa 3 Std., Bergwege mit einigen steilen und steinigen Stellen.

Schrecksee
Aufstieg vom E-Werk im Ostrachtal in 2 1/2 Std., breite Bergwege ohne Probleme, doch teilweise steil und recht steinig.

Sattel (1945 m) am Geißfuß. Nach Norden zum Oberen Geißalpsee und über eine hohe Stufe hinab zum großflächigen (Unteren) Geißalpsee. Durch steiniges Steilgelände, dann durch Wald und über Matten zum Berggasthaus Gaisalpe. Hinunter zum Geißalpbach und nun entweder diagonal durch die Rubihornhänge auf dem Wallrafweg zurück nach Oberstdorf oder durch den romantischen Geißalptobel nach Reichenbach und mit dem Bus nach Oberstdorf.

DAS IDEAL EINES BERGSEES (Schrecksee, 1802 m). Von Hinterstein im Ostrachtal mit dem Bus zum E-Werk (935 m, zu Fuß dorthin in 50 Min.). Auf breitem, aber steilem und steinigem Weg hinauf zu den schönen Matten der Taufersalpe. In den Talhintergrund, bis unter die Wände empor, dann links über eine hohe, von Latschen bedeckte Stufe zu welligen, grünen Böden. Über sie nach Süden zum Schrecksee.

Wasserfälle, Tobel, Klammen

In den Allgäuer Alpen geht die Natur geradezu verschwenderisch mit ihren »Wasserspielen« um. Die Zahl der Wasserfälle und Schluchten, die man im Alemannischen allgemein als Tobel bezeichnet, ist so groß, daß vieles bis heute ganz unbeachtet blieb. Das gilt sogar für so manchen malerischen Bachlauf im Talbereich, der mit einem guten Steig erschlossen ist.
Auch bei diesem Thema muß man noch einmal die Eiszeitgletscher erwähnen. Die Haupteisströme, wie jener im heutigen Tal der Iller, waren besonders mächtig, und sie stauten die kleineren Gletscher in den Ne-

DIE SCHÖNSTEN KLAMMEN, TOBEL UND WASSERFÄLLE

Name	Gebiet	Zugang
Bärgach-Wasserfall	Tannheimer Tal	1 Std. vom Vilsalpsee
Breitachklamm	bei Oberstdorf	10 Min. vom Parkplatz bei Tiefenbach
Buchenegger Wasserfälle	bei Oberstaufen	30 Min. vom Ghs. Hirsch bei Steibis
Doserbach	Lechtal	20 Min. von Häselgehr
Eibelesfälle	bei Oberstaufen	2 Min. von der Eibelesmühle bei Aach
Faltenbachtobel	bei Oberstdorf	15 Min. vom Parkplatz bei der Nebelhornbahn
Hinanger Wasserfall	bei Hinang	25 Min. von Hinang bei Sonthofen
Hirchbachtobel	Ostrachtal	15 Min. von Hindelang
Hölltobel	Trettachtal	1 1/2 Std. vom Parkplatz am Renksteg
Ostertaltobel	Gunzesriedertal	10 Min. von der Gunzesrieder Säge
Schwarzwasserfall	Schwarzwassertal	unmittelbar unter der Straße zur Auenhütte
Simmswasserfall	Lechtal	25 Min. von Holzgau
Starzlachklamm	bei Sonthofen	20 Min. von Winkel bei Sonthofen
Stuibenfall	Oytal	2 Std. vom Parkplatz bei der Nebelhornbahn

Rechte Seite: In der berühmten, mit einem guten Steig erschlossenen Breitachklamm.

bentälern zurück. Diese konnten sich deshalb nicht so tief eingraben. Das führte zu den typischen Stufen, die man überall zwischen dem Haupttal und seinen Ästen beobachten kann. So liegt noch heute der Boden des Gunzesriedertals gut 150 m über der Iller; das gleiche trifft für das Oytal und die Trettach zu. Je kleiner das Seitental ist, desto höher wird diese Stufe. Zwischen dem Faltenbachtal und Oberstdorf beträgt die Höhendifferenz schon 450 m. Selbstverständlich gruben sich später die Bäche an diesen Absätzen immer tiefer ein; je weicher die Gesteinsschicht, desto schneller und erfolgreicher war die Arbeit des Wassers. Die meisten Allgäuer Tobel sind auf diese Weise entstanden.

Bei der berühmten *Breitachklamm* liegen die Verhältnisse allerdings anders. Besonders harte Felsen aus der Kreidezeit stellten sich wie eine Barriere in den Weg, in die sich in unendlicher Kleinarbeit die Breitach immer tiefer eingefräst hat. Sie verkörpert das Idealbild einer Klamm im Kalk mit jenen muschelförmig ausgewaschenen, wie poliert aussehenden Wänden. Sie ragen senkrecht, manchmal auch überhängend auf und wachsen bis zu hundert Meter hoch empor. Über knapp eineinhalb Kilometer zieht sich diese ganz schmale, gewundene Schlucht hin. An den engsten Stellen klaffen die Wände nur wenige Meter, und der Besucher unten auf dem Klammweg kann dann den Himmel nicht mehr sehen. Bereits 1905 wurde der in den Fels gesprengte oder außen »angeklebte« Steig erbaut.

Am Fuß des Grünten schneidet die *Starzlachklamm* tief in den letzten Bergrücken ein. Mit einem kleinen Wasserfall mündet sie aus einer wilden Felsschlucht in das sanftere Vorland. Sie zählt zu den bekannteren »Wasserspielen«, während man 15 weitere Tobel, die alle mit Steigen erschlossen sind, nur ganz regional kennt. Das ist aber kein Zeichen dafür, daß diese Schluchten wenig Interessantes bieten, eher ein Indiz für die Einseitigkeit der Menschen, die viel zu sehr auf das Außergewöhnliche fixiert sind. Zu den »Kleinen« hingegen passen Eigenschaftswörter wie schön, malerisch, romantisch. Bei gemütlichen Bummeltouren wandert man am gischtenden Bach entlang, hat seine Freude an den kleinen Klammen, Katarakten, Wasserfällen... Meist gibt es auch eine reiche Flora. Niemand kommt gelangweilt von diesen Ausflügen zurück, doch schon mancher war erstaunt, wieviel Schönheit hier verborgen ist. Besonders viele Schluchten entstanden im Nagelfluh, davon wurden jedoch einige wenige mit Steigen erschlossen. Ein Beispiel wäre der Ostertaltobel bei der Gunzesrieder Säge, der mit senkrechten Felsstreifen und vier Wasserfällen aufwartet.

Einen eigenen Absatz verdient noch der *Doserbach* bei Häselgehr im Lechtal. Das schäumende, steil in die Tiefe stürzende Wasser und die ganz üppig von Moos überwucherten Felsblöcke sind ungewöhnlich malerisch. Ein paar Gehminuten weiter oben (kein Weg) sprudeln zahlreiche kleine Quellen zwischen den Steinen hervor. Vielleicht gedeiht hier das Moos so prächtig, weil der Bach nur periodisch fließt.

Der Reichenbachtobel mit seinen Riesenfelsblöcken gehört zum wirklich Ungewöhnlichen in den Kalkalpen. Diese sehenswerte Schlucht ist durch keinen Weg erschlossen, sie läßt sich aber doch ohne Mühe erreichen.

Natürlich zählen auch die Wasserfälle zu den Allgäu-Themen. Die hohen Felsabsätze, die so manches Bachtal begleiten, schaffen die entsprechenden Voraussetzungen. So staubt zum Beispiel im hintersten Traufbachtal bei Spielmannsau an verschiedenen Stellen das Wasser über die wie ein Amphitheater angeordneten Abbrüche herab. Häufiger sind jedoch die Wasserfälle, die sich in den tief eingeschnittenen Bachtälern verstecken. Stets sorgt der Übergang von einer weicheren zu einer härteren Schicht für die entsprechenden Absätze.
Lediglich der *Stuibenfall* im hinteren Oytal gehört zu den bekannten Zielen. Ein Abstieg aus dem Nebelhorngebiet (Bergbahn) zum Seealpsee und weiter über die Steilstufe ins Oytal läßt sich ausgezeichnet mit einer Wanderung zu diesem wild schäumenden Wasserfall verbinden. Eine einzigartige Kombination in einer beeindruckenden Landschaft!
Doch schon die *Zipfelsbachfälle* im Ostrachtal kennen die wenigsten. Dabei ist dieser hohe, dreiteilige Wasserfall nicht nur mit einem Steig erschlossen, er stürzt auch sozusagen außen am Berg herab. So kann man ihn schon von der Straße aus sehen, wenn man bei der Kirche von Hinterstein vorbeikommt. Besser verstecken sich der Bärgacht-Wasserfall hinter dem Vilsalpsee im Tannheimer Tal oder die Buchenegger Wasserfälle der Weißach bei Steibis im Westallgäu, um wenigstens ein paar Beispiele zu nennen.

Hirschbachtobel
Von Hindelang bis zu den Wasserfällen 1 Std., bis dort guter Steig; zum Hirschbergkreuz insgesamt 2 Std., teilweise kleinere Wege mit steilen Stellen.

EINE SCHLUCHTENWANDERUNG (Hirschbachtobel). Im Osten von Hindelang überquert die Straße Richtung Oberjoch den Hirschbach. Hier Abzweigung des Weges, der immer in dem bald sehr malerischen Tobel aufwärts führt bis zu den Wasserfällen. Nun rechts über eine steile Stufe zu einem querlaufenden Weg. Auf ihm nach Westen und hinauf zum Kreuz (1456 m) am Hirschberg mit großartigem Tiefblick ins Ostrachtal. Direkter Abstieg nach Hindelang.

Bärgacht-Wasserfall
Vom Parkplatz am Vilsalpsee 1 Std., erst ganz bequeme »Promenade« bis zur Vilsalpe, dann kleinere, wenig begangene Wege, flach.

DER VERSTECKTE WASSERFALL (Bärgacht-Wasserfall hinter dem Vilsalpsee). Von Tannheim mit dem Auto zum Vilsalpsee. Am rechten Ufer des großflächigen Sees entlang nach Süden und über Matten zur bewirtschafteten Vilsalpe. Geradeaus in den Wald und auf dem bescheidenen Weg in den freien Talhintergrund, wo über eine sehr hohe Felsstufe der Bärgacht-Wasserfall herabstaubt. Evtl. noch – ohne Weg – das letzte Stückchen talein an den Fuß der Steilstufe.

Buchenegger Wasserfälle
Zugang von Steibis knapp 1 Std., näher vom Gasthaus Adler, dort jedoch kaum Parkmöglichkeiten, gute, teilweise aber nasse Wanderwege.

DIE WASSERFÄLLE DER WEISSACH (Buchenegger Wasserfälle). Die schönsten Wasserfälle der Weißach findet man unterhalb von Steibis in einem tief eingeschnittenen Waldtal. Hohe Stufen aus Nagelfluh und ein Bachbett voller Blöcke sorgen für die malerische Landschaft. In Steibis (bei Oberstaufen) beginnt der Zugangsweg. Aus dem Tobel kann man auch zu den einsamen Höfen von Buchenegg hinaufsteigen und damit den Ausflug zu einer interessanten Rundtour erweitern.

Berggruppen, Touren, Erzählungen

Wer die einzelnen Gebiete der Allgäuer Alpen schon vorab ein wenig kennenlernen will, sollte sich dieses Kapitel näher betrachten. Es gibt so viele verschiedene Eindrücke! Um das möglichst anschaulich und lebendig darzustellen, werden die allgemeinen Beschreibungen durch Erlebnisse ergänzt, durch Erzählungen, die auf das Typische der jeweiligen Region eingehen. Ein paar Anregungen für Touren runden die einzelnen Kapitel ab. So kann jeder gezielt das heraussuchen, was seinen Vorstellungen entspricht, um dann höchstpersönlich »Bekanntschaften« zu schließen und Zuneigung zu fassen.

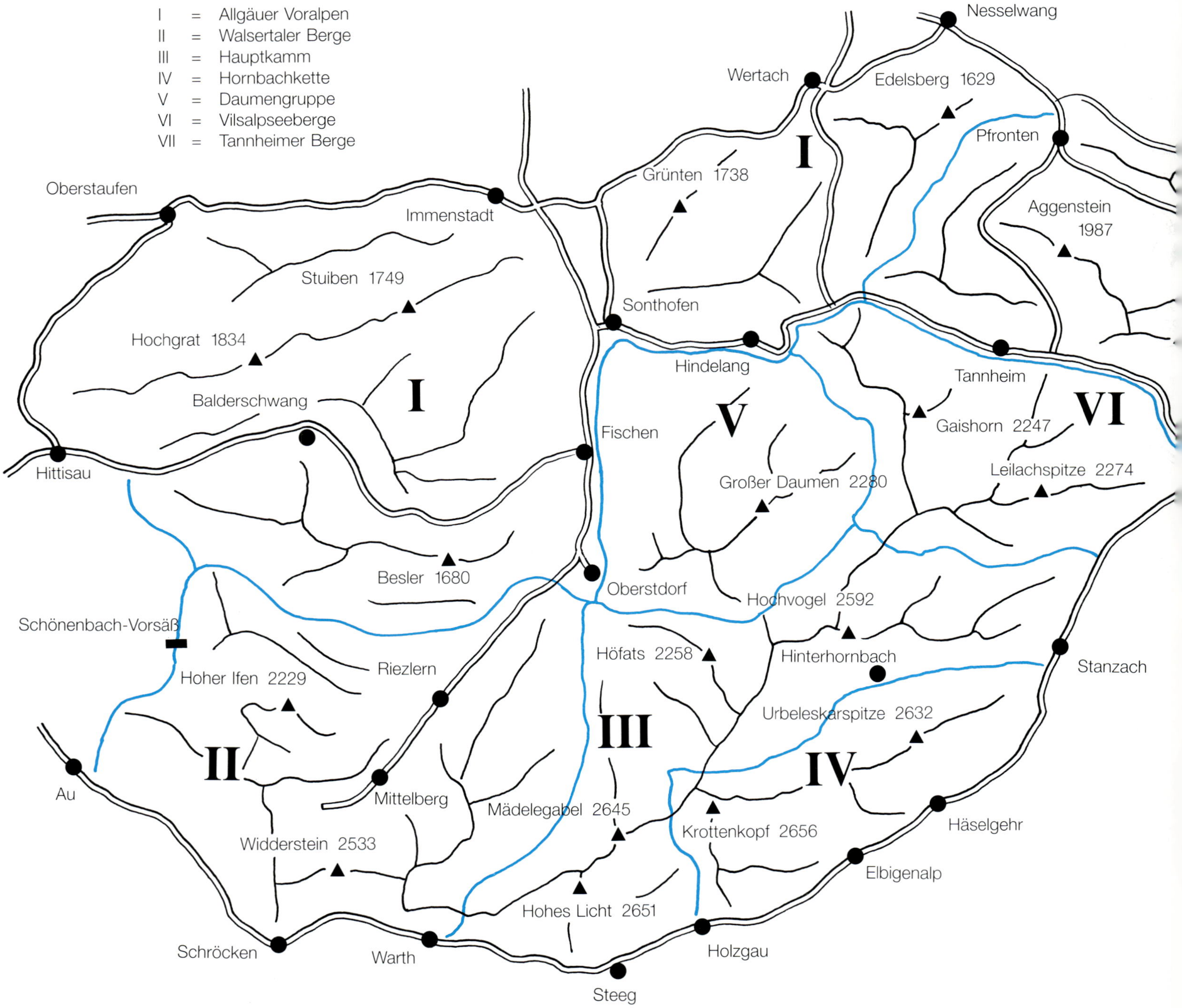

Vielfalt prägt auch den Charakter der einzelnen Berggruppen in den Allgäuer Alpen. Jede Region wartet wenigstens mit zwei verschiedenen Eindrücken auf. Die geologischen Gegebenheiten, über die bereits auf der Seite 12 berichtet wurde, spielen dabei die entscheidende Rolle. So finden wir zum Beispiel in den Walsertaler Bergen gleich drei ganz unterschiedliche »Gipfeltypen«; einmal bestimmt Steilgras, ein andermal der brüchige, ziemlich nackte Fels das Bild, und der Hohe Ifen liegt in einem Karstgebiet. Einzig die Hornbachkette zeigt ein fast einheitliches Gesicht; nur im Süden sind ihr ein paar kleine, »artfremde« Berge vorgelagert wie das so auffallend bunte Rothorn.
Der Aufbau der Allgäuer Alpen erinnert – von Norden gesehen – an ein Bühnenbild im Theater. Mit pedantischer Genauigkeit baut sich eine Kulisse hinter der anderen auf, Stufe für Stufe größer und höher werdend. Über den Kuppen im Vorland stehen die ersten selbständigen Gipfel und Kämme der Allgäuer Voralpen wie der Grünten und die Nagelfluhkette. Die nächste Reihe besteht aus den »Halbhohen«, etwa dem Daumen, der Höfats und dem Hohen Ifen, hinter denen dann die großen Felsberge einen geschlossenen Horizont bilden. Und ebenfalls wie in einem Theater bleibt die Mitte der Bühne, nämlich das breite und flache Illertal, bis zum Hintergrund frei. Auftritte und Abgänge sind an vielen Stellen zwischen den Kulissen, wollte sagen, zwischen den Bergkämmen möglich.

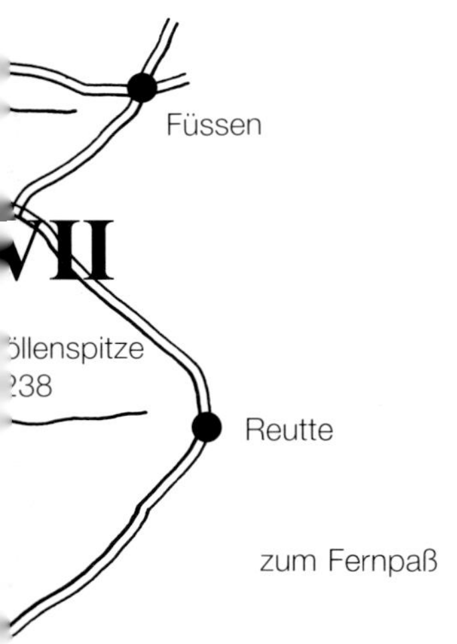

Das ist natürlich die einseitig Allgäuer Sicht. Dem Lechtaler etwa bietet sich ein so völlig anderes Bild, daß man kaum an ein und dasselbe Gebirge glauben mag. Sozusagen senkrecht ragen die Bergkämme über den Dörfern auf, riesige Steilhänge und mächtige, zerklüftete Felsgipfel bestimmen die Landschaft.

*

Die in der Randspalte abgedruckten Daten zu den einzelnen Berggruppen können keine absoluten Zahlen sein. Nicht nur der Begriff »größere Gipfel« läßt sich recht unterschiedlich auslegen, in den Allgäuer Alpen trifft das auch für die Rubrik »Zahl der Hütten« zu. Neben den üblichen Stützpunkten der alpinen Vereine gibt es hier eine ganze Schar von Berggasthäusern, bewirtschafteten Almen usw., die nur zum Teil auf Übernachtungsgäste eingerichtet sind.
Noch ein anderer Hinweis: Nur einige Kapitel werden durch Tourenvorschläge ergänzt. Bei manchem Abschnitt, etwa dem Hauptkamm, ist dies nicht nötig, da das Interessante an anderer Stelle erscheint. Viele der Ziele findet man zum Beispiel bei den »großen Gipfeln« oder auch bei den Beschreibungen der Höhenwege und Klettersteige.

Allgäuer Voralpen

Das kilometerbreite Illertal zerschneidet die Allgäuer Voralpen in zwei vollkommen getrennte Abschnitte. Der kleine östliche Teil wartet mit einigen unauffälligen Wald- und Grasbergen aus Flysch auf, zwischen denen nur zwei Gipfel als besonderer Blickfang herausragen. Dazu gehört natürlich das Allgäuer Wahrzeichen und seine besondere Aussichtsloge, der Grünten (1738 m), der als gewaltiger Wächter – mit hohem Sendemast – den Eingang zum Illertal beherrscht. Und bei Jungholz imponiert der Sorgschrofen (1638 m), ein kleiner, aber kecker Zackenkamm. Ganz alleine ragt er zwischen den Tälern auf und fällt deshalb besonders ins Auge.
Der große Westflügel der Allgäuer Voralpen zerfällt wieder in zwei Abschnitte. Obwohl deren Gipfel fast die gleichen Höhen erreichen, könnte das Aussehen nicht unterschiedlicher ausfallen. Die auf der Seite 12 schon charakterisierte Nagelfluh verwandelt den ersten großen Kamm mit dem Hochgrat (1834 m) als Hauptgipfel und das südlich anschließende Massiv des Siplingerkopfes (1746 m) in ein Traumland der bizarren Felsen. So präsentiert sich etwa der Steineberg, der nicht höher als 1683 m ist, beim Anmarsch von Osten als scheinbar uneinnehmbare Felsenfestung, auf die das Steiglein trotzdem zielsicher zusteuert. Am Beginn der senkrechten Wand weicht es dann nach rechts in die Nordflanke aus und führt über ein schmales, sogar etwas ausgesetztes Band unter der Fluh entlang, bis sich eine Bresche nach oben öffnet. Durch sie führt es hinauf zur freien, sonnigen Gipfelfläche (nur eine Stunde vom Sessellift auf dem Mittag).
Südlich dieser felsdurchsetzten und insgesamt recht steilen Gipfel folgen als harter Kontrast die Berge aus Flysch. Man faßt sie unter dem wahrlich unpassenden Namen »Hörner« zusammen. In Wirklichkeit handelt es sich um ganz behäbige, abgerundete Kuppen mit Wald und Weideland und fast ohne Fels. Die Skifahrer haben ihre Freude daran! Der höchste Gipfel ist das Riedbergerhorn (1787 m). Wie fast alle Berge in den Allgäuer Voralpen sind auch diese Erhebungen bestens mit Wanderwegen erschlossen, die zu Gratüberschreitungen und Rundtouren richtig einladen.
Ein Geselle ganz eigener Prägung ist schließlich der Besler (1679 m). Aus den Steilgrashängen wächst ein mit Türmen verziertes und mit senkrechten Mauern verteidigtes Felsbollwerk auf, das, wie eine echte Burg, oberhalb der »Außenwände« eine weite Gipfelfläche verbirgt. Nur der Karst kann derartige Gestalten schaffen; hier herrscht der gleiche Schrattenkalk wie am Gottesackerplateau. Auf der Nordostseite durchreißt eine Rinne die Felsmauer. Dort führt ein besonders pfiffiges, mit einem Drahtseil gesichertes Steiglein hinauf.

Führer für die Allgäuer Alpen

3 Bände
Rother Wanderführer mit den Titeln:
»Oberallgäu und Kleinwalsertal«;
»Ostallgäu und Lechtal«;
»Tannheimer Tal und Jungholz«.

Alpenvereinsführer:
»Allgäuer Alpen« und
»Tannheimer Berge«.

Allgäuer Voralpen
27 größere Berge,
höchster Gipfel:
Hochgrat, 1834 m,
25 Berge mit Weg,
durchschnittliche
Gipfelhöhe: 1670 m.
1 AV-Hütte.

Rechts: An diesem Turm der Siplingernadeln führt der beschriebene Weg ganz nahe vorbei.

Zum Schluß noch Anregungen zu drei Touren mit besonderem Aspekt:

ZACKENKRONE UND FELSENFENSTER (der Zinken am Sorgschrofen, 1638 m). Kurz vor der Kirche in Unterjoch (zwischen Wertach und Oberjoch) rechts, durch eine kleine, nette Bachschlucht hinauf zu den schön gelegenen Häusern von Steineberg und in einem weit nach Osten ausholenden Bogen zu den noch schöner gelegenen Zehrerhöfen. Hinter dem obersten Haus zum Waldrand, rasch aufwärts zu einer Bergwiese und zum Kamm. Rechts des mit auffallenden Zacken besetzten Grates zum Gipfelaufbau. Über einige Felsen zu einem großen Fenster, durch das man schlüpft, und drüben mit Hilfe von Drahtseilen auf den schmalen Gipfel.

Zinken, 1620 m
Von Unterjoch 2 Std. Aufstieg, steile Bergwege, am Gipfel eine teilweise mit Drahtseil gesicherte Felsstufe.

DIE GROSSE GRATTOUR (vom Hochgrat zum Steineberg). Von Oberstaufen mit dem Auto oder dem Bus über Steibis zur Hochgratbahn. Mit der Gondel zur Bergstation und über den Grat auf den nahen Gipfel des Hochgrats (1834 m). Über den Grat in die tiefe Brunnauscharte und über Wiesenrücken auf das Rindalphorn (1821 m). Ganz kurz über den Grat zurück, dann nach Osten steil in die Gündlesscharte hinab und wieder über einen Grasrücken auf den Gündleskopf (1748 m). Über den nun scharfen, felsdurchsetzten Grat hinüber zum Buralpkopf (1772 m) und weiter in interessantem Gelände auf den Sedererstuiben (1737 m). Auf einem bequemen Grasrücken auf den Stuiben (1749 m). Weiter meistens etwas neben der nun wieder felsigen, teilweise auch leicht bewaldeten Schneide zum Steineberg (1683 m). Kurz nach Norden hinab, unter der Wandfluh hindurch, zum Grat und dann meist in der Südflanke hinüber zum Mittag. Fahrt mit dem Lift nach Immenstadt und mit der Bahn zurück nach Oberstaufen.

Nagelfluhkette
Überschreitung des Kammes vom Hochgrat bis zum Steineberg über sieben Gipfel in ca. 6 Std., kleine Steige mit einigen Felsstellen, Trittsicherheit angebracht.

DER BERG MIT DEN MOORTÜMPELN (Wannenkopf). Parken am Riedbergpaß (Straße von Fischen nach Balderschwang) kurz vor der Straßenabzweigung Richtung Grasgern. Hier beginnt ein Steig, der über den sehr weiten Rücken meist über freies Gelände weit emporführt bis zum Hauptkamm am Bolgen (1686 m, Skiliftstation). Unmittelbar davor nach rechts über ein erstaunlich weiträumiges Gratgelände, in das eine ganze

Wannenkopf, 1712 m
Spritztour, vom Riedbergpaß gut 1 Std., Bergwege ohne Probleme, evtl. jedoch recht feucht.

Siplingerkopf, 1746 m
Von Gunzesried auf der Mautstraße zur Hinteren Aualpe. Von dort in gut 2 Std. auf den Gipfel, erst gute, am Gipfelaufbau steilere Wege, bei Nässe schmierig.

Die Silberdistel gehört auch im Allgäu zum Standard.

Reihe kleiner, sumpfiger Seen eingebettet ist, nach Nordosten und Norden, schließlich noch über eine kleine Stufe auf den Gipfel.

Siplinger Spezialitäten

»Die größte Nagelfluhklamm im Alpenraum« – dieser Superlativ, verbunden mit den sonst recht vagen Angaben, war so richtig geeignet, meine Neugier zu wecken. Außerdem hatte ich ein Foto von ein paar schon fast unwirklich schlanken Felsnadeln in Erinnerung. Ich studierte die besten Karten, untersuchte sie sogar mit der Lupe, aber weder der Tobel noch die Türme waren zu entdecken. Man konnte allenfalls ahnen, wo sie zu suchen sind.
Da bleibt nur eines: Ich fahre nach Gunzesried und weiter auf der Mautstraße zur Hinteren Aualpe (1052 m). Der makellose Oktobertag mit dem tiefblauen Himmel und die flammend roten Wälder – die vielen Buchen zaubern sie hervor –, sorgen für die richtige Einstimmung. Gleich hinter den flachen Weideböden führt der neu ausgebaute Weg in Kehren über eine steile Halde mit lichtem Wald empor, die rechts von einer winzigen Rippe aus Nagelfluh begleitet wird. Dahinter ist ein tiefer Einschnitt zu ahnen. Das muß die Klamm sein! Am Oberende der Rippe klettere ich über einen grimmigen Stacheldraht und stehe dann – nicht direkt über dem Tobel, sondern vor einer Felsplatte von vielleicht 15 m Höhe und 25 m Breite, jedoch nur wenigen Metern Dicke. Sie hat sich vom Massiv ein gutes Stück gelöst und steht nun als Scheibe völlig frei in der Schlucht. Ein einzigartiger Anblick! Die Klamm bleibt jedoch dahinter weitgehend verborgen.
Oberhalb der Halde beginnen bald die Matten der Siplingeralp, unregelmäßige, grüne Becken mit freier Sicht nach Norden zur Nagelfluhkette, eine malerische Landschaft im kleinen. Die schon aufgelassene Alm wird neuerdings wieder bestoßen und dadurch das Gebiet, zum Glück, vom Verkrauten und Zuwachsen bewahrt. Voll gespannter Erwartung steige ich zu einem ersten Boden hinauf, erreiche über eine kurze Stufe den zweiten, wo sich plötzlich der Blick nach Süden öffnet. Wahrlich, die Siplingernadeln sind nicht zu übersehen! Links oben steht eine Gruppe von Zacken, schon unwirklich schmale und schlanke Felstürmchen. Und ausgerechnet diese Filigranarbeit besteht nicht aus kompaktem Fels, sondern aus Nagelfluh, also aus zusammengebackenem Flußkies, wobei einstiger Schlamm den Kitt bildet.
Ein Lob den Wegebauern! Das Steiglein führt nämlich unmittelbar an den innersten Nadeln vorbei, die aus der Nähe noch einmal ganz anders wirken; unser Foto zeigt es besser als alle Worte es beschreiben können. Auch der Weiterweg macht so richtig Spaß, bleibt man doch stets in der Nähe des Nordgrates mit seinen ganz freien Ausblicken. Allerdings führt er manchmal reichlich steil bergauf. Für mich gibt es ein paar »Spezialeinlagen«, beginnt doch gerade die in der Nacht gefrorene Erde aufzutauen. So bekommen meine Schuhe eine zweite, recht dicke, aber reichlich unzuverlässige Sohle, und nur das kräftige Einkrallen in den Graspolstern oder das Emporziehen an den Erlen verhindert, daß aus der Aufstiegs- keine Rückwärtsbewegung wird. Aber ein erfahrener Allgäu-Spezialist versteht es, derartige Tücken zu überlisten.

Walsertaler Berge
29 größere Berge, höchster Gipfel: Widderstein, 2533 m, 15 Berge mit Weg, durchschnittliche Gipfelhöhe: 2097 m. 3 AV-Hütten.

Gemsteltal – Wildental
Bis zur Mindelheimer Hütte 3 1/2 Std., Rückweg durchs Wildental gut 2 Std., interessante, schon etwas anspruchsvollere Bergwanderung.

Üntschenspitze, 2135 m
Aufstieg von Hinterhopfreben gut 3 Std., erst breite Almwege, dann Bergwege, bei Nässe schmierig.

Ich könnte nun von Verschiedenem schwärmen, etwa von der Aussicht, die mein Gipfel, der Siplingerkopf (1746 m), bietet, und zu der auch mancher Schweizer Berg wie der Säntis gehört, oder von dem mit zahlreichen kleinen Überraschungen gespickten Steiglein, das den Übergang zum benachbarten Heidenkopf (1685 m) ermöglicht – doch das gehört nicht so ganz zum Thema »Nadeln und Klamm«.

Mein Wissensdurst ist bisher nur teilweise gestillt. Schon von der Aualpe aus waren mir die Felsstreifen in der Siplinger-Ostflanke ins Auge gefallen. So schlittere ich jetzt auf dem üblichen Weg, einer steilen Schlammbahn der Extraklasse, nach Osten hinab, biege im tiefsten Sattel vor dem Tennenmooskopf nach links in die mit Buschwerk bestandenen Steilhänge ab und habe bald die gesuchte Flanke genau gegenüber. Auf der gesamten Breite von einem Kilometer und einer Höhe bis zu dreihundert Metern steht hier, von tiefen Rinnen getrennt, Rippe neben Rippe, denn die Schichten aus Nagelfluh sind überall senkrecht aufgerichtet. Der linke Teil wartet mit mächtigen und wuchtigen Formen auf, der Fels beherrscht das Bild vollständig, während weiter im Norden wieder das Filigranartige auffällt; dort gibt es auch manchen Waldstreifen zwischen den Felsscheiben. Bei einer »näheren Bekanntschaft« gäbe es bestimmt so manches Bild, zu dem ohne Übertreibung das Wort »fantastisch« paßt. Doch ich bin an diesem Tag zu faul, um mich noch in dem unwegsamen, äußerst steilen Gelände dort drüben herumzuplagen.

So bummle ich von der Hirschgundalpe auf dem Ziehweg durch den Wald hinab, biege dann beim Beginn der Weidefläche jedoch noch einmal nach links ab. Das Thema »Siplingerklamm« ist ja immer noch weitgehend ungelöst. Rasch erreiche ich die unauffällige Ausmündung des Bachtals. Ich turne über umgestürzten, teilweise schon vermoderten Stämmen, über bemooste Felsblöcke, jenen typischen feuchten, glitschigen Urwald sonnenarmer Tobel. Doch ganz schnell ist die eigentliche Klamm erreicht, ein gewaltiges Tor, dessen Grund kräftig ansteigt. Die Abhänge dürften bis zu 50 m hoch sein, im unteren Teil bilden sie glatte, fast senkrechte Wände aus Nagelfluh. Es gibt auch einen Boden von stets gleicher Breite; das Profil zeigt also kein V, sondern ein ganz schmales, schlankes, eckiges U. Die Verwitterung wusch und wäscht hier eine mehrere Meter breite Mergelschicht zwischen den wesentlich härteren Konglomeraten heraus. An manchen Stellen kommt dieses Gestein noch an die Oberfläche, ein intensiv roter Fels, der so weich ist, daß man ihn zwischen den Fingern zerreiben kann. Ich klettere ein gutes Stück über den mit mächtigen Blöcken bedeckten Klammgrund empor. Das ist nur möglich, weil die niederschlagsarmen Herbsttage den Bach zu einem Rinnsal verkümmern ließen.

Fazit: Viele besonders schöne, eindrucksvolle, aufregende Berglandschaften sind unbekannt und oft auch nur schwer zugänglich. Deshalb ist man dort auch fast immer ganz für sich allein.

Walsertaler Berge

In dieser Gruppe der Allgäuer Alpen liegen lediglich ein paar kurze Seitenkämme, die zudem nur wenige Gipfel tragen, nicht unmittelbar über dem Kleinwalsertal. Der Name ist also wirklich maßgeschneidert. Hier ragen die Berge, im Verhältnis zu den Voralpen, schon recht hoch auf, und so werden nicht weniger als sechs Ziele unter den »Großen Gipfeln« behandelt. Deshalb können wir uns an dieser Stelle etwas kürzer fassen.

Das trifft besonders für den Hohen Ifen (2229 m, siehe Seite 28) und das Gottesackerplateau zu. Die Karstlandschaft ist das erste der drei Elemente in den Walsertaler Bergen. Sein Bereich zieht sich nach Nordosten noch bis zum Gatterkopf, ja, streng genommen sogar über die bewaldeten Kackenköpfe bis zum Besler und dem Schwarzenberg hin. Auch die mit einer Steiganlage erschlossene Sturmannshöhle bei Obermaiselstein konnte ja nur im Karst entstehen. Doch zurück zu den Gottesackerwänden: Einen für die gesamten Alpen einzigartigen Anblick bieten ihre Nordabstürze. In einer Breite bis zu sieben Kilometern ist die gesamte Flanke quer gestreift. Nicht allzu hohe, doch oft senkrecht abstürzende Wandstreifen ziehen von Westen nach Osten; es gibt bis zu sieben Stufen übereinander! Das schafft ein ungemein kompliziertes Gelände, immer wieder trifft man – völlig unerwartet – auf kleine, »verwunschene« Böden und versteckte Tälchen. Nur durch den Ostteil führt ein Wanderweg, und zwar von Rohrmoos am Gatterkopf vorbei zur Unteren Gottesackerwand und zum Windecksattel. Noch eindrucksvoller zeigt sich jedoch der Westteil um die verfallene Keßleralpe.

Nur ganz selten ist ein Wanderer in diesem ebenso abgelegenen wie großartigen Winkel unterwegs. Daran mag auch die Tatsache schuld sein, daß sich die Ausgangspunkte nur reichlich umständlich erreichen lassen; man kann aus dem Bregenzerwald über Sibratsgfäll oder aus dem Oberallgäu über das Rohrmooser Mautsträßchen anreisen.

Als zweites findet man im Walsergebiet viele Grasberge. Ganze Kämme, wie jener vom Bergbahngipfel Walmendingerhorn zum Falzerkopf oder der vom Grünhorn zur Üntschenspitze (2135 m), die als grüner Dreikant ganz auffallend über dem inneren Bregenzerwald aufragt, bestehen aus Flysch. Hohe, wenige gegliederte Steilhänge und, außer dem Gras, auch ein üppig wucherndes Buschwerk, das vor allem nordseitig bis zu den Gipfelkämmen emporzieht, gehören zum üblichen Bild. Den Bergsteiger locken hier vor allem die Gratüberschreitungen. Man kann alle Kämme begehen, zwischendurch gibt es jedoch auch schmale und ausgesetzte Stellen. Mir persönlich blieb vor allem der Hochstarzel (1974 m) zwischen Starzel- und Derrenjoch in Erinnerung. Urplötzlich schnürte sich der Grat zu einer messerscharfen Schneide zusammen, die noch dazu der erste herbstliche Neuschnee mit einigen kunstvollen Gebilden verziert hatte. Es erforderte alle Sorgfalt, sich über diese luftige Höhe zu tasten.

Das Gebiet wartet auch mit einem eigenen Alpenvereinshaus, der Schwarzwasserhütte (1628 m), auf, die mancher mehr von Skitouren als von sommerlichen Fahrten kennt. Dabei lassen sich zwei Tage mit einem recht bunten Programm ausfüllen. Den Auftakt bildet,

nach einem Start von der Auenhütte, eine Überschreitung des Hohen Ifens (2229 m). Am nächsten Morgen wird der Trittsichere dann die lange Grattour über das Steinmannl zum Grünhorn (2039 m) und weiter über die Ochsenhoferköpfe und den Lüchlekopf bis zum Bergbahngipfel Walmendingerhorn anpacken, von dem auch ein Steig nach Nordosten, also zurück ins Schwarzwassertal, hinabführt.
Ebenfalls zu den Flyschbergen zählt der Kamm vom Fellhorn (2038 m, Bergbahn) zum Söllereck. Die mühelose Abstiegswanderung über diesen Kamm ist für den Blumenreichtum im Juni und Juli berühmt. Dazu werden sogar geführte »Botanische Wanderungen« angeboten, ein Service, wie er so recht zu den Allgäuer Ferienorten paßt.
Die großen Walsertaler Gipfel von den Hammerspitzen über die Schafalpenköpfe bis zum alles überragenden und alles beherrschenden Widderstein (2533 m) liegen im Bereich des Hauptdolomits. Ab Seite 72 wird über diese Berge ausführlich berichtet. Deshalb sei hier nur noch ein Kuriosum erwähnt: Zwischen dem Rappenalpental und dem Warmatsgund zieht ein kurzer Nebenkamm nach Osten, der noch drei Felszinnen trägt. Alpgundkopf (2177 m) heißt deren wuchtiger Hauptgipfel, der hier – inmitten der bekanntesten Allgäuberge und genau vis-à-vis der Trettachspitze – ein völliges Einsiedlerdasein führt.

DIE BESONDERE RUNDWANDERUNG (Gemsteltal – Mindelheimer Hütte – Wildental). Die riesigen Steilhänge am Elfer und die hohen Felsabstürze der Widdersteine sorgen in dem ganz unberührten Gemsteltal für eine recht wilde Landschaft. Nicht viel kleiner und kaum weniger beeindruckend ist das benachbarte Wildental. Dazu gibt es den schönen Blick nach Osten und Süden. Für einen Ausflug ohne Gipfel – den man zudem leicht »mitnehmen« kann – ist unsere, allerdings ziemlich lange, Rundwanderung ungewöhnlich reich an Erlebnissen!
Von Mittelberg-Innerbödmen im Kleinwalsertal über die Breitach und ins Gemsteltal. Immer rechts bleibend in den Talhintergrund und über eine felsdurchsetzte Steilstufe, links unten die wilde Klamm des Gemstelbachs, nach Obergemstel. Bei der Alpe links ab und genau nach Osten zum Grenzkamm am Fuß des Geißhorns. In steilem Gelände unter dessen Ostwand noch weiter empor zur Schulter (2170 m) am Wildengundkopf. Drüben in ein Kar hinab und hinüber zur Mindelheimer Hütte.
Hinauf in die nahe Kemptnerscharte (2108 m). Evtl. Abstecher auf den Kemptnerkopf (2191 m, 15 Min.). Abstieg durchs Wildental siehe Seite 47.

AUSSICHTSBERG ÜBER SCHOPPERNAU (Üntschenspitze, 2135 m). Als gleichmäßige Pyramide mit 1000-m-Steilgrasflanken beherrscht dieser Berg den inneren Bregenzerwald. Entsprechend eindrucksvoll sind die Tiefblicke, und gleich gegenüber stehen die mächtigen Gipfel des Lechquellengebirges mit so wilden Gestalten wie der Hohen Künzel (2397 m).
Von Schoppernau mit dem Auto 4 km talein nach Hinterhopfreben (1007 m). Nun zu Fuß auf breitem Weg teilweise durch Wald, teilweise auf freien Weideflächen zur Vorderüntschenalpe. Nun stets im Grasgelände über einen Hang ins Häfnerjoch und über den Grat auf den ganz frei stehenden Gipfel. Vom Joch aus kann man zusätzlich in 25 Min. leicht die Güntlespitze (2092 m) besteigen.

Der Widderstein in einer ungewöhnlichen Perspektive: links der Südgrat, nach vorne – stark verkürzt – der Ostgrat.

Die Tour der Überraschungen

Nicht die großen Felsgipfel in den Allgäuer Alpen prunken mit den auffallendsten und unverwechselbarsten Gestalten. Diese Superlative beanspruchen einige von den »Kleineren« wie die Grasberge Schneck und Höfats und auch das Kuriosum Hoher Ifen. Senkrechte Wandabbrüche verteidigen dessen weiträumige, schräge Gipfelfläche auf allen Seiten, schaffen eine offensichtlich uneinnehmbare Felsenfestung, ein Pult, das schon von Riezlern aus ins Auge fällt.
Heute sieht man allerdings nichts davon; die Wolken hüllen alles ein, ja, sie hängen bis in die Täler herab. Entsprechend mißmutig wirken die vielen Urlaubsgäste hier im Kleinwalsertal. In Scharen sind sie beim Schaufensterbummel, und schon jetzt, am späten Vormittag, herrscht reges Leben in den Kaffeehäusern. Ich fahre trotzdem weiter, zielsicher und zuversichtlich, biege bei der Breitachbrücke rechts ab und kurve auf dem Sträßchen ins Schwarzwassertal hinauf. Gerade der bis ins Tal herabreichende Nebel, zudem die auffallend ruhige Luft und das völlige Fehlen von Niederschlägen nähren meine Hoffnung.
Mit dem Lift bin ich rasch bei der Ifenhütte (1586 m), steige weiter bergan, mich dabei voll auf die Wegsuche konzentrierend. Die herrschende Suppe zwingt dazu! Außer dem an sich breiten und deutlichen Steig gibt es zusätzlich so manchen Trampel- und Viehpfad, der einen nur allzu rasch in die Irre führen möchte. Und wieder einmal wird der Höhenmesser zum besonderen Freund! In exakt 1900 m Höhe zweigt der Steig zum Ifen ab; da gibt es auch heute keine Unsicherheit, kein nervöses Suchen, zeigt mir mein Helfer doch den richtigen Moment an. Nach einer kleinen Trümmermulde zieht der Pfad über die Geröllhalde empor und führt dann in sehr steiles Gras- und Schrofengelände. Im Nebel, der inzwischen nicht mehr grau, sondern hell und verheißungsvoll ist, zeigen sich schemenhaft ein paar Felswändchen. Doch das Weglein schlängelt sich geschickt zwischen den Abbrüchen hindurch, und erst ganz zum Schluß muß ich noch wenige Meter durch eine steinige Rinne klettern und komme so zur »Kante der Überraschungen«.
Von einem Meter zum anderen geht das Steilgelände in eine mäßig geneigte Wiese über, eine verblüffend weite, hindernislose Fläche. Von einem Meter zum anderen bleibt aber auch der Nebel zurück, über mir wölbt sich der Himmel, der nur von einer leichten Zirrenschicht verschleiert ist. Bei den noch fehlenden etwa 150 Höhenmetern benütze ich nicht den Steig, der mitten über das begrünte Dach führt, sondern folge der ganz ausgeprägten Kante, wandere an den teilweise senkrechten Felsabstürzen entlang. Man darf sich diese Abbrüche, die sogenannte Ifenmauer, nicht als gerade und glatte Wandfluh vorstellen. Sie sind stark gegliedert, immer wieder durchschneiden tiefe Rinnen und Felsschluchten das Gelände. Fasziniert schaue ich in diesen wilden Felszirkus hinab, aus dem lautlos die Nebel heraufdrängen, noch ein Stückchen über die Kante emporwallen, um sich dann schlagartig aufzulösen. Eigenartigerweise hat der Nebel – zumindest am Hohen Ifen – keine glatte Obergrenze. Von allen Seiten leckt er am Dach empor, das selbst völlig frei in der etwas trüben Sonne liegt. So lehnt sich auch das Gipfelkreuz scheinbar an eine Wolkenwand, während nach Süden der Blick zu den großen Allgäubergen und hinüber zu ein paar auffallenden Zacken im Lechquellengebirge frei ist.
Jedem Ifen-Besteiger würde ich einen Rückweg über das Gottesackerplateau empfehlen, das zu den interessantesten – als echter homo ludens, als verspielter Mensch, möchte ich sogar sagen, zu den aufregendsten – Karsthochflächen gehört. Die bizarre Welt der Karren, jener ausgewaschenen Schrattenkalkfelsen, verbigt immer wieder geheimnisvolle Löcher, die Dolinen, in denen das Regenwasser verschwindet, um unterirdisch in einem riesigen Höhensystem abzufließen. Beim heutigen Nebel sind diese weiten, konturenlosen Flächen allerdings streng tabu; es wäre teuflisch, sich auf dem Gottesacker ernsthaft zu verlaufen.
So benütze ich den zweiten Gipfelweg, schlüpfe genau im Süden des höchsten Punktes durch eine weitere Bresche in der Mauer und tauche damit gleichzeitig wieder ins Wattemeer ein. Hier sitzt die Ifenmauer auf einem recht steilen Untergrund, und so gibt es ein Abbrechen der Felsränder, das an das Kalben von Gletschern erinnert. Tiefe Klüfte in der Wand,

Linke Seite:
Im Tal der Stillach mit den Hammerspitzen und dem höchsten Gipfel der Schafalpenköpfe (ganz links). Die Seilbahnstütze gehört zur Fellhornbahn.

Auf dem Gottesackerplateau.

losgelöste Felspartien, freistehende Zacken und natürlich ein großes Trümmerfeld sind die — ausgesprochen malerische – Folge. Nachdem ich eine Zeitlang voller Neugier in diesem etwas wackeligen Gelände auf Entdeckungsreise gegangen bin, setze ich den Abstieg fort und erreiche über steile Geröll- und Grashänge die ersten Weideböden im Bereich der Ifersguntenalpe. Um die sehr weite Schleife über die bewirtschaftete Schwarzwasserhütte zu vermeiden, verlasse ich hier den Weg nach links und taste mich mit Hilfe von Steigspuren zur Galtöde hinab. Nach diesem brettebenen Boden folgt eine wüste Trümmerlandschaft mit zum Teil hausgroßen Felsblöcken – ein letzter Ifen-Gruß. In prähistorischer Zeit hatte die Ifenmauer im großen Stil gekalbt, und so füllt heute ein gewaltiger Bergsturz das Tal. Er zählte einst zu den Lieblingsausflügen meiner Kinder, die sich trotz der Latschen stundenlang auf, zwischen, neben und unter den Blöcken vergnügen konnten. Und zusätzlich faszinierten sie die Schwarzwasserquellen am Ostende der Trümmerwelt. Hier drängt an den verschiedensten Stellen das Wasser aus dem Boden, und die einzelnen Rinnsale entwickeln sich ganz schnell zu einem stattlichen Bach. Obwohl diese »Schwarzwasser-Geburt« – Schwarzwasser heißt der Bach in diesem Tal – fast unmittelbar neben dem Wanderweg stattfindet, fällt das wohl keinem der Vorbeikommenden auf.

Der Hauptkamm

Hauptkamm
40 größere Berge, höchster Gipfel: Hohes Licht, 2651 m, 13 Berge mit Weg, durchschnittliche Gipfelhöhe: 2321 m. 4 AV-Hütten.

Können Sie sich einen Hauptkamm vorstellen, von dem zwischendurch plötzlich ein Stückchen fehlt? Das Allgäu kann damit aufwarten! Es ist logisch, den Grat vom Biberkopf bis zum Hochvogel und weiter zur Lahnerscharte als Hauptkamm zu bezeichnen, schließlich trennt er das Illertal vom Lechtal. In ihm liegt auch die Öfnerspitze – doch sie zählt zur Hornbachkette. Der »Hauptkamm« endet also am Oberen Mädelejoch und setzt zwei Kilometer später beim Märzle wieder an. Fazit: grau ist alle Theorie…
Wieder einmal sorgt der Hauptdolomit für das Landschaftsbild. All den auffallenden Felsgipfeln der Region verhilft er zu dem wild zerborstenen Gestein, den hohen, von Schluchten zerspaltenen, aber selten allzu steilen Wänden, dem Geröllreichtum. Dieses unwegsame Gelände schafft eine »Zweiklassengesellschaft« bei den Gipfeln. Zu den mit einem Steig erschlossenen Zielen kommen Scharen von Besuchern, manches ist regelrecht überlaufen, die übrigen Berge bleiben nahezu unberührt. Schließlich gibt es nur noch wenige Bergsteiger des klassischen Typs. Diese müßten Erfahrung und Geschicklichkeit für das brüchige Gelände mitbringen, zudem einen geschulten Blick haben, um den besten Durchschlupf zu entdecken, und nicht zuletzt gehört der Spaß an Touren dieser Art zu den Voraussetzungen. Der Reiz besteht im Abenteuerlichen, denn die vorliegenden Routenbeschreibungen sind nicht allzu genau, so wird jeder (der seltenen) Begeher wieder erneut zum Pfadfinder.
Die lange Reihe der berühmten Berge reicht vom Biberkopf über das Hohe Licht, die Mädelegabel, die Trettachspitze bis hin zum Hochvogel. Sie stellen gewissermaßen die Starparade unter den »Großen Gipfeln« dar. Die entsprechenden Beschreibungen finden Sie ab Seite 65. Was bleibt, sind ein paar etwas kleinere Gesellen, die sich daneben nicht so ganz »behaupten« können, wie etwa die Hochgundspitze (2460 m) und die Rotgundspitze (2485 m), zwei markante, felsige Gestalten, die die Große Steinscharte flankieren. Es pilgern zwar jährlich Tausende über diesen Sattel, doch die beiden Berge bleiben fast unberührt.
Vom Hohen Licht zieht ein mächtiger Seitenkamm nach Süden. Die fünf größeren Gipfel stürzen alle mit dunklen, bis zu 350 m hohen Wänden nach Norden ab. Unscheinbare Steige führen auf die Ellbognerspitze (2552 m) und den Muttekopf (2431 m). Diesen Gipfel, der steil über Holzgau aufragt, darf man nicht mit dem Muttekopf in den Lechtaler Alpen bei Imst verwechseln; das Wort »Mutte« taucht öfters auf, man bezeichnet damit abgerundete Köpfe. Der Wilde Kasten hat mit

dem Südgrat seine »schwache Seite«, doch die Wildmahdspitze (2489 m) gehört zu den ganz unnahbaren Gesellen. Die Zahl der Besucher variiert in diesem Kamm zwischen gering und nahezu null.
Im Bereich von Kreuzeck (2376 m) und Rauheck (2384 m) verliert der Hauptdolomit plötzlich seine Macht, und das Gras wird zum beherrschenden Element. Auch die drei nach Nordwesten abzweigenden Kämme mit dem Fürschießer, dem Kegelkopf und der Höfats (2258 m) passen bestens in diese veränderte Landschaft. Riesige von Grün überzogene Steilhänge sind das Typische. Sie umgeben zum Beispiel den innersten Kessel des Traufbachtals als weites, bis zu 1000 m hohes Halbrund. Urtümlicher kann eine Landschaft nicht sein! Im Frühsommer bieten die riesenhaften Lawinenkegel und die zahlreichen Wasserfälle ein imponierendes Schauspiel. Nach dem Hornbachjoch hat der Hauptdolomit dann alles wieder »fest im Griff«. Dort findet man sogar ein paar Kletterberge nach dem Motto »man gibt sich mit dem zufrieden, was geboten wird«. In anderen Regionen würden etwa die Höllhörner, zwei wahrlich kühne Zacken, der Kleine Wilde oder die Fuchskarspitze (2314 m) mit ihren so auffallend verbogenen Felsschichten bestimmt keine große Beachtung finden; man trifft ganz einfach zu oft auf brüchiges Gestein.
Wahre Orgien feiert der morsche Fels in der Roßzahngruppe. Noch nie gehört? Vom Hochvogel zieht ein verzweigter Kamm nach Osten gegen das Lechtal, der noch ein Halbdutzend Felsgipfel trägt. Nach Süden fällt der Kamm mit einer 1000-Meter-Steilflanke gegen das Hornbachtal ab, einem Chaos aus zerborstenen Felswänden und -türmen, tiefen Geröllschluchten, Latschendickichten usw. Der Hauptgrat ist wild zerschartet, mit einer Vielzahl bizarrer bis grotesker Zacken besetzt. Von der unbedeutenden Grubachspitze abgesehen, erhalten die Gipfel nahezu nie Besuch. Das höchste Ziel, der Große Roßzahn (2356 m), wird auf der Seite 88 etwas genauer vorgestellt.

Einer der einsamen Winkel in den Allgäuer Alpen:
im Schochenalptal, hinten die Peischlspitze. Das Gebiet erreicht man von Holzgau im Lechtal durch das Höhenbachtal.

Das klassische Motiv: Einödsbach, der südlichste Weiler Deutschlands, und die Trettachspitze. Man sieht ihre Westwand. Nach rechts anschließend Mädelegabel und Hochfrottspitze.

Es zählt zu den Allgäuer Spezialitäten, die Täler sozusagen als eigene Persönlichkeiten zu betrachten, und sie deshalb auch als Ausflugsziele anzusteuern. Sie stecken voller Eigenart, sind herb, urtümlich, ja, durch die Herrschaft der allgegenwärtigen Lawinen manchmal unwirtlich wüst, gleichzeitig aber auch üppig bewachsen vom obligatorischen Erlengestrüpp bis hin zu Blütenpflanzen wie dem Türkenbund, dem besonders häufigen Blauen Eisenhut und unzähligem anderem. Über die nordseitigen Einschnitte wie Oytal, Traufbachtal, Sperrbachtobel oder Bacherloch wird in diesem Buch immer wieder berichtet. Deshalb wird hier nur noch kurz das Höhenbachtal vorgestellt, das bei Holzgau ins Lechtal mündet. Der untere Talabschnitt gehört zu den Ausflügen der Lechtal-Urlauber. Sie bestaunen den Simmswasserfall, wandern vielleicht bis zur Unteren Roßgumpenalpe mit einer weiteren Kaskade. In den beiden Quelltälern, dem Roßgumpen- und dem sehr langgestreckte Schochenalptal, herrscht dann wohltuende Ruhe.

»Privatweg« zum Hohen Licht

Bei manchem Gipfel ist es wie verhext: er steht seit »ewigen Zeiten« auf der Wunschliste, man plant bereits die Tour, aber dann kommt doch immer wieder etwas dazwischen. Mir erging es mit dem Hohen Licht so, dem zweithöchsten Allgäuer Berg. Dabei gehört es eher zu den problemlosen Zielen. Auf der üblichen Route durch die Westflanke, die gleich oberhalb des Wieslekars vom Heilbronner Weg abzweigt, steigen viele zum breiten Gipfel hinauf. Der Steig weicht den wuchtigen Felsabsätzen geschickt auf Bändern und in Rinnen aus, zudem helfen Sicherungen über die steileren Stellen hinweg.
Einige der großen Gipfel in unserem Gebirge lassen sich, was den meisten unbekannt ist, am schnellsten aus dem Lechtal erreichen. Auf der Südroute durch das Hochalptal verkürzt sich sogar die Besteigung des Hohen Lichts zur Tagestour. An einem strahlenden Tag Anfang Juni bin auch ich auf dieser Strecke unterwegs. Ob es nun endlich klappt mit diesem Gipfel? Ich habe mir nämlich gewissermaßen zwei Hürden selbst eingebaut: die frühe Jahreszeit und eine ungewöhnliche Route im oberen Abschnitt.
Wie in diesem Gebiet so üblich, bricht auch das Hochalptal mit tiefer Schlucht zum Lechtal durch. Der kleine Steig klimmt deshalb hoch an den westseitigen Hängen empor, überschreitet einen unwegsamen Tobel, den Steinlegraben, und quert erst dann allmählich in den Talboden. Die Lawinen bestimmen hier ganz das Landschaftsbild: Wald gibt es kaum, kleine, teilweise steinige Matten überziehen den schmalen Boden, Krummholz wächst an den steilen Hängen. Je nach Gesteinsart herrschen dort entweder die Latschen oder Laubbäumchen wie die Erlen vor. Zerklüftete Felsgipfel, vor allem die Hochgundspitze, sorgen für einen dekorativen Hintergrund.
Heute liegt noch viel Schnee auf den Böden und in den Flanken; das läßt auch den Biberbach zu einem üppigen, tosenden Wasserfall anschwellen. Etwas oberhalb, genau in 1800 m Höhe, biege ich vom üblichen Weg nach rechts ab. Mich lockt nämlich der Südwest-Anstieg zum Hohen Licht. Ich will dabei nicht nur ein wenig den Pfadfinder spielen, sondern auch Angaben für den Führer sammeln. Bei genauem Hinsehen ist das uralte Steiglein noch zu finden, und so stehe ich bald oben in dem kleinen Kar bei der ehemaligen Hochalpe. In den weichen Liaskalken gräbt sich der nun verzweigte Bach tief ein, zerschneidet die von einem auffallend saftigen Grün überzogenen Flächen in viele Segmente. Mit den dunklen Wänden von Peischl- und Ellbognerspitze darüber schafft das ein Hochkar von starkem, etwas herbem Reiz, der noch durch ein subjektives Empfinden verstärkt wird: Es gibt sicher Jahre, in denen kein einziger Bergsteiger hierher kommt.
Gut zweihundert Höhenmeter wandere ich über die Hänge empor, dann führen Absätze und Rampen nach links zur Kante hinaus, die sich erstaunlich gut begehen lassen. Auch der Grat bildet nicht die erwartete scharfe Schneide, ja, er beginnt als ganz breiter, begrünter Rücken, der dann allerdings rasch – in kurzzeitig auch steile – Geröllhänge übergeht. Das sind die einzigen Stellen, die ein wenig Mühe bereiten. Immer freier wird der Blick von diesem hohen First. Fünfzehn Minuten unter dem Gipfel mündet dann von links der »Normalweg« ein, und ich kehre sozusagen aus dem Niemandsland in die allgemeine Welt zurück.
Beim Abstieg folge auch ich der üblichen Route, die die »Überraschung des Tages« bringt. So bequem und über weite Strecken trocken mein – ungewöhnlicher – Anstieg war, so spannend gestaltete sich der Rückweg. Der Steig führt diagonal durch die Westseite, eine 400 m hohe, sehr stark gegliederte Felsflanke, dank der dunklen, senkrechten Wandabbrüche ein düster eindrucksvolles Gelände. Jetzt lagert der Schnee noch als dickes Polster auf allen Bändern und Absätzen, manche Platte überzieht glitzerndes Eis. Zuerst kann ich mich recht gut in der Kluft zwischen Fels und Schnee tiefer tasten. Dann unterbricht jedoch eine Rinne die Bänder; kirchturmsteil ist der Schnee, nach unten verschwindet das Gelände. Mit einem kleinen Felsblock, dann mit kräftigem Abtreten teste ich das weiße, schon ein wenig durchgeweichte Element, bevor ich mich »ins Freie« hinauswage. Ich hinterlasse eine saubere Perlenkette reichlich tiefer Löcher; beim Zurückblicken schaut die Spur schon etwas verwegen aus. Es folgen weitere Bänder, Absätze, Rinnen – wie lange sich ein Wegabschnitt doch hinziehen kann! Unter der Kleinen Steinscharte stehe ich dann plötzlich vor einem regelrechten Graben im Schnee. Offensichtlich wurde hier der Heilbronner Weg freigeschaufelt.
Das erleichtert das letzte Stückchen Abstieg zum Wandfuß. Und dann folgt noch ein besonderes Schmankerl: Bester Firn bedeckt den 300 m hohen Steilhang hinab ins Wieslekar; in wenigen Minuten fahre ich die weite Strecke auf den Schuhen hinunter. Der erste wirklich trockene Grasfleck lädt dann zum Faulenzen ein. Es herrscht eine paradiesische Ruhe, einzig das Schmelzwasser plätschert in den Wänden rundum, und hin und wieder platscht ein kleiner Schneerutsch über die Felsen der Hochgundspitze; aber das kann mich jetzt nicht mehr aufscheuchen.

Hornbachkette

Dieser etwa 15 km lange, fast gerade Grat zweigt beim Mädelejoch nach Osten ab und trennt das Lechtal von dessen Nebenast, dem Hornbachtal. Dieses Massiv liegt also ganz auf Tiroler Boden. Die Hornbachkette ist ebenso unbekannt wie ungewöhnlich. Die wenigsten Allgäu-Freunde wissen von den Superlativen, die zu dieser Gruppe gehören. Dort steht zum Beispiel der Allgäuer Hauptgipfel, der Große Krottenkopf (2656 m), dort ragen die Gipfel im Durchschnitt am höchsten auf, sind am wildesten, am unnahbarsten, werden am seltensten bestiegen.
Eine kaum unterbrochene Kette schöner, scharf geschnittener Felsberge baut den langgestreckten Kamm auf. Zahlreiche, ebenfalls felsige Rippen ziehen von den Gipfeln nach Süden, teilweise auch nach Norden hinab und schaffen eine lange Folge von Hochkaren. Sie sind fast alle geradezu schulmäßig ausgebildet: Die sanften, von Matten überzogenen Karböden gehen in Schutthalden, dann in Felswände über, die die Mulden auf drei Seiten einschließen. Das Gestein, ein Hauptdolomit, ist allerdings eher malerisch als für den Bergsteiger angenehm: zerborsten, zerklüftet und an allen etwas flacheren Stellen dick mit Geröll bepackt.
Nur bei der so schön gelegenen Barthhütte fällt ein plattiger, und damit doch wesentlich festerer Fels auf. So haben auch die Kletterer die Wolfebnerspitzen (2432 m) und die Hermannskarspitze (2472 m) als Tummelplatz entdeckt. Wie die Orgelpfeifen stehen die senkrecht herablaufenden Schichten nebeneinander, eine lange Folge von Rippen und tiefen Schluchten und geradezu prädestiniert für die »Erfindung« zahlloser, parallel verlaufender Routen.
Drei Gipfel mit Weg, zwei Kletterberge, ein spannender Höhenweg und eineinhalb Alpenvereinshütten (das Kaufbeurer Haus ist meist unbewirtschaftet) – diese Zahlen dokumentieren die geringe Erschließung der Hornbachkette. Viele Kare sehen jahrelang keinen Touristen, mancher Gipfel wird kaum je bestiegen. Zum wirklich Einsamen zählen zum Beispiel die Noppenspitze (2594 m, siehe Seite 78), eine mächtige Felsgestalt mit Plattentafeln und einem auffallenden Sägezahngrat nach Süden, oder die Wasserfallkarspitze (2557 m), für die es bis vor kurzen nur die Beschreibungen aus der Zeit der Erstbegeher gab, die gut 120 Jahre alt sind.

Hermannskarspitze und rechts der Hermannskarturm von Westen. Dieser Kletterberg wurde nach Hermann von Barth benannt, der um 1870 Teile der Hornbachkette erschlossen hat.

Ausweichziel Bretterspitze

Hochmut kommt vor dem Fall, beziehungsweise vor dem Mißerfolg!
Mich plagen die Zweifel! So kann ich die Schönheit dieses ungewöhnlichen Plätzchens gar nicht so richtig würdigen. Kesselboden heißt der Absatz des Urbeleskares etwas oberhalb der unbewirtschafteten Kaufbeurer Hütte. Kleine Graskuppen, reicher Blumenschmuck, rundgeschliffene Felsflächen sorgen für das Idealbild eines Karbodens. Nach Norden ist der Blick – quer über die sehr tiefe Furche des Hornbachtals – auf die schöne Pyramide des Hochvogels frei. Die drei anderen Seiten des Kares umrahmen hohe Felsgrate, und im Südosten steht, steil über dem Betrachter, die alles beherrschende Urbeleskarspitze (2632 m), ein mächtiges Felstrapez. Sie gehört zu den Zielen, die zur gleichen Zeit locken und abstoßen. So auffallende, formschöne Felsgestalten wecken stets die Neugier, die Wünsche des Bergsteigers, doch eine 300 m hohe Flanke aus Schrofen, Geröll und brüchigem Fels, den typischen Insignien des Hauptdolomits, vermag die Euphorie wieder zu dämpfen.
Doch bin ich heute nicht im Dunkeln aufgestanden und bin nicht die 1000 Höhenmeter von Hinterhornbach heraufgestiegen, um mich durch den Anblick der Urbeleskarspitz-Westwand einschüchtern zu lassen; schließlich habe ich mich schon mit manchem »Bruch« erfolgreich herumgeschlagen. Kopfzerbrechen bereiten mir jedoch die senkrecht herablaufenden weißen Streifen im oberen Teil der Wand. Die Rinnen und Felsschluchten sind noch dick mit Schnee gefüllt, und nachdem das weiße Element sogar hier unten im Kar und zudem in der Sonne bockhart gefroren ist…
Das grenzt an echte Ironie! Gestern abend noch hatte mich mein Neffe befragt, ob man für den Höhenweg in den gegenüber aufragenden Lechtaler Alpen einen Eispickel bräuchte. »Das schadet nie,« war meine Überlegung, »doch ich persönlich würde keinen mitnehmen, das wäre mir zuviel Schlepperei. Irgendwie kann man sich immer über die Schneerinnen mogeln.« Und jetzt schauen gerade derartige Rinnen – richtig höhnisch? – aus der Westflanke der Urbeleskarspitze zu mir herab. Sonnenklar: Ohne Eisausrüstung ist dort oben nichts zu holen.
Genau im Süden ragt mit behäbig breiter Flanke die Bretterspitze (2608 m) auf, der Aussichts- und Wegegipfel der Region, das einzige leichtere Ziel. In der Form eines Z ziehen Geröll- und Schrofenhänge aus dem Kar bis zum Ostgrat hinauf, die natürlich auch das Steiglein zum Durchkommen nützt. Das wäre die Alternative für mich. Doch gerade in diesem nordseitigen Schattengelände hält sich hartnäckig der Schnee, und natürlich überzieht das Weiß ausgerechnet jene etwas weniger steilen Passagen, über die der Weg führt. Hoffnung bereitet mir eine alte, noch schwach erkennbare Spur, Angst die Tatsache, daß die Route im letzten Teil des Z nach links hinausführt, wo das Gelände in hohen Wänden nach unten abbricht. Aber einen Versuch ist's allemal wert.
Rasch steige ich auf dem Geröllweg in die kleine Hochmulde am Fuß von Bretter- und Gliegerkarspitze hinauf, einen eindrucksvollen, schneegefüllten und von zerklüfteten Wänden überragten Winkel. Im Geröll suche ich mir einen Faustkeil mit einem spitzen Ende. Der zu bizarren Trümmern verwitternde Hauptdolomit bietet ja genügend »Steinzeit-Werkzeuge« an. Mit dieser Art Eisstichel ausgerüstet, taste ich mich über den bockharten Firn aufwärts, peinlich genau die alte Spur nutzend, deren Tritte bereits zu ganz abschüssigen Flächen ausgeschmolzen sind. Doch sie erlauben einen Aufstieg, der sonst ganz unmöglich wäre. Im steilsten Abschnitt weiche ich auf eine apere Felsrippe aus. Nach dem Eiertanz ist die Kletterei über das brüchige, von Geröll bepackte Gestein geradezu eine Erholung. Dann folgt die gefürchtete Passage nach links. Doch hier nimmt die Neigung deutlich ab, die Spur wird ausgeprägter, und so stehe ich bald oben in der Sonne auf dem Ostgrat der Bretterspitze.
Von oben schaue ich in die Flanke, die der Höhenweg hinüber zum Griesschartl quert. Man sieht in diesem wüsten Felsgelände vor allem die Bänder, die mit teilweise riesigen Trümmern übersät sind. Welchem Chaos sich doch der Bergwanderer anvertraut! Und vor mir steigt gewaltig die Südwestkante zur Urbeleskarspitze auf, ein gelbrotes Steilgelände, brüchig, zerborsten, unnahbar, feindlich. Da kann man die Kletterer verstehen, die mehr den Wilden Kaiser lieben.
Auf dem problemlosen Grat turne ich rasch das letzte Stück zum Gipfel der Bretterspitze hinauf, dieser feinen Aussichtsloge. Die großen Felshäupter der Lechtaler Alpen stehen in langer Reihe Parade vor dem Betrachter. Und die Überraschung: der zuerst alles dominierende Hochvogel ist ein wenig niedriger als mein Standplatz.

Hornbachkette
18 größere Berge, höchster Gipfel: Großer Krottenkopf, 2656 m,
3 Berge mit Weg, durchschnittliche Gipfelhöhe: 2521 m.
2 AV-Hütten.

Bretterspitze, 2608 m
Vom unbewirtschafteten Kaufbeurer Haus in knapp 2 Std., Bergweg über steiniges Gelände, Trittsicherheit empfehlenswert.

Daumengruppe

Beim Großen Wilden zweigt ein mächtiger Kamm nach Nordwesten ab, der, zusammen mit einigen Nebenästen, die Daumengruppe bildet. Nach den Voralpen ist dies der am besten erschlossene Teil der Allgäuer Alpen. Alle größeren Berge lassen sich entweder ganz auf einem Weg erreichen, oder es führt, wie bei den Seeköpfen und dem Schochen, zumindestens ein Steig in Gipfelnähe vorbei. Und die Seilbahn am Nebelhorn sorgt zudem für einen raschen und mühelosen Zugang zu so manchem Ziel.
Fünf verschiedenartige Tourenarten stempeln das Gebiet zum Wander-Dorado. Da gibt es zum Beispiel die Ausflüge zu den Bergseen, die man zum Teil, wie die beiden Geißalpseen, bei reinen Abstiegen besuchen kann. Zum Außergewöhnlichen zählt der beliebte Höhenweg zum Laufbachereck (2150 m) und zum Himmelecksattel, denn er führt lange Zeit – bis zu 1000 m über dem Oytal! – quer durch die steilen Grashänge. Das ist ein echter Panoramaweg! Mit Ausblicken wie aus einem Flugzeug verwöhnen auch die gegen das Illertal und Oberstdorf vorgeschobenen Berge. Die Krone gebührt dabei dem Rubihorn (1957 m), dessen Westflanke ohne den kleinsten Absatz als Riesensteilhang ins Tal hinabschießt.
Die drei restlichen Themen werden an anderer Stelle ausführlich behandelt. Da wäre zum Beispiel der Große Daumen (2280 m, siehe Seite 82), der namengebende Hauptgipfel der Gruppe, der durch nicht weniger als sechs Wege erschlossen ist. Zu den extravaganten Per-

Blick aus dem vorderen Dietersbachtal (bei Gerstruben) auf den Westgipfel der Höfats.

sönlichkeiten unter den Bergen zählt der Schneck (2268 m, siehe Seite 82und unten), ein ganz steil aufgerichteter Geselle mit einem Gras-Fels-Mantel und einem auffallend runden Kopf als Gipfel. Und dann muß man natürlich noch den Hindelanger Klettersteig erwähnen, der vom Nebelhorn über den Daumen bis zum Breitenberg führt. Dieser meist felsige Grat ist nicht weniger als sieben Kilometer lang!

Daumengruppe
14 größere Berge, höchster Gipfel: Großer Daumen, 2280 m, 9 Berge mit Weg, durchschnittliche Gipfelhöhe: 2033 m. 1 AV-Hütte.

Rubihorn, 1957 m
Aufstieg von der Seealpe gut 2 Std., Abstieg über Gaisalpe 2 1/2 Std., steinige Bergwege in teilweise steilem Gelände.

KEGEL STEIL ÜBER OBERSTDORF (Rubihorn, 1957 m). Der schönste Aussichtsberg für das Becken von Oberstdorf soll in unserem Buch nicht fehlen, zumal die Tour mit dem Besuch des Geißalpsees noch ein besonderes Schmankerl bietet. – Am bequemsten von Oberstdorf mit der Seilbahn zur Zwischenstation Seealpe (1274 m). Etwa eben nach Nordwesten hinüber zu einem Bachlauf, dann über hohe Hänge in meist freiem Gelände, teilweise über schöne Matten, teilweise in steilen Rinnen zwischen Latschen, zum Kamm hinauf. Evtl. Abstecher nach rechts auf das Geißalphorn (1953 m, 20 Min., eine gesicherte Felsstelle). Dann über den Grat nach Norden auf das Rubihorn.
Zurück bis in die erste Lücke, dann steil nach Osten hinab zum Geißalpsee. Auf dem steinigen Weg zum Berggasthaus Gaisalpe. Hinunter zum Bach und bald danach Abzweigung des Walraffwegs, der quer durch die steilen Westhänge des Rubihorns zurück nach Oberstdorf führt.

Schneck - ein echter Allgäuer Geselle

Als ausgeprägter Querkopf kaufe ich prinzipiell jenes nicht, wofür auffallend viel Werbung getrieben wird. So übergehe ich auch bei diesem kleinen Bericht Ihre Majestät, die Grasberg-Königin Höfats. Nicht, daß ich dieses viergipflige Massiv mit seinen messerscharfen Kanten und den atemberaubend steilen, bis zu 900 m hohen Flanken aus Gras nicht schätzen und bestaunen würde. Hier handelt es sich wahrlich um einen Berg der Extraklasse! Doch die Berichterstattung der alpin-schreibenden Zunft ist ohnehin schon einseitig; so bringt zum Beispiel bereits das Alpenvereinsjahrbuch aus dem Jahr 1896 einen eigenen Höfats-Beitrag, eine Ehre, die sonst allenfalls den Drei Zinnen oder dem Matterhorn widerfährt. Als wenn es keine anderen Steilgrasberge gäbe!
So gehört, schon aus Trotz, meine Liebe dem Schneck (2268 m), der der Höfats über dem Oytal gegenübersteht. Mein Septemberausflug zählt allerdings auch zu den ungewöhnlichen Erlebnissen, war in der Summe schließlich ebenso aufreibend wie faszinierend. Die strahlende Sonne hatte mich doch noch vom Schreibtisch weggelockt, und so bummle ich jetzt, um halb drei Uhr nachmittags, von der Bergstation der Nebelhornbahn hinauf zum Zeigersattel. Im Seilbahnbereich liebe ich diese Tageszeit, wo sich die Berge allmählich wieder von den Menschenmengen leeren, und man dann bald den unendlich weiten Raum für sich alleine hat. Frei von größeren Zielen habe ich allen Ballast zu Hause gelassen, wandere in Turnschuhen, kurzer Hose und Polohemd, im Rucksack stecken nur die Fotoausrüstung, ein Müsliriegel und die Landkarte,

Der Schneck, die wohl ungewöhnlichste Berggestalt im Allgäu. Man sieht die Ostwand, links den Aufstiegsgrat und rechts den Kamm zum Rotkopf und dem nicht mehr sichtbaren Laufbachereck.

und um den Hals hängen noch der Höhenmesser und die Hundeleine. Die Punta, meine Boxerhündin, ist begeistert, nicht ahnend, was auch ihr noch bevorsteht.

Oberhalb des Seealpsees meldet sich zum ersten Mal der alpine Ehrgeiz. So steige ich über den Grat hinauf zum Großen Seekopf (2084 m) und folge dann, wie könnte es anders sein, weiterhin der ausgeprägten, manchmal auch scharfen, jedoch begrünten Schneide hinüber zum nächsten Gipfel, dem Kleinen Seekopf, der – trotz seines Namens – elf Meter höher ist. Und dann lockt natürlich noch der Schochen (2100 m), der folgende Kopf im Kamm, wie seine beiden Vorgänger ein Steilgrasberg in nicht besonders schroffer »Ausführung«. Bei dem Gang über den völlig freien Grat mit seiner begeisternd weiten Aussicht wird meine Bergsteiger-Seele allmählich so richtig warm und drängt mich nun weiter vorwärts.

Trotz einiger steilerer Stellen und dem Fehlen eines Weges, es gab nur einige Pfadspuren – während im Süden ein Stück tiefer stets der gut ausgebaute Höhenweg quer durch die Hänge führt – war das Gelände bisher eher harmlos. Das ändert sich nun am Lachenkopf (2111 m), einer langgezogenen, ganz schmalen Fels- und Grasschneide, einem netten Berg, der trotz seiner Wegnähe kaum Besuch erhält. Beim Aufstieg über den Schrofengrat mit einigen einfachen Kletterstellen bin ich dem Hund überlegen, beim südostseitigen Abstieg finden meine Turnschuhe – die ja nur für den anfangs geplanten Bergspaziergang gedacht waren – in dem äußerst steilen Gras und Felsgrus nur schlecht einen brauchbaren Halt, während die Punta in raschen, eleganten Sätzen, mit dem Kopf immer senkrecht nach unten, in wenigen Augenblicken den gesamten Hang zum Höhenweg hinunterturnt. Bei meiner Ankunft – zehn Minuten später! – werde ich begeistert begrüßt.

Hier beherrscht nun der Schneck die Szene, dieser oben so auffallend abgerundete Kopf mit seiner fast senkrechten Kante, der glatten Nordwand, der Westwand mit ihren Rippen, ein Felsberg, steil und wild, und doch in allen Teilen zumindest von einem grünen Schimmer überzogen – ein typisches Werk des Aptychenkalkes. War ich schon so weit nach Osten vor-

gedrungen, dann wollte ich jetzt auch noch zum Himmeleck-sattel weitergehen und durchs Oytal absteigen, natürlich mit dem Hintergedanken, auch dem Schneck noch einen abendlichen Besuch abzustatten.

Die Berge sind eine gute Schule für die Charakterstärke; sie zwingen dem Alpinisten die Gegebenheiten auf, alles Auflehnen dagegen wäre nur sinnlose Kraftvergeudung. In der Entfernung von einem einzigen Kilometer – Luftlinie! – steht der Schneck vor mir, und doch muß ich in einem Dreiviertelkreis um den Berg laufen und dabei, was noch viel härter ist, einen Höhenverlust von 350 m auf mich nehmen. Vom Laufbachereck mit seinem imposanten Hochvogel-Blick geht es weit hinab Richtung Stierbachtal, die mauerglatte Schneck-Ostwand zieht dabei immer wieder den Blick in besonderer Weise an. Die Punta wird jedoch von etwas ganz anderem angelockt: Voller Hoffnung untersucht sie alle Rinnen und Bachrunsen; doch nach einigen Tagen ohne Regen fehlt auch das kleinste Tröpfchen Wasser. Die Zunge hängt weit aus dem Maul.

Am Himmelecksattel (2007 m) spüre auch ich allmählich meine Beine nach all dem Auf und Ab im relativ raschen Tempo. So verläuft der weitere Aufstieg nicht gerade beschwingt. Der Hund trottet sogar hinter mir her, was sonst nie vorkommt. Ein breiter Grasrücken – im Frühsommer ein Blumenparadies – zieht hinauf zum Himmeleck, wo wir beide dennoch mehr die irdische Schwere fühlen, und dann führt ein ausgeprägter, ganz schmaler Grat weiter zum Südgipfel des Schneck. Es gibt ein paar sozusagen klassische Passagen in den Alpen, über »die man spricht«, zu denen man seine ganz persönlichen Erlebnisse, Eindrücke und Ängste erzählt. Dazu gehört auch der 130 m lange Grat zwischen den beiden Gipfeln unseres Berges, eine messerscharfe Schneide aus Gras und Fels, die links in die steile West-, rechts in die senkrechte Ostwand abbricht. »Schön luftig« heißt es dazu im Jargon der Kletterer. Viele kapitulierten beim Anblick dieser Schneide und haben lieber auf den Hauptgipfel verzichtet.

Urplötzlich sind wir beide wieder hellwach. Offensichtlich versteht die Punta genau, daß das Ziel unserer Tour dort drüben liegt. Obwohl ich noch in den Anblick des Geländes versunken bin, das durch die Sonne, die gerade den Horizont berührt, in ein samtiges Rot getaucht ist, turnt der Hund bereits in die erste Lücke hinab und läuft dann mit ganz ruhigen, sicheren, dabei erstaunlich flinken Bewegungen über den folgenden, felsigen Zwischenkopf. Das ist die Schlüsselstelle der Tour. Mich mit den Händen an der Kante haltend und mit den Füßen die kleinen Gesimse in der Flanke nützend, komme ich ganz gut von der Stelle, doch teilweise muß auch ich auf allen vieren über die Schneide krabbeln – »Reitgrat« nennt man derartiges im Bergsteigerdeutsch. Dabei gebe ich, im Vergleich, eine reichlich tolpatschige Figur ab. In ein paar Minuten ist der Spuk vorbei, und im Gras geht es hinauf zum Hauptgipfel mit seinem schäbigen, windschiefen Kreuz.

Mit dem Verschwinden der Sonne wird es schlagartig kühl – besonders in meiner Sommerspaziergangskleidung. Außerdem drängt nun wirklich die Zeit! Nach dem Balanceakt zurück zum Südgipfel folgt ein rascher Abstieg, zumal der »Wärme-Erhaltungstrieb« zusätzlich anschiebt. Noch zeigen die mächtigen, zerklüfteten Wandabstürze des Großen Wilden einige Struktur. Auf dem grob steinigen Weg zwischen dem Wildenfeldhüttchen und der Käseralp aber schleichen sich die ersten Stolperer ein.

Doch dann wendet sich das Blatt noch einmal. Als erster kehrt der Hund zum Wohlbefinden zurück: Er liegt in der tiefsten Gufel des Baches, sauft über Minuten immer wieder, mal links, mal rechts, mal vor sich, wie ein Mensch, der sich bei der Weinprobe nicht zu einer Marke durchringen kann. Mein Erlebnis erinnert eher an Sekt, ist mehr von der prickelnden Art: Der fast volle Mond erscheint über dem Scherenschnittgrat im Süden und taucht die Berglandschaft mit ihren Felsabbrüchen, dem Geröll, den ersten Bäumen in sein typisches Licht des Geheimnisvollen. An wenigen Stellen glitzern die Kaskaden des Stuibenfalls – des größten und eindrucksvollsten Wasserfalls im Allgäu –, das meiste ahnt man im Dunkel nur, doch man vernimmt, bei der Intensität der Nacht, das Tosen doppelt laut.

Die Faszination einer Mondnacht gerade in einer so wilden, urtümlichen Landschaft wie dem Oytal, läßt sich nicht be-

schreiben. Aber auch die Begeisterung für das Schönste wird klein und kleiner bei einem Forststraßenmarsch nach langer Bergtour. Das Oytal hat schon manchen müden Wanderer zur Verzweiflung gebracht: der »Ausklang« zieht sich über volle sechs Kilometer hin!

Die Vilsalpseeberge

Vilsalpseeberge
17 größere Berge, höchster Gipfel: Leilachspitze, 2276 m, 15 Berge mit Weg, durchschnittliche Gipfelhöhe: 2099 m. 1 AV-Hütte.

In der letzten Berggruppe im Osten der Allgäuer Alpen, die fast ganz auf Tiroler Boden liegt, gibt es zwei grundverschiedene Seiten. Im Bereich über dem Tannheimer und dem Ostrachtal mit ihren hohen Ausgangspunkten wie dem Vilsalpsee (1168 m), tummeln sich die Ausflügler, Wanderer und Bergsteiger in Scharen. Die Südflanke gegen das Schwarzwassertal zählt hingegen zum Einsamsten im ganzen Gebirge. Der Grund liegt auf der Hand: Im einen Fall lassen sich die Ausgangspunkte mühelos mit dem Auto erreichen, im anderen müßte man schon vor dem eigentlichen Aufstiegsbeginn sehr weit zu Fuß pilgern.
In den langen Kämmen des Gebietes fallen die tief eingekerbten Scharten auf. Das sorgt für viele recht mächtige und selbständige Berge. Jeder präsentiert sich sozusagen als kleine Persönlichkeit. Mit Flanken und Felsgraten können sie alle aufwarten, bei einigen fallen sie bescheidener aus, während zum Beispiel das Rauhhorn doch eine eindrucksvolle Zackenkrone zeigt. Das Kleinräumige des Geländes, die ganz von Grün überzogenen Hochkare und die bis zu manchem Gipfel hinaufziehenden, allerdings steilen Matten sorgen trotzdem eher für einen freundlichen Gesamteindruck.
Der gipfelhungrige Bergwanderer findet hier ein herrliches Tummelfeld. Auf 15 der 17 Gipfel führen angelegte Steige, ja, die meisten lassen sich sogar überschreiten und mit ihren Nachbarn verbinden. Da werden der Kombinations-Phantasie keine Grenzen gesetzt, allenfalls die Kondition bremst den Unternehmungsdrang. So bieten sich zum Beispiel Bschießer, Ponten (2045 m) und Ronenspitze für eine gemeinsame Tour an, auch Geißhorn (2247 m) und Rauhhorn (2241 m) oder Rotespitze (2130 m), Steinkarspitze und Lachenspitze eignen sich dazu, ja, die letztgenannten Gipfel kann man noch mit der Schochen- und der Sulzspitze ergänzen. Auch Krinnenspitze und Litnisschrofen lassen sich miteinander verbinden.

Zwölf auf einen Streich

»Gipfelfressers-Schlaraffenland« wäre ein passender Sammelbegriff für die Berge um den Vilsalpsee. Ich habe, mit einer Ausnahme, auf die ich noch zurückkommen werde, all diese Gipfel schon bestiegen. Trotzdem haftet der Vorstellung eine starke Verlockung an, sozusagen einen ganz persönlichen Guinness-Rekord aufzustellen. Zwölf Zweitausender in zwei Tagen! Dabei habe ich, wohlbemerkt, nur die selbständigen Erhebungen gerechnet; mit dem »Kleinkram« wie Neunerkopf und Vogelhörndl, mit Gaiseck und Schnurschrofen ließe sich die Zahl noch aufpolieren.

Auch dem Hans imponiert mein Zahlenspiel. Spontan nimmt er einen Urlaubstag (mit denen er sonst sehr sparsam umgeht), um schon am Freitag startklar zu sein.
Bei der morgendlichen Fahrt mit dem Tannheimer-Sessellift probiere ich, die kühle Luft durch »heiße« Rechnungen zu überlisten: Zehn Stunden werden zu 600 Minuten, geteilt durch 6 Berge ergibt eine Stunde und 40 Minuten pro Gipfel. Doch das läßt den Puls nicht höher schlagen; das »machen wir locker«, wie es im »Modedeutsch« heißt. Bei diesen ungeraden Zahlen wäre allenfalls die Rechnerei kompliziert – so ganz ohne Papier und Computer.
Das Ziel Nummer eins, die Sulzspitze (2085 m), präsentiert sich beim Anmarsch vom Neunerkopf als eine Felsburg. Der Steig beschreibt deshalb auch eine weite Schleife durch die Südostflanke. Nach dem Steilgelände führt dann, völlig unerwartet, ein welliges Dach mit üppiger Flora so richtig bequem zum Gipfel hinauf. Beim Abstieg verschmähen wir den Pfad, klettern lieber über den Südwestgrat mit seinen kleinen Felsstufen (I, eine Stelle II) direkt in die Gappenfeldscharte hinab. Inzwischen ist es auf dem Höhenweg lebendig geworden, eine regelrechte Ameisenstraße zieht vom Neunerkopf zur Landsberger Hütte, über Stunden reißt der – allerdings lockere – Strom nicht mehr ab. Er zieht auch knapp unter der Schochenspitze (2069 m) hindurch, die wir bei einem kleinen Abstecher »mitnehmen«. Schlagartig kehrt hinter dem Östlichen Lachenjoch für uns dann wieder die Ruhe ein. Die Leilachspitze (2276 m), diese gewaltige, aber vollkommen zerborstene Felsburg, bleibt wohl immer exklusiv den Bergsteigern erhalten. Der eher bescheidene Steig in dem bröseligen, abschüssigen Schrofengelände sortiert kompromißlos alle Unsicheren und Ängstlichen aus.
Hier beweist sich außerdem wieder einmal die Tatsache, daß das schlechteste Gestein für besonders skurrile Formen sorgt. Bei den Luchsköpfen (2180 m), auf manchen Karten auch Krottenköpfe genannt, den westlichen Vorposten der Leilach, paßt die Bezeichnung »Felsruinen« genau. Trotzdem gibt es auffallend wilde, ja, teilweise grotesk-malerische Türme und Abbrüche. Mit einiger Vorsicht klettern wir auf den höchsten, ganz im Osten aufragenden Zacken hinauf, der nur sehr selten betreten wird, obwohl der Leilach-Weg im Süden unter dem Gipfel hindurchquert.
Die Lachenspitze (2126 m), die mit schöner Felswand – das Schaustück über der Landsberger Hütte – nach Norden abbricht, und die Steinkarspitze (2067 m) sind die Ziele Nummer fünf und sechs. Eine winzige, mit Gras ausgekleidete Mulde lädt zum Faulenzen ein. Bis die Sonne hinter dem Kugelhorngrat untertaucht, bleiben wir dort oben. Zwanzig Minuten später sitzen wir dann in der Hütte.
Der neue Tag beginnt mit der Roten Spitze (2130 m) als Frühstück, einem Berg, der auf der Aufstiegsseite ein makellos grünes Kleid trägt, ein echter Allgäuer Steilgrasberg. Ein gutes Stück weiter im Westen ragt ein Massiv ganz anderer Art auf: Die mit scharfen Türmen und Zacken besetzten Grate, die steilen Wände nach Norden und Osten schaffen ein eindrucksvolles, aber stark zerfallenes Felskastell. Die Höhenwege schließen diese kleine Berggruppe auf allen Seiten ein, Steigspuren führen auch auf den Westgipfel, Kastenkopf genannt, doch der höchste Punkt, die Kälbelespitze (2135 m),

wird nahezu nie aus seiner Ruhe aufgestört. Das soll unsere Vormittagsbrotzeit werden, scharf und pikant gewürzt, ein Gericht ganz für den Individualisten. Doch der Hans zeigt keinen Appetit auf steilen, brüchigen Fels. »Ohne mich! In der Lahnerscharte treffen wir uns wieder.« Bevor ich mich zu einer Antwort aufraffe, ist er schon um die nächste Ecke verschwunden.

Der Südgrat aus zerfallenem Hauptdolomit bricht nach Osten fast senkrecht ab. Da wird das Klettern (II+) ganz von alleine zu einem Schleichen, jede Bewegung bedächtig und sorgfältig, alles Schlampen wäre tödlich. Und doch bringt der Übergang von der Kälbelespitze zum Kastenkopf noch eine Steigerung. Senkrechte Absätze am Grat, jähe Platten in der Südflanke, frische Felsausbrüche, die mit ihrer roten Farbe wie Wunden wirken. Der spontane Eindruck: Für mich unmöglich. Man sitzt und schaut, läßt sich die Alternativen durch den Kopf gehen, betrachtet die Stelle noch einmal, steht auf, tritt ein paar Schritte vor, schaut genauer… Es ist immer wieder das gleiche Spiel! Ich taste mich über die steilen, bröseligen Schrofen südlich des Grates schräg abwärts, der Plattenschuß läßt sich ganz gut überqueren, weitere Schrofen führen zum Mittelgipfel. Der folgende Grat bricht dann jedoch mit einem 5-m-Wandl in die nächste Lücke ab. Jetzt bin ich schon so weit, ein Rückzug wäre zudem mehr häßlich als vergnüglich, da wächst der Drang nach vorne. Der kleingriffige, aber im Verhältnis zum bisherigen doch ordentliche Fels macht mir die Sache dann leichter als gedacht (III-). Kurz danach ist der Kastenkopf (2129 m) erreicht.

Im Norden, genau zu meinen Füßen, liegt der Schrecksee, ein blaues Kleinod in grüner Fassung. Bisher hat mich stets der Name geärgert, er paßt so gar nicht zu diesem schönen, freundlichen, von Blumen umgebenen Gewässer. Heute denke ich wesentlich grimmiger, denn 300 m Höhenverlust beim Abstieg über die Lahnerscharte zum See sind doch ganz schön »happig«. Auf dem langgestreckten Grasdach des Kugelhorns (2126 m) erreichen wir, eine gute Stunde später, wieder die gleiche Höhe, nur ein halber Trost, denn die beiden letzten Ziele ragen noch ein deutliches Stück höher empor. Doch die Überschreitung des folgenden Rauhhorns (2241 m) macht Spaß. Auf dem Steiglein bereitet das Gehen wenig Mühe, kleine Felsstufen sorgen für Abwechslung, der Blick wird immer freier und weiter. Hinter dem Gipfel gibt es dann einen kurzen Abbruch am Nordgrat. Der Fels drängt einen nach rechts zur Kante hinaus, reichlich steil fällt der Blick über die Ostwand ins Kar hinab. Das war einst eine etwas kitzlige Stelle; inzwischen sorgt ein Drahtseil für ruhige Nerven. Bald danach beginnen Geröll und Gras, die Tour klingt gemütlich aus. Es folgt allerdings nochmals ein 200-Hm-Anstieg, der mir ein paar Schnaufpausen aufzwingt. Dann stehen wir auf dem Gaishorn (2249 m), dem zwölften und letzten Gipfel der Runde. Noch einmal beginne ich zu rechnen: Wenn ich auch die kleineren Stufen dazuzähle, komme ich auf gute 1500 Höhenmeter im Aufstieg. Die Müdigkeit ist also »erlaubt«. Tief, tief unten liegt Tannheim. Doch beim Abstieg werden die Füße leichter laufen.

»Ich war nicht auf der Kälbelespitze und dem Kastenkopf«, sagt unvermittelt der seit der Lahnerscharte auffallend stille Hans, »ich geh noch weiter – allein. Es wäre nett, wenn du mich in vier Stunden mit dem Auto in Schattwald abholen würdest.« Eilig verläßt er den Gipfel und ist gleich darauf aus meinem Blickfeld verschwunden.

Mit einer halben Stunde Verspätung trifft er wirklich beim obersten Haus des Dorfes ein, sichtlich erledigt, aber mit einem Ausdruck von Triumph auf dem schweißnassen Gesicht. Bei der Heimfahrt unterhalten wir uns über Ponten und Bschießer, die der Hans noch überschritten hat. Dann ziehe ich ein Resümee: »Zwölf Berge in zwei Tagen; schon eine stolze Leistung!«

»Naja, vielleicht für dich,« kommt die überraschende Antwort, »ich wäre damit nicht zufrieden. Bei mir sind es dreizehn Gipfel – ich habe nämlich noch einen Abstecher auf den Ronenspitz gemacht!«

Tannheimer Berge

Das Gestein sorgt dafür, daß sich die Tannheimer Berge ganz deutlich von den »restlichen Allgäuer Alpen« absetzen. Der widerstandsfähige Wettersteinkalk baut einen mächtigen Kamm mit vier großen Gipfeln auf. Er

Die Südseite des Ronenspitz, einer der Berge, die unmittelbar über dem Tannheimer Tal aufragen. Er ist der 13. Gipfel in unserer Erzählung.

Blick aus dem Ostrachtal bei Hinterstein auf das schon herbstlich verschneite Gaishorn über der Willersalpe.

Tannheimer Berge
20 größere Berge, höchster Gipfel: Köllenspitze, 2238 m, 15 Berge mit Weg, durchschnittliche Gipfelhöhe: 1945 m. 3 AV-Hütten.

Schlicke, 2059 m
Von der Liftstation auf den Gipfel etwa 1 1/2 Std., Höhenwege ohne Probleme, nur mäßige Aufstiege.

unterscheidet sich ganz auffallend von den gleichhohen Vilsalpseebergen jenseits des Tannheimer Tales durch den hellen, kompakten Fels und die bis zu 700 m hohen Wände. Sie sorgen auch für die schönsten Bilder in dieser kleinen Berggruppe. Die flachen Wiesen und die weite, häufig tiefblaue Fläche des Haldensees geben den Kontrast-Vordergrund für die großen Gipfel wie die Rote Flüh (2108 m) mit ihrer mauerglatten Südwand. Dort und am benachbarten Gimpel schwelgen die Kletterer in dem warmen, festen und griffigen Fels. Sie können zwischen Dutzenden von Routen in den Schwierigkeitsgraden III bis VIII wählen. Nicht ganz so steil und doch noch viel eindrucksvoller zeigen sich die hohen Felsabstürze gegen das Reintal, das den Kamm im Norden begleitet. Hier herrschen die gewaltigen, dunklen, teilweise auch stark zerklüften Wände. So wird die Große Schlicke (2059 m) zur einmaligen Aussichtsloge: Der Besucher hat die Nordabstürze unmittelbar vor sich.

Die zehn Gipfel in der nördlichen Tannheimer Gruppe können mit den »Großen« nicht konkurrieren, sind eher ein nettes Beiwerk, zählen aber doch fast alle zu den reizvollen Zielen für den Bergwanderer. Eine schon fast skurrile Form hat der Aggenstein (1987 m), dieser zur Hälfte spitze, zur Hälfte abgerundete Berg mit Felsabstürzen und Steilgras, der durch seinen ungewöhnlichen Umriß das Wahrzeichen der Region um Pfronten darstellt. Überhaupt zeigen sich die Tannheimer Berge aus dem Ostallgäu als ungewöhnlich markante und scharf geschnittene Kulisse, die erst den so reizvollen Hintergrund dieser Region schafft.

Ein paar Worte noch zum Schartschrofen (1968 m), der mit seiner steilen Ostwand durchaus zum Formenreichtum des Gebietes beiträgt, der aber trotzdem wenig ins Auge fällt. Die Überschreitung der Roten Flüh gehört schon lange zu den beliebten Touren, ein paar mit Drahtseilen gesicherte Felspassagen sorgen für einige Würze. Diese Route mußte dem Schartschrofen immer mit einem tiefen Abstieg nach Osten ausweichen, bis dann eines Tages der Friedberger Steig errichtet wurde. Er führt, kräftig gesichert, von der Gelben Scharte aus durch die etwa 100 m hohe, sehr steile Felsstufe der Südseite zum Gipfelkreuz. Der sichere Klettersteiggeher wird seine Freude an dieser kurzen, aber spannenden und etwas ausgesetzten Tour haben.

NORDWÄNDE-AUSSICHTSBERG (Große Schlicke, 2059 m). Diese wenig anstrengende Höhenwanderung verwöhnt geradezu mit grandiosen Ausblicken auf die großen Felswände der Tannheimer Berge. – Von Grän im Tannheimer Tal mit dem Sessellift ins Füssenerjöchl (1818 m). Nach Südosten hinüber ins nahe Reintalerjoch, wo sich plötzlich der Blick auf die wilde Gimpel-Nordwand öffnet. Dann mit wenig Höhenverlust im Süden um den Hahnenkopf herum in die Vilserscharte (1817 m) und stets in den südseitigen Hängen bleibend zwischen Latschen und über steiles Gras auf den Gipfel.

Hütten
Klettersteige
Höhenwege

Wer Höhenwege liebt, die diesen Namen wirklich verdienen, der findet in den Allgäuer Alpen ein Schlaraffenland. Die zehn Alpenvereinshütten, die in der Hochregion liegen, sind durch ein großzügiges Wegenetz miteinander verbunden. Diese Routen bleiben stets in der Höhe, sie queren Hänge, überschreiten Scharten und Gipfel, leiten jedoch nie in die Täler hinab. Auch der berühmte Heilbronner Weg war als Übergang von der Rappensee- zur Kemptner Hütte gedacht und wurde aus diesem Grund errichtet. Und sogar die beiden großen, modernen Klettersteige lassen sich in die Durchquerungen mit einbauen. Sie zählen zum Schönsten im Bereich der »Vie ferrate«.

Die Alpenvereinshütten

Die Allgäuer Alpen warten mit einer Fülle von Hütten, bewirtschafteten Almen, Berggasthäusern usw. auf. In einem Buch für Bergsteiger ist jedoch kein Platz für all diese Möglichkeiten. Vieles läßt sich ganz rasch aus dem Tal erreichen und ist beliebt als Ziel für Kaffee- und Brotzeit-Ausflüge. Deshalb stellen wir hier nur die wichtigsten Alpenvereinshütten im Bereich der großen Berge vor. Jede erfüllt drei verschiedene Funktionen: Sie wird als Ziel von Tagestouren geschätzt, sie dient als Stützpunkt für die Höhenwege und schließlich als Zwischenstation bei den Gipfelbesteigungen. Wegen der – vor allem von Norden – so langen Zugänge läßt sich nämlich mancher Berg, wie die Mädelegabel oder der Hochvogel, von »Normalverbrauchern« erst nach einer Hüttenübernachtung erreichen. Alle Wege zu den Stützpunkten sind ebenso gut ausgebaut wie die Steige von einer Hütte zur nächsten. Diese Feststellung soll jedoch kein Freibrief für Leichtsinn sein! Der Schneereichtum der Region sorgt für manchen Lawinenkegel, für manche firngefüllte Steilrinne bis tief ins Jahr hinein, das erdige Gelände schafft bei Nässe regelrechte Rutschbahnen, und natürlich gibt es auch felsdurchsetztes Gelände, wo trotz der Drahtseile die Trittsicherheit nicht fehlen darf.
Hier nun die Parade der ausgesprochenen Bergsteigerhütten in den Allgäuer Alpen:

Kemptner Hütte, 1844 m

Nur wenn ein echter »Magnet« wartet, braucht ein Stützpunkt gleich 300 Schlafplätze. Im Gebiet der Kemptner Hütte lockt natürlich vor allem der Heilbronner Weg. Relativ viele begehen auch den Höhenweg von oder zum Prinz-Luitpold-Haus, auch die Zahl der Krottenkopf-Aspiranten ist gestiegen; schließlich will jeder einmal auf dem höchsten Gipfel der Allgäuer Alpen stehen. Der Hüttenzugang entpuppt sich als ein Weg der Kontraste: »Ewig« wandert man durch das freundliche, ganz flache Tal der Trettach, verschwindet dann, ein Stück hinter der Spielmannsau, im Sperrbachtobel, dem Urbild einer wilden, wüsten, ganz von den Lawinen beherrschten Schluchtenlandschaft aus Steilgras und Fels, während die Hütte selbst dann auf nicht mehr erwarteten sanften Mattenböden liegt. Zerklüftete Felsberge wie Kratzer und Krottenspitzen (2552 m) überragen den kleinen Bergkessel, der nur nach Nordwesten geöffnet ist.
Vom Renksteg zur Hütte: Eine im oberen Teil eindrucksvolle und spannende Bergwanderung. – Von Oberstdorf mit dem Auto nach Westen zur Brücke über die Stillach und von dort noch knapp 4 km zum Parkplatz am Renksteg (820 m). Nun zu Fuß auf der Teerstraße hinauf zum Golfplatz. Bei der Verzweigung bald danach rechts bleibend ins Trettachtal und am auffallend klaren Christlessee vorbei talein in die Spielmannsau (990 m, Gasthaus). Noch etwa 1 km über den breiten Boden nach Süden, dann in einem allmählich immer schmäler werdenden Einschnitt zum Talschluß. Nach Südosten meist ein gutes Stück über dem Sperrbach durch den wilden Tobel aufwärts, schließlich in einem nach Süden ausholenden Bogen zur Hütte.
Hausberg der Kemptner Hütte: Durch die Hänge kurz nach Süden zu einer Wegverzweigung. Hier links, bei der folgenden Abzweigung rechts und hinauf ins Obere Mädelejoch (Landesgrenze). Kurz danach Beginn eines kleinen Steiges, der in Kehren über die teilweise steilen Hänge den *Muttlerkopf* (2368 m) erreicht, einen unbedeutenden Gipfel mit sehr schönem Rundblick , in dem besonders die Westwand des Krottenkopfs imponiert.

Kemptner Hütte, 1844 m
300 Schlafplätze,
vom Parkplatz beim Renksteg 3 1/2 Std.,
3 Höhenwege,
7 große Gipfel.

Waltenbergerhaus, 2084 m

Im Bereich des relativ kleinen Waltenbergerhauses ist alles wild, steil und eindrucksvoll. Die Hütte selbst thront auf einer Minikanzel inmitten der jähen Hänge, gleich oberhalb beginnen die ersten Felsen, die zu einem Grat mit ganz ungewöhnlichem Namen gehören: Berge der Guten Hoffnung (2388 m). Das ist allerdings nur ein Vorposten der beherrschenden Hochfrottspitze (2649 m). Auch der Zugang paßt bestens zur Hütte: Bis zu 1000 m

Waltenbergerhaus, 2084 m
75 Schlafplätze,
aus dem Birgsautal 4 Std.,
1 Höhenweg,
5 große Gipfel.

Linke Seite
Auf dem Mindelheimer Klettersteig: Abstieg vom höchsten Schafalpenkopf nach Südwesten.

Rappenseehütte,
2091 m
340 Schlafplätze,
aus dem Birgsautal
4 Std.,
2 Höhenwege,
7 große Gipfel.

Mindelheimer Hütte,
2013 m
136 Schlafplätze,
von Mittelberg 3 Std.,
2 Höhenwege,
1 Klettersteig,
6 große Gipfel.

hohe Steilgrashänge überragen das Tal mit dem so treffenden Namen Bacherloch; im oberen Wegabschnitt gibt es sogar eine, allerdings ganz kurze Passage, wo der Steig an den senkrechten Fels geheftet ist. Die Hütte eignet sich als Stützpunkt für eine »Kurzfassung« des Heilbronner Wegs, und zwar von der Bockkar- zur Kleinen Steinscharte, wird aber auch gerne von den Kletterern besucht, die die Trettachspitze herbeigelockt hat.
Durchs Bacherloch zur Hütte: Bergwanderung durch einen sehr ursprünglichen und eindrucksvollen Tobel. – Von Oberstdorf noch mit dem Auto zum Parkplatz am Ende der öffentlichen Straße im Stillachtal (905 m, Nähe Fellhornbahn). Kurz auf der Straße, dann links über kleinere Fahrwege nach Anatsberg, Birgsau und weiter in den Talschluß. Hier auf der linken Straße hinauf nach Einödsbach (1110 m). Bei den Häusern nach Osten abbiegend in das Bacherloch und weit talein. Aus dem Hintergrund des ganz engen Tales links über die steilen Hänge empor, Querung durch felsiges Gelände in ein Kar und in Kehren zur Hütte hinauf.

Rappenseehütte, 2091 m

Der mächtige Steinbau steht auf einem freundlich grünen Rücken mit prächtigem Blick auf die Schafalpen, mit zwei Seen als besonderem Schmuck ganz in der Nähe und einer Tour – dem Heilbronner Weg – als ungewöhnlich starkem Magneten. Die Rappenseehütte zählt zum Berühmtesten in den Alpen, aber auch zum besonders Beliebten; die 340 Schlafplätze demonstrieren dies deutlich genug. Die Lage mit dem freien Blick nach Westen sorgt zudem für ein besonderes Erlebnis – malerische Sonnenuntergänge. Für das Allgäu untypisch ist jedoch der Zugang vom Einödsbach. Der Weg führt nicht, wie sonst üblich, durch einen Tobel, er klettert vielmehr »außen« am Berg empor und wird, dank der Waldarmut, zur Schau- und Aussichtstour. Eingeweihte ziehen allerdings die Südwestroute vor, den Zugang von Lechleiten bei Warth über den Schloßwandsattel und die Obere Biberalpe. Bunt ist die Auswahl an Gipfeln. Sie reicht von so bekannten und großen Zielen wie dem Hohen Licht (2651 m) und dem Biberkopf bis hin zu Rotgund- und Hochgundspitze, die – trotz Rappenseenähe – kaum betreten werden.
Über Einödsbach zur Hütte: Bergwanderung durch Steilgrasgelände mit sehr weiten Ausblicken. – Von Oberstdorf noch mit dem Auto zum Parkplatz am Ende der öffentlichen Straße im Stillachtal (905 m, Nähe Fellhornbahn). Kurz auf der Straße, dann links über kleinere Fahrwege nach Anatsberg, Birgsau und weiter in den Talschluß. Auf der linken Straße hinauf nach Einödsbach (1110 m). Bei den Häusern rechts, über einen Bach und immer etwas oberhalb des Rappenalpenbaches etwa 1 km talein. Erst jetzt, anfangs noch durch Wald, kräftig

Die Kemptner Hütte am »Ostende« des Heilbronner Wegs, der zweitgrößte Stützpunkt in den Allgäuer Alpen.

steigend zur Petersalpe und durch die teilweise steilen Hänge mit Gras und Buschwerk auf einen breiten Absatz mit der bewirtschafteten Enzianhütte. Quer durch das Steilgelände zum Sattel am Mußkopf und nun bequemer über Mattenhänge zur Hütte.

Der Hausberg der Rappenseehütte: Kurz nach Süden. Bei der Verzweigung oberhalb des Rappensees links und durch ein Geröllkar, am Schluß steil, in die Scharte zwischen Hochgundspitze und Rappenseekopf. Nach Westen über den leicht felsigen Grat auf den Gipfel des *Rappenseekopfes* (2469 m). Weiter über den Grat nach Westen bis in die zweite Scharte und nach Norden wieder hinab zum Rappensee.

Mindelheimer Hütte, 2013 m

Diese nette, sozusagen dreiteilige Hütte liegt weitab aller menschlichen Siedlungen auf den Weideböden über dem allerinnersten Rappenalptal. Über das freie Gelände wandert der Blick hinüber zu den großen Felsgipfeln im Hauptkamm, unter denen der Biberkopf besonders ins Auge fällt. Früher wurde der Stützpunkt fast ausschließlich bei der Durchquerung besucht, denn bekannte Gipfelziele fehlen in diesem Gebiet. Doch durch den Bau des Mindelheimer Klettersteiges kehrte schlagartig neues Leben ein. Der Zugang von Mittelberg durch das Wildental, wieder einmal eine Route mit sehr wenig Wald, macht dank der urtümlichen Landschaft Spaß. Man kommt durch die »intime«, abgeschlossene Welt um die Hinterwildenalpe, die von Steilgras und interessanten Felsbergen umrahmt wird.

Zugang durchs Wildental: Bergwanderung durch ein recht ursprüngliches Tal und über einen hohen Sattel. – Im westlichen Teil von Mittelberg im Kleinwalsertal hinab zur Breitach und wieder hinauf zu den Häusern von Schwendle. Hinüber ins Wildental und links vom Bach talein zur Wegverzweigung. Rechts weiter, über eine hohe, begrünte Steilstufe und in den von malerischen Gipfel umrahmten Kessel der Hinterwildenalpe. Über eine steile Halde in die Kemptnerscharte und drüben kurz hinab zur Hütte.

Der Hausberg der Mindelheimer Hütte: Hinauf in die nahe Kemptnerscharte und längs des Grates rasch empor auf den *Kemptnerkopf* (2191 m).

Fiderepaßhütte, 2067 m

Die schmucke Hütte, die knapp über dem Fiderepaß unter den zerborstenen Felsen der Hammerspitzen liegt, ist dem erschlossenen und damit auch recht lebhaften Teil des Allgäus schon nahe. Viele Besucher kommen von den Bergbahnen am Fellhorn oder an der Kanzelwand herüber, um dann durch das Wildental (interessanter) oder den Warmatsgund wieder zu den Aus-

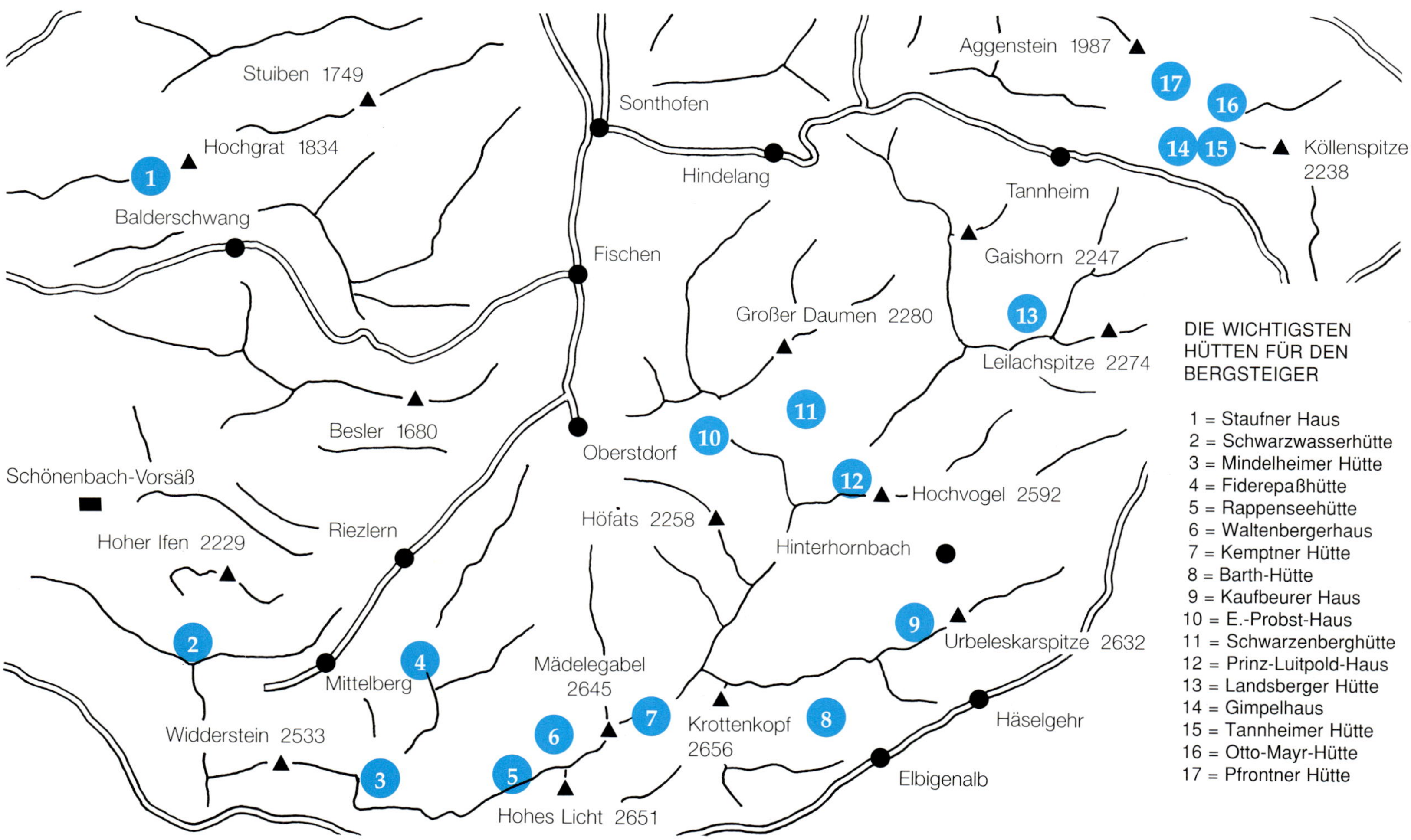

Das Kaufbeurer Haus im östlichen Teil der Hornbachkette, die Ausnahme unter den Stützpunkten in den Allgäuer Alpen: Es handelt sich um eine Selbstversorgerhütte. Im Hintergrund die Gliegerkarspitze, der westliche Nachbar der Bretterspitze.

gangspunkten zurückzukehren. Und mancher übernachtet hier oben, um sich mit frischen Kräften einem besonderen Vergnügen zu widmen: der Begehung des Mindelheimer Klettersteigs.

Zugang von der Kanzelwandbahn: Schöne Bergwanderung in einer von zerklüfteten Felsgipfeln beherrschten Landschaft. – Von Riezlern mit der Seilbahn zur Bergstation auf dem Gundkopf (1949 m). Hinüber in den Sattel nahe der Kanzelwand, die man in wenigen Minuten besteigen kann. Drüben auf nun etwas kleineren Wegen ein gutes Stück hinab in den folgenden Karboden, dann quer unter den Felsen der Hammerspitzen hindurch zur Kühgundalpe. Durch eine begrünte Hochmulde knapp eine Stunde wieder empor in den Fiderepaß (2035 m), über dem die Hütte liegt.

Fiderepaßhütte, 2067 m
120 Schlafplätze,
von der Kanzelwand oder vom Fellhorn 2 Std.,
1 Höhenweg,
1 Klettersteig,
6 große Gipfel.

Hermann-von-Barth-Hütte, 2129 m
70 Schlafplätze,
Tel. 05634/6671,
aus Deutschland:
Tel. 0043/5634/6671
von Elbigenalp 3 Std.,
2 Höhenwege,
7 große Gipfel.

Kaufbeurer Haus, 2005 m
Selbstversorgerhütte,
50 Schlafplätze,
von Hinterhornbach 2 1/2 Std.,
1 Höhenweg,
3 große Gipfel.

Hermann-von-Barth-Hütte, 2129 m

Persönlich schätze ich die Barthhütte am meisten. Der höchste Stützpunkt der Allgäuer Alpen liegt im Wolfebnerkar mit begeisterndem Blick in die Lechtaler Alpen und »nach hinten« geschützt durch die markanten Felsgipfel, die das Kar einrahmen. Abseits der üblichen Allgäuer Bergsteigerströme blieb hier zudem alles etwas ursprünglicher und intimer, mehr dem einstigen Hüttencharakter entsprechend. Der »übliche« Bergsteiger kommt auf seinen Höhenweg-Touren hierher, die er wohl immer mit einer Besteigung des Großen Krottenkopfs kombinieren wird, dem höchsten Gipfel in den Allgäuer Alpen. Die Kletterer hingegen haben die Wolfebnerspitze gleich nördlich der Hütte und die Hermannskarspitze mit ihren senkrecht stehenden Schichttafeln als Tummelfeld entdeckt.

Aufstieg von Elbigenalp: Interessante Bergwanderung mit immer weiteren und freieren Ausblicken. – In Elbigenalp rechts des Bachs zum Bergfuß und auf dem Fahrweg teilweise in steilem Wald bis in knapp 1400 m Höhe. Nun auf einem Fußweg immer schräg aufwärts bis in den scharfen Einschnitt des Balschtebachs. In ihm ein gutes Stück nach Norden, dann links aus dem Graben und über hohe Gras- und Latschenhänge zur Hütte.

Kaufbeurer Haus, 2005 m

Diese Hütte in dem kleinen, nach Norden gerichteten Urbeleskar fällt so ganz aus dem Rahmen: kein breit ausgetretener Zugangsweg, keine Menschenmengen, keine lange Speisekarte. Ja, mancher stand dort oben schon vor verschlossenen Türen – auch in der Saison. Nur am Wochenende kommt ein Hüttenwart, genauer gesagt, eine »Wartin«, zum Kaufbeurer Haus herauf, schenkt etwas zu trinken aus und hat für die ganz Hungrigen eine Erbsensuppe parat. »Selbstversorgerhütte« nennt man diese fast schon ausgestorbene Art von Stützpunkt, der sich zu allen Zeiten mit dem sogenannten Alpenvereinsschlüssel aufsperren läßt. Der Romantische wird sich in dem liebevoll ausgestatteten Raum so richtig geborgen fühlen, zurückversetzt in die Zeiten

Das Prinz-Luitpold-Haus, der Stützpunkt für den Hochvogel. Im Hintergrund die Felsen des Wiedemers.

Prinz-Luitpold-Haus, 1846 m
300 Schlafplätze, vom Giebelhaus 2 1/2 Std., 2 Höhenwege, 5 große Gipfel.

Landsberger Hütte, 1805 m
170 Schlafplätze, vom Vilsalpsee 2 Std., 2 Höhenwege, 1 Klettersteig 6 große Gipfel.

»echten« Hüttenlebens. Um so erstaunter muß man den Kopf schütteln über jene »Saubären«, die – ohne strenges Auge der Obrigkeit – das von ihnen benützte Geschirr ungewaschen, die Wolldecken als wüsten Knäuel zurücklassen. Nun soll ja niemand meinen, daß sich nur irgendwelche »Primitiven« so gebärden. Oft sind gerade die »feinen Pinkel« die Schlimmsten in derartigen Situationen.
Die Umgebung paßt so ganz zu dieser Hütte, die inmitten der welligen Mattenböden liegt. Tritt man aus der Tür, so fällt der Blick als erstes auf den Hochvogel, der im Norden, jenseits des Hornbachtals, ganz gewaltig in den Himmel ragt. Etwas versteckt ist das innere Kar, das von Felsbergen eingerahmt wird. Dort dominiert die Urbeleskarspitze, die, und das wird den Uneingeweihten verblüffen, den berühmten Hochvogel um volle 40 m überragt.
Der Zugang aus dem Hornbachtal: Recht direkter Aufstieg durch steilen Wald und über freie Flächen. – Von der Kirche in Hinterhornbach noch 700 m talein, dann links über die Brücke zu einem ganz kleinen Parkplatz (1110 m). Nun zu Fuß hinauf zum Waldrand und immer auf dem Weg, den man nicht verfehlen kann, in vielen Kehren zum Karköpfl an der Waldgrenze. Immer wieder schöne Ausblicke ins Hochvogelgebiet! Schräg durch einen Hang hinein ins Tal und über grüne Böden und Hänge zur Hütte hinauf.

Prinz-Luitpold-Haus, 1846 m

Ein harter Felsriegel schuf eine ganz markante Karschwelle, auf der, in einzigartiger Lage, die Hütte thront. Man genießt einen freien Blick nach Westen, während im Süden und Osten die Felsberge mit ihren so auffallend geschichteten Wänden ganz nahe sind, und zu Füßen breitet sich ein Minikar mit einem Seeli aus. Auch das Prinz-Luitpold-Haus zählt zu den stattlichen Allgäu-Hütten. Vor allem ein berühmter Berg sorgt für die Anziehungskraft – der Hochvogel (2592 m). An der Fuchskarspitze gibt es zudem ein paar lohnende Kletterrouten. Der Täschlefall, der Bach im Bärgündele mit seinen schönen Gufeln und Katarakten, und der Blick auf die Schneck-Ostwand sorgen für reiche Abwechslung beim Aufstieg vom Giebelhaus.
Aufstieg vom Giebelhaus: Interessante, aussichtsreiche Bergwanderung, schöne Wasserfälle und klammartige Bachläufe. – Von Hinterstein mit dem Linienbus zum Giebelhaus (1063 m). Hinüber zur nahen Alphütte. Hier entweder rechts auf einem Fußweg oder links auf dem Sträßchen ins Bärgündelestal und weiter bis in 1230 m Höhe. Nun auf einem Fußweg links kurz abwärts zur Brücke und drüben über eine Stufe mit malerisch ausgeschliffenem, felsigem Bachbett hinauf zum Unteren Bärgündele. Über eine weitere Stufe zum Oberen Bärgündele und über noch hohe Hänge mit Gras, Latschen und Erlengestrüpp zur längst sichtbaren Hütte.
Hüttenberg über dem Prinz-Luitpold-Haus: Südlich über dem kleinen See vorbei und hinauf zu einer Wegverzweigung. Jetzt rechts weiter und in das folgende Kar empor. Über Geröll und Schrofen zum Nordgrat und über ihn auf den Gipfel der *Kreuzspitze* (2367 m, Sicherungen) gleich vis-à-vis des Hochvogels.

Landsberger Hütte, 1805 m

Ebenfalls auf einer Karschwelle liegt der zentrale Stützpunkt für die Vilsalpseeberge. Der rasche, dank der Seen so malerische Zugang sorgt für einen lebhaften Tagesbetrieb. Viele nützen auch die Möglichkeit zu einer Rundtour, die die Lifte von Tannheim zum Neunerkopf erschließen. Ganz nahe über dem Stützpunkt ragen vier nette, teilweise felsige Berge wie die Lachenspitze (2126 m) auf, ein gefundenes »Fressen« für gipfelhungrige Alpinisten. Sie können zudem diese leichte Speise mit etwas Gehaltvollerem ergänzen, einer Tour zur Leilachspitze oder dem langen Übergang zum Rauh- und Gaishorn.
Vom Vilsalpsee zur Hütte: Schöne Bergwanderung, die ihre besondere Note durch die drei Seen bekommt. – Von Tannheim mit dem Auto zum Vilsalpsee, großer Parkplatz. Zu Fuß kurzzeitig am Ostufer entlang, dann links ab und durch Wald auf einen ersten Talboden. Nun von rechts nach links über eine hohe Stufe zum Traualpsee. Flach über Matten in den Talhintergrund und über eine weitere, felsdurchsetzte Stufe zur Hütte.
Hausberg der Landsberger Hütte: Von der Hütte auf breitem Weg nach Westen – immer oberhalb des kleinen Talbodens –, dann etwas steiler aufwärts in das Westliche Lachenjoch. Hier rechts ab und über den steilen Grashang auf den Gipfel der *Roten Spitze* (2130 m).

⁂

Dank der guten Beschilderung und der Markierungen bereitet das Zurechtfinden – zumindest bei ordentlichen Verhältnissen – auch auf den Höhenwegen wenig Sorgen. Die Länge so mancher Etappe kann schon eher zu einem Problem werden. Nehmen wir an, eine Gruppe wandert an einem schwülen Sommertag vom Prinz-Luitpold-Haus Richtung Kemptner Hütte. Bei der Mittagsrast am Eissee betrachten die Teilnehmer mit Sorge die sich drohend zusammenballenden Wolken. Jetzt wäre es nicht nur unklug, sondern sogar ausgesprochen leichtsinnig, sich auf den Weiterweg zu machen. Der Steig überschreitet nämlich das Rauheck und das Kreuzeck, er führt also über den höchsten Kamm und ist dort nicht nur in ganz besonderer Weise dem Wetter ausgesetzt, es fehlen auch alle »Fluchtmöglichkeiten«.
In den benachbarten Lechtaler Alpen und in vielen anderen Berggruppen erinnert das Höhenwegenetz an eine Kette: Die Hütten wären dabei die Perlen, die mit einigem Abstand, eine hinter der anderen, an einer Route aufgereiht liegen. Bei dem sternförmigen Aufbau der Allgäuer Alpen herrscht weniger »Ordnung« in dieser Beziehung. Damit läßt sich nicht gut »die« Durchquerung festlegen, ja, man mag es drehen und wenden, wie man will, man kann nie alle interessanten Abschnit-

Blick vom Krottenkopf auf die herbstlich verschneiten Berge im südlichen Abschnitt des Heilbronner Wegs. Von links: Hohes Licht, Steinschartenkopf, Wilder Mann, Bockkarkopf.

te unter einen Hut bringen. Ich werde deshalb drei verschiedene Möglichkeiten beschreiben, die sich jedoch in Teilbereichen überschneiden. Und für die ganz Eifrigen soll noch eine »Tannheimer Nachspeise« serviert werden. Das gibt also folgende Routen:

- Die Standardstrecke vom Fiderepaß bis zur Landsberger Hütte.
- Die Runde um Hinterstein von der Willersalpe bis zum Hindelanger Klettersteig.
- Der Höhenweg über dem Lechtal von Lechleiten bis Hinterhornbach.
- Die Tannheimer Nachspeise von Nesselwängle zum Aggenstein.

Die beiden großen, modernen Klettersteige des Allgäus lassen sich als Höhepunkte in die Durchquerungen einbauen. Sie werden jedoch, wegen des ungewöhnlich großen Interesses, hier schon vorab beschrieben. Und dem berühmten Heilbronner Weg »gebührt natürlich die gleiche Ehre« – sogar mit eigener Doppelseite.

Heilbronner Weg
Übergang von der Rappensee- zur Kemptner Hütte mit Überschreitung von Großer und Kleiner Steinscharte, Steinscharten- und Bockkarkopf, Überquerung des Schwarzmilzfernerchens und südliche Umrundung des Kratzers. Einfacher, doch alpiner Klettersteig. Gehzeit etwa 5 1/2 Std.

Heilbronner Weg

Der »ehrwürdige« Name und die ungewöhnliche Routenführung erhalten dem Heilbronner Weg – auch in der Zeit des Klettersteig-Booms – die Liebhaber zu Tausenden. Es gibt sicher keinen zweiten Felsgrat, über den schon so viele Menschen gelaufen, geklettert oder – bei fehlender Trittsicherheit – geschlichen sind. Denn bereits am 23. Juli 1899 wurde dieser Steig feierlich eingeweiht. 8500 Goldmark war eine stolze Summe, von der lediglich 2000 Mark der Zentralausschuß des Alpenvereins übernahm. Den stattlichen Rest brachte die alpenferne Sektion Heilbronn auf. Man gab »Anteilscheine« aus, was jedoch mit Spenden gleichzusetzen ist, da der Heilbronner Weg, anders als etwa die Brenner-Autobahn, keine Maut kostet, und damit auch keine Rendite abwirft.

Die Eröffnung wurde ein Festtag für das gesamte Oberallgäu. Weniger die 256 aus Heilbronn geschickten Flaschen – diese Stadt liegt ja in einem großen Weinbaugebiet –, mehr das Ungewöhnliche, Aufsehenerregende dieses kühnen Weges sorgte für Furore. In dieser Zeit trug der Alpenverein sowieso ganz wesentlich zur Erschließung der Bergwelt und zu einem Aufkeimen des Fremdenverkehrs bei.

Die Anlage dieses Steiges war bahnbrechend. In der Frühzeit des Alpinismus hielt man sich viel an die Flanken der Berge, stieg zum Beispiel häufig durch Schluchten und Rinnen zu den Felsgipfeln hinauf, die man heute als häßliche, allzu steinschlaggefährdete Kanonenrohre fürchtet und meidet. Der Heilbronner Weg bleibt jedoch von der Kleinen Steinscharte bis zur Bockkarscharte stets in Gratnähe, in einem herrlich freien Gelände himmelhoch über den Tälern. Er erklimmt den Steinschartenkopf (2615 m), führt knapp unter dem Wilden Mann (2579 m) hindurch, den man mühelos »mitnehmen« kann (was man in diesem Fall nicht zu wörtlich nehmen sollte), und überschreitet schließlich den langen, schmalen Felskamm des Bockkarkopfes (2609 m).

Gehgelände wechselt mit Felspassagen, die dann stets gut und liebevoll gesichert sind, aber auch zu Engpässen mit Stauungen werden können. Berühmt ist die Leiter am Steinschartenkopf, die sich, wie keine andere Stelle, für eindrucksvolle Fotos eignet. Diese Verbindung von hochalpiner Landschaft mit hindernislosen Ausblicken und einer alpinen, sehr abwechslungsreichen Route, jedoch ohne allzu schwierige und beängstigende Passagen, ist das eigentliche Geheimnis, das den Heilbronner Weg auch im 92. Jahr seines Daseins noch so anziehend macht wie eh und je.

Fortsetzung des Panoramas: links der Mitte nochmals der Bockkarkopf; nach der tiefen Bockkarscharte die Hochfrottspitze, vor der man den kleinen Schwarzmilzferner sieht. Rechts die Mädelegabel mit dem Ostgrat (nach links vorne), über den der übliche Anstieg führt.

Unten: Dieser Ausschnitt zeigt genau den Charakter der Felslandschaft aus Hauptdolomit, die den Bergsteiger auf dem Heilbronner Weg begleitet.

Am Hindelanger Klettersteig. Im Hintergrund der Hochvogel.

Hindelanger Klettersteig
Mittelschwerer Klettersteig zwischen Nebelhorn und Daumen, Gehzeit ca. 4 Std. (auch schneller möglich), bis hierher sehr beliebt, Weiterweg zum Breitenberg etwa 2 1/2 Std., Abstieg nach Hinterstein 2 Std.

Hindelanger Klettersteig

Der Hindelanger Klettersteig stellt – in meinen Augen – das Ideal eines Eisenweges dar. Eine Tour dieser Art soll Spaß machen und nicht an den Nerven zerren! »Viel frische Luft unter dem Hintern« mag für eine kurze Stelle belebend wirken, ganze Wände in senkrechter Ausführung passen schlecht zum Klettersteig-Publikum, jene glatten, nur mit einem Drahtseil gesicherten Passagen, die mehr für die Armkraft eines Turners ausgelegt sind als für die Bizepse des »Normalbergsteigers«. Stifte, Klammern oder gar Leitern sollen über anspruchsvolle Passagen hinweghelfen, doch wird die Bergsteigerei dann widersinnig, wenn die Hände und Füße ausschließlich mit Eisen statt mit dem Fels in Berührung kommen.

In diesem Sinne lob' ich mir die Klettersteige im Allgäu; sie treffen das rechte Maß. Die freien, mit zahllosen Köpfen und Zacken besetzten Grate begeistern ebenso durch die Abwechslung wie durch die stets herrlich freien Ausblicke. Die meisten Begeher schätzen zudem den Rhythmus von gesicherten Steilstufen, Passagen mittlerer Schwierigkeiten und bequemen Absätzen zum Ausschnaufen.

Auf den Nebelhorn-Gipfel (2224 m) wird man – ähnlich wie einst der Hund zur Jagd – ganz faul getragen. Seilbahn und Lift kosten schließlich keinen Schweiß, nur D-Mark. Natürlich lockt ein Klettersteig, der bereits nach wenigen Minuten Fußmarsch beginnt, zahllose Aspiranten an. Vor allem am Wochenende herrscht lebhafter Verkehr mit Stauungen. Volle drei Kilometer zieht der Felsgrat nach Osten, wirft eine ganze Kette kleiner Gipfel und Gipfelchen, Türme und Zacken auf, die der Steig sorgfältig überschreitet. Gehgelände wechselt mit schmalen Schrofenschneiden, gut gesicherten Felsstellen und senkrechten, mit Klammern und Leitern gespickten Abbrüchen – und das alles in rascher und sehr bunter Folge. Bei einigen Passagen spürt man die Tiefe der bis zu 600 m hohen Nordabbrüche; für etwas ängstlichere Gemüter wird's dort schon ein wenig kitzliger. Der Grat kulminiert in den Wengenköpfen (2235 m), dann folgt mit den sogenannten Zwiebelsträngen – nach dem alpinem Lauch benannt – der schärfste Teil des gesamten Kammes. Danach enden die Felsen ganz abrupt, und man bummelt nun über das Glasfeld, ein erstaunlich weites und sanftes Dach, zum überragenden Gipfel des Großen Daumens (2280 m) mit seiner »unendlichen« Aussicht hinauf.

Viele kehren von hier über das Koblat ins Nebelhorngebiet zurück, obwohl die zweite, längere Hälfte des Weges noch fehlt. Den Steig vom Nebelhorn zum Daumen muß man – im Verhältnis zu anderen Eisenwegen – als mittelschwer einordnen, während die Fortsetzung doch deutlich einfacher ist. Bis zum Kleinen Daumen (2191 m) gibt es nur wenige Felsstellen. Eindrucksvolle Tiefblicke werden dann noch einmal beim Abstieg durch die Nordwestflanke serviert, bevor man im Gras zur Heubatspitze (2002 m) hinaufsteigt. Hohe Gänge heißen die

folgenden Zacken, die noch einige Kletterarbeit nebst einer längeren Leiter bringen, bevor der Grat immer sanfter wird und im Breitenberg ausläuft. Zusammen mit dem Abstieg nach Hinterstein von 1000 Hm ergibt das eine recht stolze Tagesleistung von sieben bis neun Stunden.

Mindelheimer Klettersteig

Mindelheimer Klettersteig
mittelschwerer Klettersteig über die drei Schafalpenköpfe, sehr gute Sicherungen, von der Fiderepaß- zur Mindelheimer Hütte 5 Std. (auch schneller möglich).

Mein Lob für den Hindelanger Klettersteig paßt auch bestens zum Mindelheimer »Kollegen«, ja, hier gibt es sogar noch eine Steigerung. So beherrscht zum Beispiel die Trettachspitze, die gleich jenseits des tief eingefurchten Rappenalptales aufragt, das Panorama. Startet man diese Klettersteig-Tour bei der Mindelheimer Hütte, so begleitet einen stets der Blick auf das Mädele-Gebiet. Aber auch die drei Schafalpenköpfe (2320 m) selbst zählen zu den auffallenden Gestalten, sind wuchtig herausmodellierte Felsklötze, werden von tiefen Scharten getrennt und immer wieder von steilen Abbrüchen dekoriert. Die rasche Folge von Felsabsätzen, scharfen Schneiden, Bändern, kleinen Wänden usw. sorgt für ein ungemein abwechslungsreiches Gelände, das mit Hilfe von Drahtseilen, Klammern und Leitern vorbildlich erschlossen ist.
Einst interessierte sich kaum einer für diese dekorativen Gipfel; den Bergwanderern waren die weglosen Schrofenflanken, über die die einfachsten Anstiege führen, viel zu anspruchsvoll, den Kletterern die Grate mit dem splittrigen Hauptdolomit zu unattraktiv. So blieben Schafe und Gemsen die einzigen Gäste. Mit dem Bau des Mindelheimer Klettersteigs wurde das Dornröschen Schafalpenköpfe jedoch dann von einem Tag zum anderen wachgeküßt. Das löste aber auch die schon fast zwangsläufige Debatte über Sinn und Schaden von Eisenwegen aus, die hier einen ganz skurrilen Höhepunkt erlebte: Unbekannte zerstörten mehrmals wesentliche Teile der Sicherungen. Man kann die Freude der Alpenvereinssektion Mindelheim verstehen, der daraus eine Menge zusätzlicher Mühen und Kosten erwuchsen. Die »Täter«, die sich offensichtlich als eine Art Messias für die »Errettung der Bergwelt« betrachteten, blieben mit ihrer Einstellung erstaunlich alleine: Es gab eine breite Front der Ablehnung und des Zorns gegen diese Nacht- und Nebelaktionen.
Die Routenführung ist beim Mindelheimer Klettersteig gleichermaßen einfach und kompliziert. Einfach: der Steig folgt vom Fiderepaß über die drei Schafalpenköpfe (2320, 2301 und 2272 m) und den folgenden Kemptnerkopf (2191 m) bis zur gleichnamigen Scharte im wesentlichen dem Grat. Kompliziert: wie überall im Hauptdolomit ist auch hier das Gelände in zahllose Kleinformen aufgelöst; tiefe Schluchten und Rinnen zergliedern die Felsmassive, mögen sie aus der Entfernung auch noch so kompakt aussehen. Da wird der Steig ganz von alleine zu manchem Auf und Ab, Hin und Her gezwungen. Der Begeher kann das nur begrüßen, so ist laufend für neue Überraschungen gesorgt.

Der »Standard«-Höhenweg

Höhenwege haben – trotz der Rucksack-Schlepperei – ihre ganz eigenen Reize: auf der Strecke vom Fiderepaß bis zum Tannheimer Tal gewinnt der Begeher in sechs Tagen einen erstaunlich umfassenden Eindruck unseres so vielgestaltigen Gebirges. Dabei überschreitet er auf jeden Fall vier Gipfel, kann eine Reihe weiterer Berge – wie das Hohe Licht und die Mädelegabel – bei »einem Seitensprung mitnehmen« und zudem noch zwei Klettersteige begehen. Niemand sollte jedoch diese Touren unterschätzen! Die Länge der Etappen (bis zu neun Stunden!) und das hochalpine Gelände stempeln so manchen Abschnitt zu einem ernsten Unternehmen.

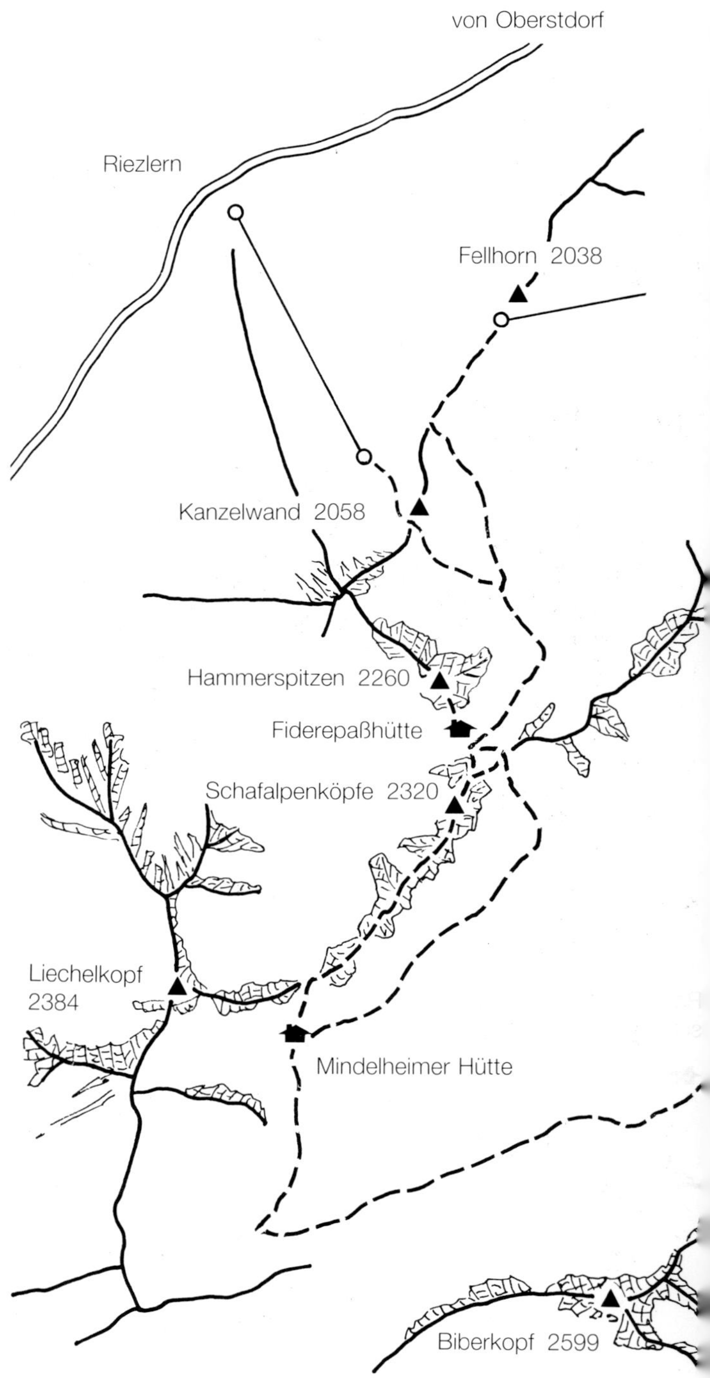

➶ Zur Fiderepaßhütte
Von Riezlern mit der Kanzelwandbahn zur Bergstation. In die Scharte rechts neben der Kanzelwand, nach Osten ein gutes Stück hinab und nach rechts hinüber zur ehemaligen Kühgundalpe. Durch Mulden zum Paß und der Hütte. Ein direkter Aufstieg von Mittelberg durchs Wildental würde 3 Std. beanspruchen.

➵ Von der Fiderepaß- zur Mindelheimer Hütte
Vom Fiderepaß schräg links über steiles Geröll hinauf zum Grat beim Saubuckelkopf und nach rechts zur Wegverzweigung. Sehr schöner Blick auf die großen Allgäuberge! Nach Süden ins Saubuckelkar hinab und noch tiefer bis auf einen querlaufenden Weg. Durch die Hänge weit hinüber zur Angererhütte und hinauf zur Mindelheimer Hütte.
Von der erwähnten Wegverzweigung auch über die Schafalpenköpfe (Mindelheimer Klettersteig, siehe Seite 56) zur Hütte. Eine Wegbeschreibung erübrigt sich; die Steiganlage ist nie zu verfehlen. Man überschreitet schließlich noch den Kemptnerkopf zur gleichnamigen Scharte und steigt zur nahen Hütte ab.

➵ Von der Mindelheimer zur Rappenseehütte
Der Tag beginnt mit einem langen Abstieg durch teilweise steile Hänge in das Haldenwangertal (1522 m), der Verlängerung des Rappenalpentales. Drüben durch die steilen Hänge und über eine gut ausgebaute Felsstufe zum Schrofenpaß (1688 m). Nun meist zwischen Latschen teilweise steigend im Norden um den Grüner ins Salzbüheljoch am Fuß des Biberkopfs. Auf die Höhe der Schloßwand, dann hinüber zur Oberen Biberalpe. Vom Sattel am Mutzenkopf in einen scharf eingeschnittenen Graben, dann quer durch die steilen Hänge des Kleinen Rappenkopfes zum Seebach. Etwas oberhalb auf einer Schulter trifft man auf den von Einödsbach herauskommenden Weg. Auf ihm rasch hinauf zur Rappenseehütte.

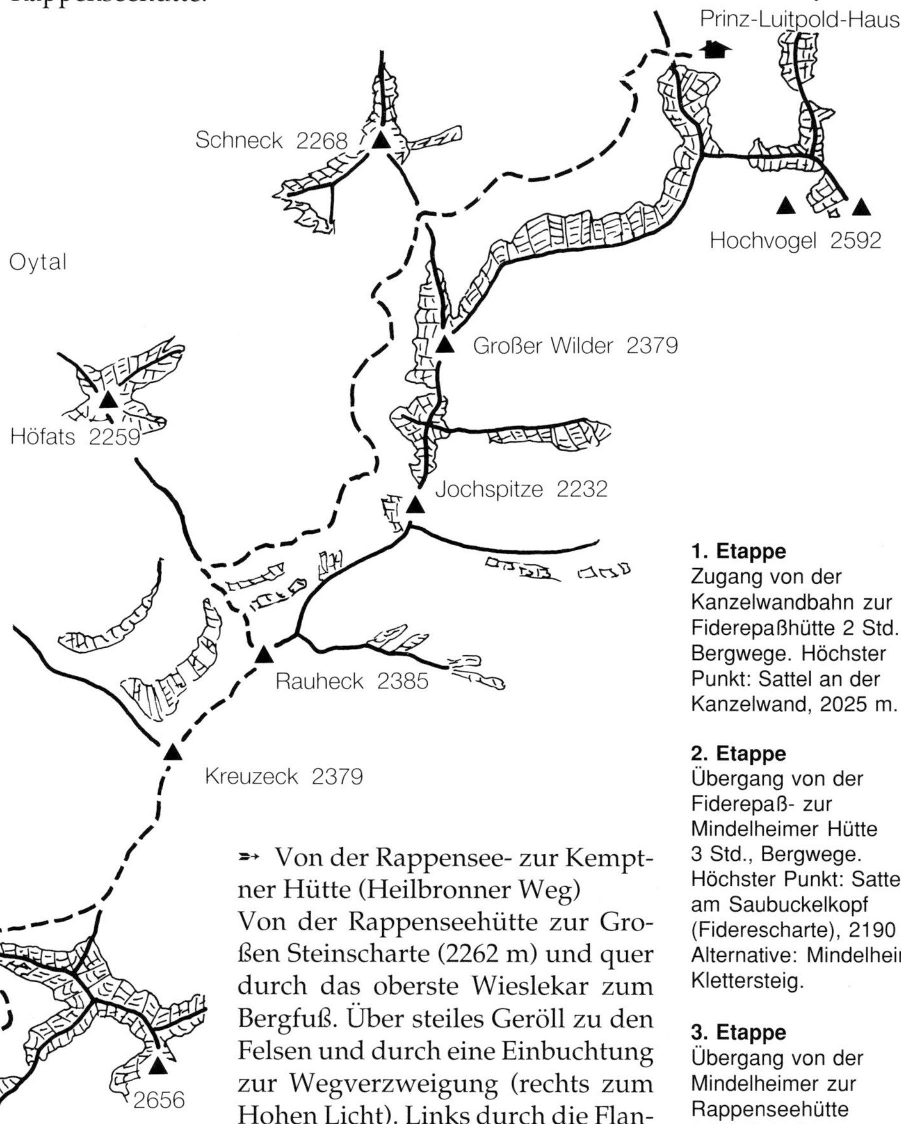
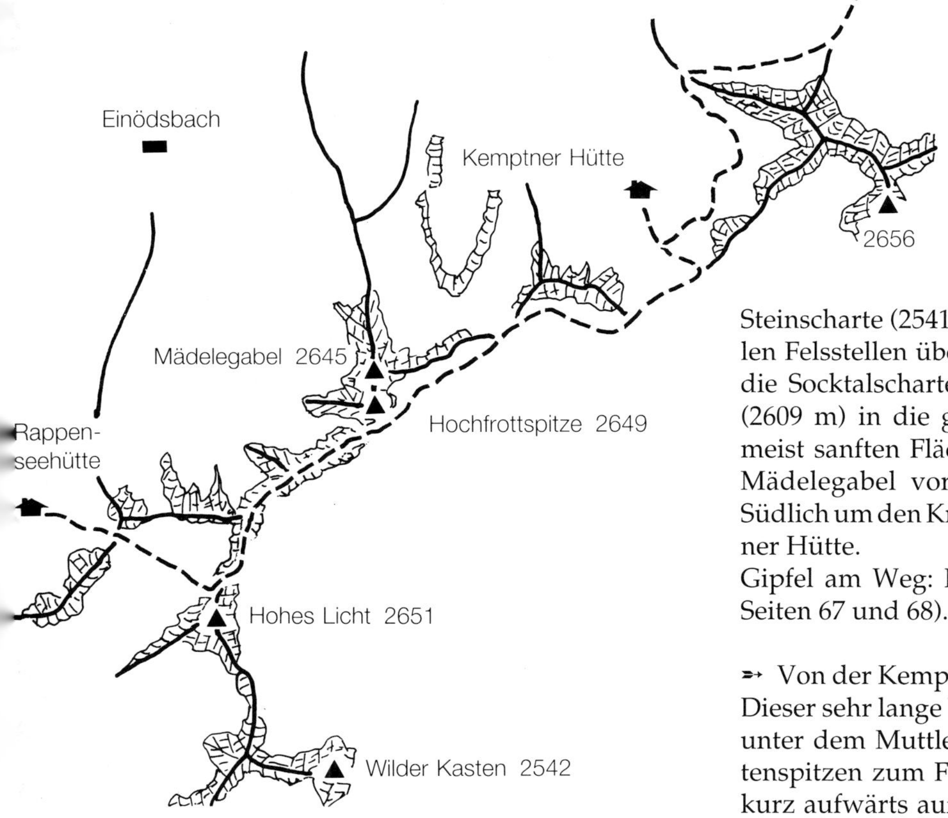

➵ Von der Rappensee- zur Kemptner Hütte (Heilbronner Weg)
Von der Rappenseehütte zur Großen Steinscharte (2262 m) und quer durch das oberste Wieslekar zum Bergfuß. Über steiles Geröll zu den Felsen und durch eine Einbuchtung zur Wegverzweigung (rechts zum Hohen Licht). Links durch die Flanke (Heilbronner Törl) in die Kleine Steinscharte (2541 m). Nun immer in Gratnähe mit vielen Felsstellen über den Steinschartenkopf (2615 m) in die Socktalscharte und weiter über den Bockkarkopf (2609 m) in die gleichnamige Scharte. Nun über die meist sanften Flächen des Schwarzmilzferners an der Mädelegabel vorbei, dann hinab zum Kratzerjoch. Südlich um den Kratzer herum und abwärts zur Kemptner Hütte.
Gipfel am Weg: Hohes Licht und Mädelegabel siehe Seiten 67 und 68).

➵ Von der Kemptner Hütte zum Prinz-Luitpold-Haus
Dieser sehr lange Übergang beginnt mit einer Querung unter dem Muttlerkopf und den wildgezackten Krottenspitzen zum Fürschießersattel (2208 m). Nochmals kurz aufwärts auf eine Rippe, dann durch die steilen,

1. Etappe
Zugang von der Kanzelwandbahn zur Fiderepaßhütte 2 Std., Bergwege. Höchster Punkt: Sattel an der Kanzelwand, 2025 m.

2. Etappe
Übergang von der Fiderepaß- zur Mindelheimer Hütte 3 Std., Bergwege. Höchster Punkt: Sattel am Saubuckelkopf (Fiderescharte), 2190 m. Alternative: Mindelheimer Klettersteig.

3. Etappe
Übergang von der Mindelheimer zur Rappenseehütte 3 1/2 Std., Bergwege, bei Nässe rutschig. Höchster Punkt: Rappenseehütte, 2091 m.

4. Etappe
Übergang von der Rappensee- zur Kemptner Hütte auf dem Heilbronner Weg ca.5 1/2 Std., spannender Höhenweg, teilweise Klettersteig. Höchste Punkte: Steinschartenkopf, 2615 m, Bockkarkopf, 2609 m.

Beim Abstieg von der Landsberger Hütte zum Vilsalpsee; vorne die Hänge des Geierköpfls, hinten das Rauhhorn.

5. Etappe
Langer Übergang von der Kemptner Hütte zum Prinz-Luitpold-Haus 9 Std., aussichtsreicher Höhenweg. Höchste Punkte: Kreuzeck, 2379 m, Rauheck, 2385 m.

6. Etappe
Übergang vom Prinz-Luitpold-Haus zur Landsberger Hütte 5 Std., Höhenweg mit mehreren Steilstellen. Höchster Punkt: Bockkarscharte 2164 m.

7. Etappe
Entweder direkter Abstieg zum Vilsalpsee (gut 1 Std.) oder Höhenweg über Gappenfeld- und Strindenscharte mit Abstieg zum Haldensee (3 Std.). Höchster Punkt: Schulter an der Schochenspitze, 2030 m.

von Trümmern bedeckten Hänge des Märzle – diesmal unter den Nordwänden der Krottenspitzen – zum Marchsattel (2201 m). Nun folgt das schönste Stück der Tour: immer in Gratnähe mit hindernislosen Ausblicken hinauf zum doppelgipfligen Kreuzeck (2379 m) und in teilweise weiträumiger Landschaft über einen tiefen Sattel auf das Rauheck (2385 m). Über den ausgeprägten Nordwestgrat zu einer Schulter, dann rechts hinab zu den Eisseen. Immer durch die Hänge unter den Wänden zum Wildenfeldhüttchen (1692 m) und wieder empor in den Himmelecksattel (2007 m). Es folgt der letzte und tiefste Abstieg, und zwar zum Stierbach (1597 m). Dann quer über die Halde, anschließend über Gras und zwischen Buschwerk wieder empor zur Gratkante am Wiedemer, wo erstmals das Prinz-Luitpold-Haus sichtbar wird. Man erreicht es nach kurzer Querung.
Gipfel am Weg: Kreuzeck und Rauheck werden sowieso überschritten. Evtl. in knapp 1 Std. vom Himmelecksattel auf den Schneck (2268 m, Näheres siehe Seite 82).

➳ Vom Prinz-Luitpold-Haus zur Landsberger Hütte
Nördlich am Seeli vorbei und durch ein reizvolles, von Felsen eingefaßtes Tälchen in eine kleine Grasmulde und über einen letzten Hang in die Bockkarscharte (2164 m, Landesgrenze) am Fuß des Glasfelderkopfes. Drüben auf unangenehm steinigem Weg steil hinab, dann links auf eine Schulter. Durch einen Steilgrashang (Drahtseile), dann bequemer hinüber in den Sattel der Notländ. Immer quer durch die Hänge – interessante Felspassage unter dem Schänzlekopf – weit nach Nordosten, dann wieder aufwärts zur Lahnerscharte (1988 m). Diesseits bleibend durch die Schrofenhänge von Kastenkopf und Kälbelespitze in eine kleine Gratlücke. Drüben hinab in die weite Einsattelung des Kastenjochs (1859 m). Erst südlich des breiten Rückens, dann nordwestlich an der Steinkarspitze vorbei ins Westliche Lachenjoch und drüben hinab zur Landsberger Hütte.

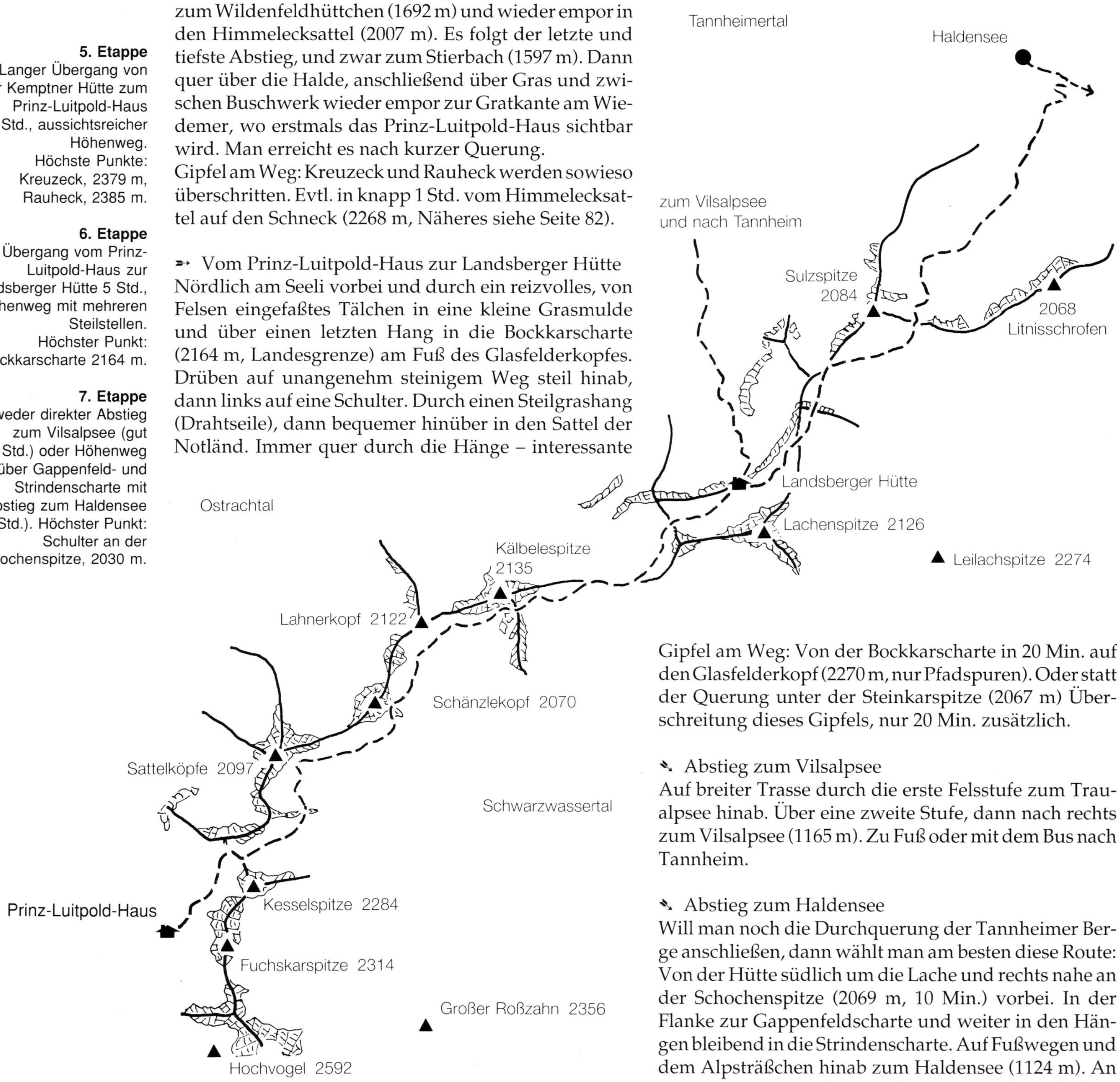

Gipfel am Weg: Von der Bockkarscharte in 20 Min. auf den Glasfelderkopf (2270 m, nur Pfadspuren). Oder statt der Querung unter der Steinkarspitze (2067 m) Überschreitung dieses Gipfels, nur 20 Min. zusätzlich.

➴ Abstieg zum Vilsalpsee
Auf breiter Trasse durch die erste Felsstufe zum Traualpsee hinab. Über eine zweite Stufe, dann nach rechts zum Vilsalpsee (1165 m). Zu Fuß oder mit dem Bus nach Tannheim.

➴ Abstieg zum Haldensee
Will man noch die Durchquerung der Tannheimer Berge anschließen, dann wählt man am besten diese Route: Von der Hütte südlich um die Lache und rechts nahe an der Schochenspitze (2069 m, 10 Min.) vorbei. In der Flanke zur Gappenfeldscharte und weiter in den Hängen bleibend in die Strindenscharte. Auf Fußwegen und dem Alpsträßchen hinab zum Haldensee (1124 m). An dessen Südufer entlang und über die Wiesenflächen nach Nesselwängle.

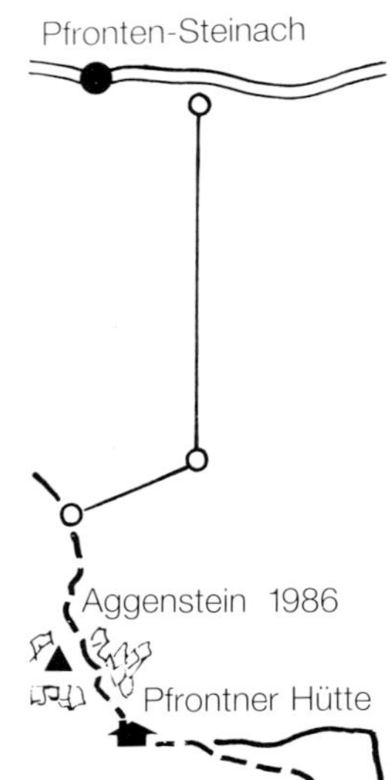

Durch die Tannheimer Berge

Im Anschluß an die Standard-Route durch die Allgäuer Alpen durchquert man die Tannheimer Berge natürlich von Süden nach Norden. Das ist ein reizvoller Ausklang einer ganz großen Bergfahrt. Für sich alleine – etwa als Wochenendtour – wird man die Richtung jedoch umdrehen. Nur so kommt die Steigerung, die diese kleine Berggruppe bietet, voll zur Geltung. Den kurzen zweiten Tag sollte man dann mit einem Abstieg ins Gebiet von Höfen ergänzen. Das bringt nicht nur ein paar nette zusätzliche Eindrücke, so wird auch die Rückkehr nach Pfronten vereinfacht. Von der Nesselwängler Scharte folgt man dann den Wegen über das Sabach- und Gehrenjoch, nach einer Überschreitung der Roten Flüh jenem von der Tannheimer Hütte über das Hochjoch.

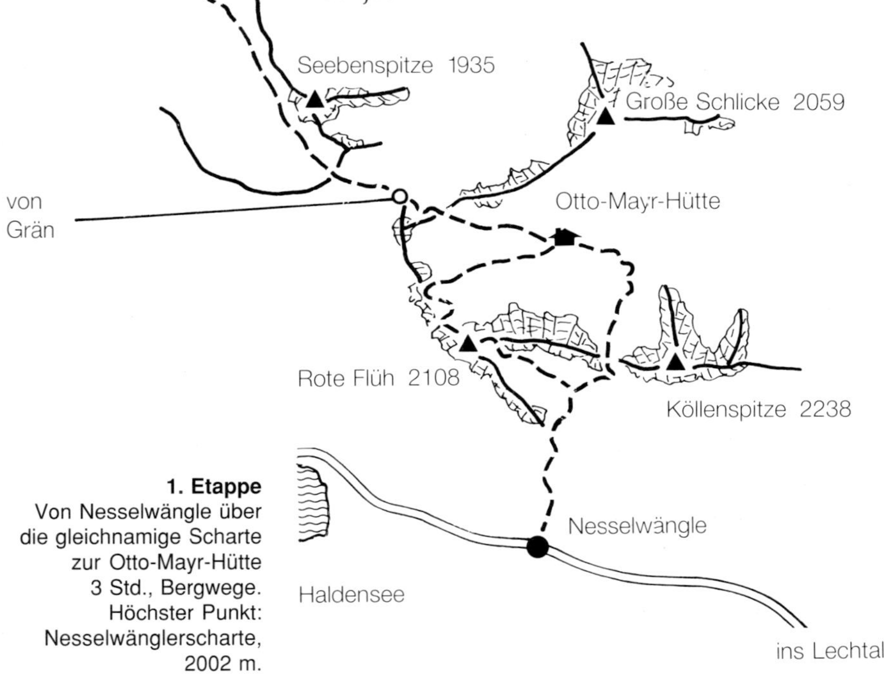

1. Etappe
Von Nesselwängle über die gleichnamige Scharte zur Otto-Mayr-Hütte 3 Std., Bergwege. Höchster Punkt: Nesselwänglerscharte, 2002 m.

Alternative
Von Nesselwängle auf die Rote Flüh 3 Std., Abstieg zur Otto-Mayr-Hütte 1 1/2 Std. Bergwege, an der Roten Flüh Felsgelände mit Sicherungen, Trittsicherheit wichtig. Höchster Punkt: Rote Flüh, 2108 m.

2. Etappe
Von der Otto-Mayr-Hütte zur Pfrontner Hütte und Weiterweg zur Hochalpe etwa 3 Std. Bergwege ohne Probleme, nur eine steile Passage. Höchste Punkte: Schultern an der Sefenspitze und am Aggenstein je 1920 m.

➶ Nesselwängle – Gimpelhaus – Nesselwänglerscharte – Otto-Mayr-Hütte

Auf breitem, sehr viel begangenem Weg meist durch lichten Wald hinauf zum schön gelegenen Gimpelhaus (1659 m, privat, Übernachtungsmöglichkeiten, wie auch in der 15 Min. entfernten Tannheimer Hütte, 1713 m, des Alpenvereins). Auf dem oberen Weg in ein Kar. Hier rechts und hinauf in die von Felsen dekorierte, malerische Nesselwänglerscharte (2002 m) am Fuß der Köllenspitze. Drüben hinab – eine Steilstufe – ins Reintal und zur Otto-Mayr-Hütte vis-à-vis der großen Nordwände. Gipfel am Weg: Köllenspitze (2238 m) siehe Seite 92.

➶ Alternative über die Rote Flüh

Im Kar oberhalb des Gimpelhauses links und auf Geröll in die Judenscharte am Fuß der eindrucksvollen Gimpel-Wände. Dann über eine kurze Felsstufe (Sicherungen) auf die Rote Flüh (2108 m). Reizvoller Abstieg mit einigen einfachen, gut gesicherten Kletterstellen nach Westen in die Gelbe Scharte. Nun direkt zur Hütte hinab oder noch über den spannenden, mittelschweren, ausgesetzten Klettersteig (Friedberger Steig) auf den nahen Schartschrofen (1968 m), von dort nach Norden in das Hallergernjoch und Abstieg zur Hütte.

➵ Tannheimer Höhenweg

Von der Hütte nach Westen, hinauf ins Reintalerjoch und hinüber ins nahe Füssenerjöchl (1818 m, Sessellift, Jausenstation). In weitem Gelände nach Nordwesten auf die Sefenspitze zu, dann links in die Flanke und zwischen Latschen auf eine Schulter dieses Gipfels. Drüben in ein Kar hinab und an der Seebenalpe vorbei längere Zeit quer durch die Hänge, teilweise auch im Wald, in einen auffallenden Sattel und kurzer Gegenanstieg zur Pfrontner Hütte (1788 m) mit sehr schönem Blick nach Süden. Durch die steilen Grashänge noch ein Stück empor zu einem Sattel knapp unter dem Aggenstein. Drüben über die steile, steinige Halde hinab, dann nach rechts zur Hochalpe und mit der Kleinkabinenbahn hinunter nach Pfronten-Steinach.

Gipfel am Weg: Von dem erwähnten Sattel über die kurze, felsige Stufe auf den *Aggenstein* (1986 m, 10 Min., Sicherungen), den beherrschenden Gipfel bei Pfronten.

Der Lechtaler Höhenweg

Die Route von Lechleiten bis Hinterhornbach kann mit jeder anderen Möglichkeit im Kalk, und mag sie noch so berühmt sein, konkurrieren. Sie durchquert die allereindrucksvollsten Bereiche der Allgäuer Alpen. Man überschreitet bei dieser Tour drei der höchsten Gipfel in unserem Gebirge, und vier weitere liegen unmittelbar am Weg. Auch der Titel »Panoramaweg der Extraklasse« würde hier exakt passen, bleibt doch der Blick stets weit und völlig hindernislos.

Jeder wird nach diesen Worten hinter unserem Vorschlag eine übervölkerte Modetour erwarten. Ganz

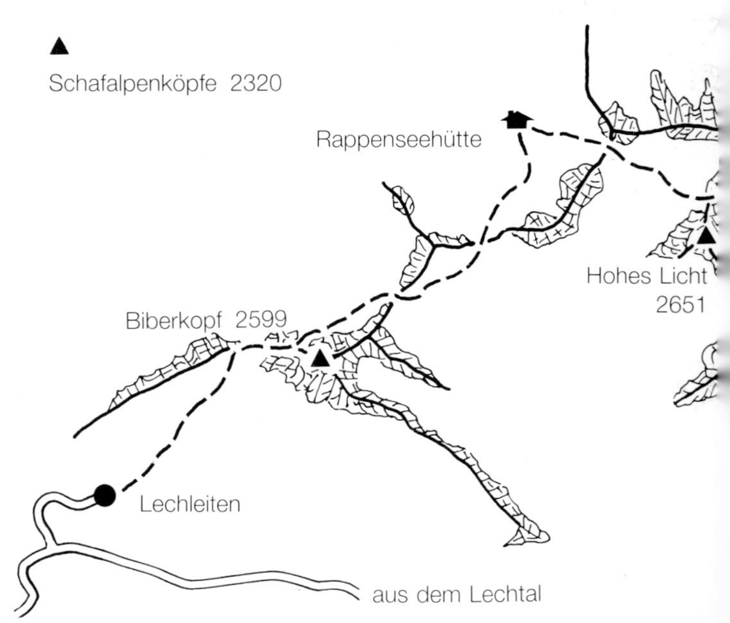

falsch! Eine Kombination von Heilbronner Weg mit der Überschreitung des Biberkopfes und der Durchquerung der Hornbachkette ist wohl bis heute noch nie beschrieben worden. Der von uns so getaufte »Lechtaler Höhenweg« erlebt also erst in diesem Buch seine Geburt. Eine besondere Note bekommt die Route noch durch die Kontraste von sehr beliebt bis einsam.

➶ Über den Biberkopf zur Rappenseehütte

Von der Lechtalstraße zum Holzgauerhaus und nach rechts hinauf zu den oberen Häusern von Lechleiten (1540 m). Über die Mähwiesen etwas nach rechts empor, dann zwischen Latschen und ein paar mächtigen Blökken in einen kleinen Kessel, für dessen Verkarstung der hier vorherrschende Plattenkalk sorgt. Über den folgenden Steilgrashang in Kehren empor zum Grat, wo das Grasgelände bald in Fels übergeht. Teilweise auf dem Grat, teilweise in der linken Flanke interessanter Schlußanstieg auf den Biberkopf (2599 m).

Auf der gleichen Route die oberen 150 Hm wieder hinab, dann scharf nach rechts und auf Bändern durch die Nordflanke. Dann steiler, steiniger Abstieg zu den Geröllfeldern am Wandfuß und wieder ein Stück empor in den tiefsten Gratsattel (2294 m). Um einen kleinen Gratkopf, dann auch östlich um den Hochrappenkopf in die folgende Scharte. Über die Geröllflächen nach Norden hinab, rechts oberhalb des Rappensees vorbei und hinüber zur Rappenseehütte.

Weiterer Gipfel am Weg: Vom letzten Sattel nach Osten über den Grat auf den *Rappenseekopf* (2469 m, 30 Min. Aufstieg). Man kann den Gipfel auch überschreiten und aus der folgenden Scharte zur Hütte absteigen.

➵ Von der Rappensee- zur Kemptner Hütte

Von der Rappenseehütte zur Großen Steinscharte (2262 m) und quer durch das oberste Wieslekar zum Bergfuß. Über steiles Geröll zu den Felsen und durch eine Einbuchtung zur Wegverzweigung (rechts zum Hohen Licht). Links durch die Flanke (Heilbronner Törl) in die Kleine Steinscharte (2541 m). Nun immer in Gratnähe mit vielen, oft gesicherten Felsstellen über den Steinschartenkopf (2615 m) in die Socktalscharte und weiter über den Bockkarkopf (2609 m) in die gleichnamige Scharte. Nun östlich des Kammes über die meist sanften Flächen des Schwarzmilzferners bis unter die Mädelegabel. Jetzt nach rechts, hinab zum Kratzerjoch, dann in langer Querung südlich um den Kratzer herum. Schräg abwärts zum Kamm hinaus und bald danach nördlich abbiegend zur Kemptner Hütte hinab.

Gipfel am Weg: Hohes Licht (2651 m) und Mädelegabel (2645 m), siehe Seiten 67 und 68.

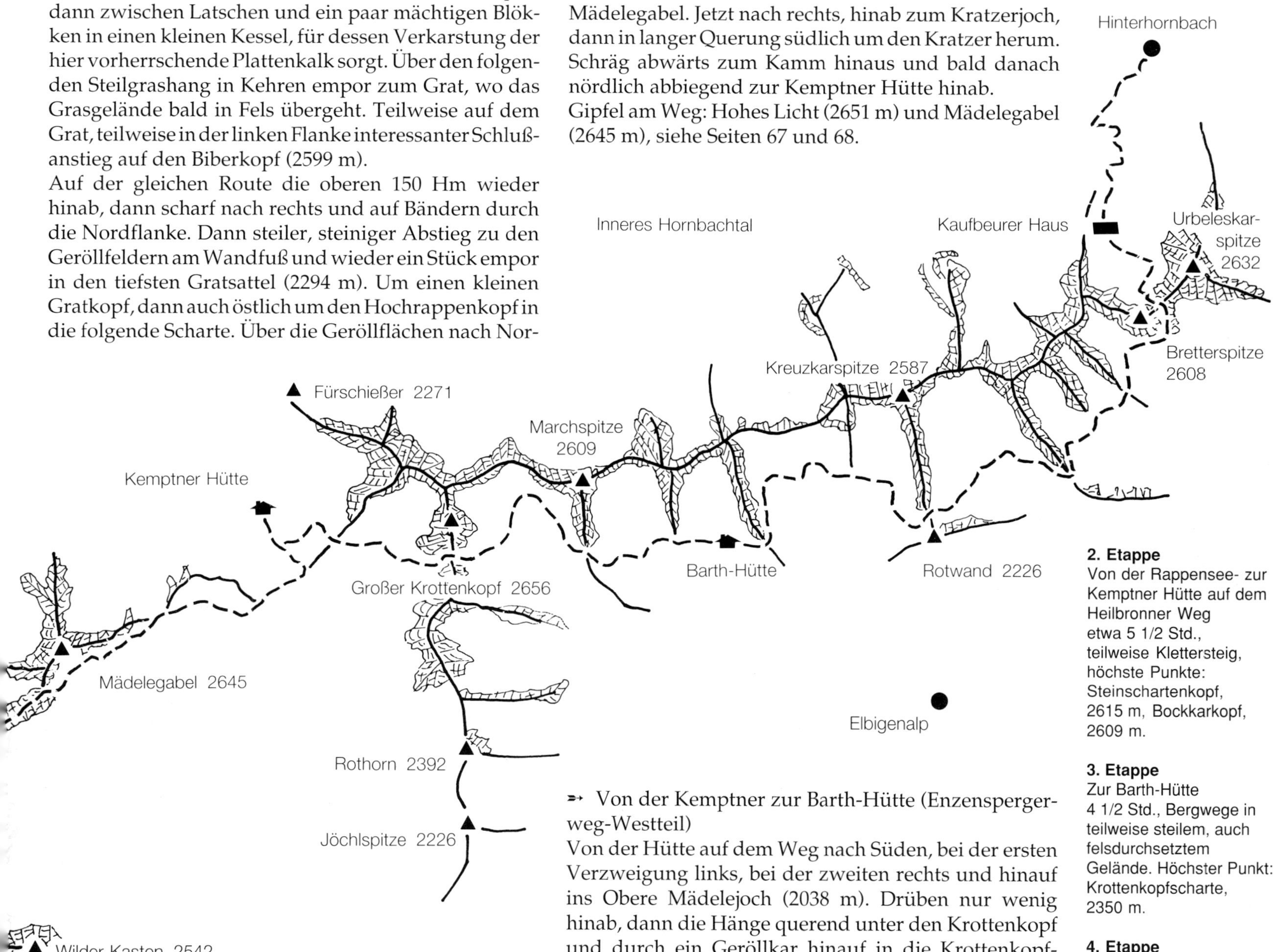

➵ Von der Kemptner zur Barth-Hütte (Enzenspergerweg-Westteil)

Von der Hütte auf dem Weg nach Süden, bei der ersten Verzweigung links, bei der zweiten rechts und hinauf ins Obere Mädelejoch (2038 m). Drüben nur wenig hinab, dann die Hänge querend unter den Krottenkopf und durch ein Geröllkar hinauf in die Krottenkopfscharte (2350 m). Drüben über eine kurze Stufe hinab, dann quer durch die sehr steilen Hänge unter der Krottenkopf-Ostwand zum Hermannskarsee. Weitere Querung, am Schluß durch leicht schrofiges Gelände (Sicherungen), zum Schafschartl und steil hinab ins Birgerkar. Man überschreitet es an seiner unteren Kante und gelangt dann durch Steilgelände auf den Ilfenspitz-Süd-

1. Etappe
Von Lechleiten auf den Biberkopf gut 3 Std., Weiterweg zur Rappenseehütte knapp 2 Std., hochalpine Tour auf teils felsigen Bergwegen.
Höchster Punkt: Biberkopf, 2599 m.

2. Etappe
Von der Rappensee- zur Kemptner Hütte auf dem Heilbronner Weg etwa 5 1/2 Std., teilweise Klettersteig, höchste Punkte: Steinschartenkopf, 2615 m, Bockkarkopf, 2609 m.

3. Etappe
Zur Barth-Hütte 4 1/2 Std., Bergwege in teilweise steilem, auch felsdurchsetztem Gelände. Höchster Punkt: Krottenkopfscharte, 2350 m.

4. Etappe
Höhenweg zum Kaufbeurer Haus 6 Std., Abstieg nach HInterhornbach 1 1/2 Std., stille Bergwege in teilweise steilem Felsgelände, Trittsicherheit notwendig.

grat. Jetzt noch quer durch das Wolfebnerkar zur Barthhütte (2129 m).
Gipfel am Weg: Von der Krottenkopfscharte auf steinigem Steig in einer knappen Stunde auf den Großen Krottenkopf (2656 m, siehe auch Seite 75), den Hauptgipfel der Allgäuer Alpen.

➛ Von der Barth-Hütte nach Hinterhornbach (Enzenspergerweg-Ostteil)
Von der Hütte nach Osten, um die Ausläufer der Wolfebnerspitzen herum und in das sehr weiträumige Balschtekar. Etwa waagrecht durch den Westteil des Kares unter die Schöneckerscharte (über sie führt ein kürzerer Weg nach Hinterhornbach), dann weitere Querung und kurzer Aufstieg in den Balschtesattel (2226 m). Drüben 150 Hm hinab und quer durch das Noppenkar in den Luxnachersattel (2093 m). Nach kurzem Abstieg auf der Hangterrasse nach Nordosten ins Gliegerkar. Von seinem jenseitigen Rand steil hinauf ins Griesschartl und auf Felsbändern durch die wilde Südostflanke der Bretterspitze zum Hauptkamm (2480 m) etwas oberhalb der Schwärzerscharte.
Auf Geröll nach links unter die Nordflanke der Bretterspitze und hinab ins Urbeleskar. Dann über Matten zum Kaufbeurer Haus (2005 m), das nur zeitweise bewirtschaftet ist. Auf Gras, später durch Hochwald rasch und direkt hinab nach Hinterhornbach (1101 m).
Gipfel am Weg: Von der höchsten Stelle des Weges bei der Schwärzerscharte über den kurzen, unschwierigen Felsgrat auf die *Bretterspitze* (2608 m, 20 Min. Aufstieg).

Bei der Kemptner Hütte. Die Gipfel (von links): Krotten- und Öfnerspitze, Muttlerkopf, Krottenkopf und Ramstallspitze.

1. Etappe
Von Hinterstein in gut 1 1/2 Std. auf breitem Weg zur Willersalpe.

2. Etappe
Sehr langer Höhenweg, von der Willersalpe zum Prinz-Luitpold-Haus 7 Std., Bergwege mit steilen Passagen, Trittsicherheit angebracht.

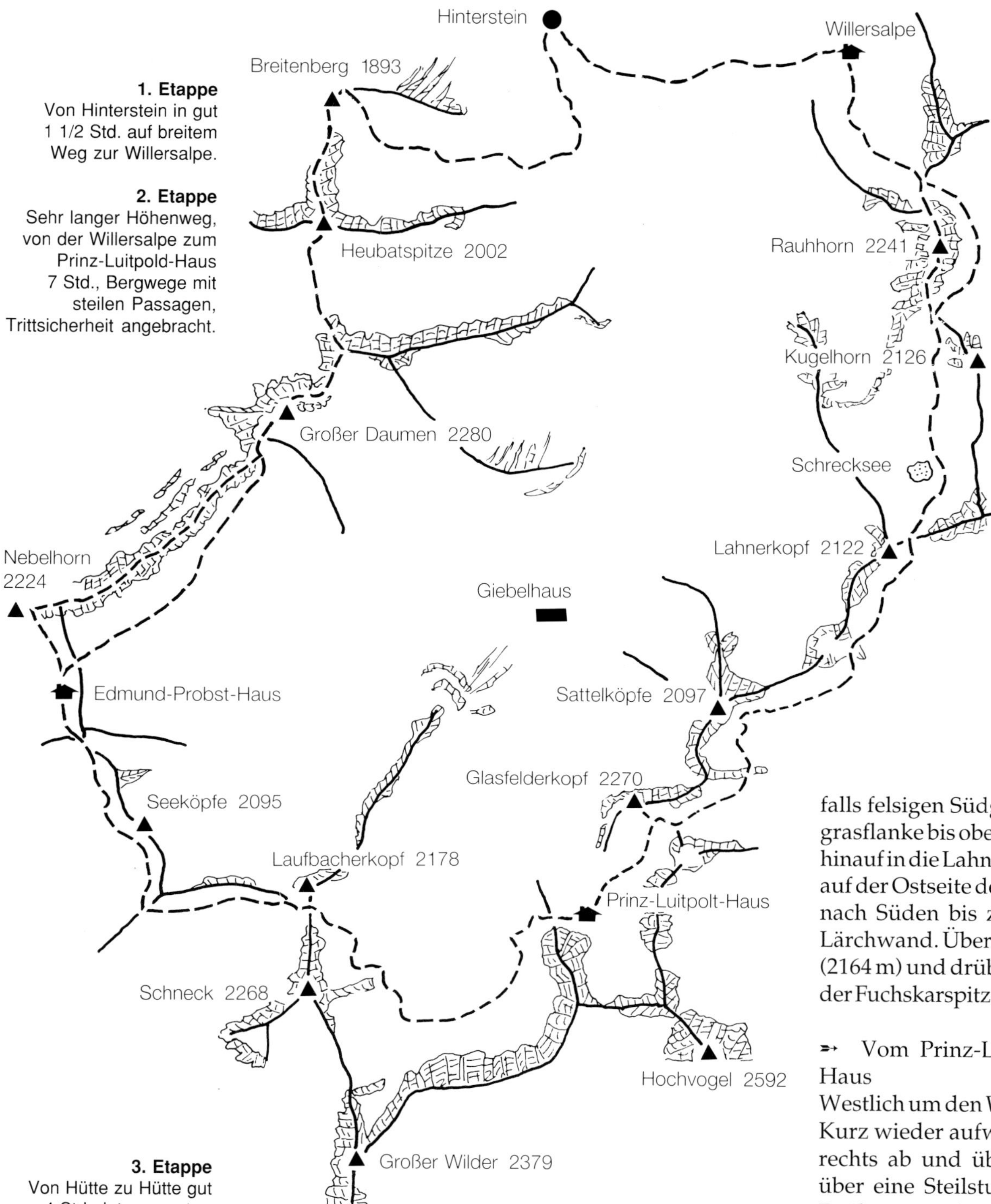

3. Etappe
Von Hütte zu Hütte gut 4 Std., interessanter, beliebter Höhenweg mit weiten Ausblicken, ohne Probleme.

4. Etappe
Gesamter Weg etwa 6 Std., mit Klettersteig an den Wengenköpfen mindestens 2 Std. mehr, Trittsicherheit und Erfahrung nötig.

Die Runde um Hinterstein

Bei Hindelang biegt das Ostrachtal nach Süden ab, führt über Hinterstein hinein zum Giebelhaus und verzweigt sich dort in mehrere Quelltäler. Die Vilsalpseeberge im Osten, die Gruppe des Hochvogels über dem südlichen Talende und die langen Kämme des Daumengebietes schließen das Tal wie ein Hufeisen ein. Durch alle drei Regionen führen ausgesprochen interessante und mit Felspassagen gewürzte Höhenwege.
Bisher haben die Bergwanderer offensichtlich die wirklich reizvolle Rundtour-Möglichkeit um das innere Ostrachtal noch gar nicht realisiert. Dreieinhalb Tage wäre die übliche Zeit dafür, alpine Marathonläufer kommen auch mit drei Tagen aus. Zehn Scharten und vier Gipfel gehören sowieso zur Route, der Geschickte wird aber zusätzlich die Wengenköpfe auf dem Hindelanger Klettersteig überschreiten.

➶ Zur Willersalpe
Von Hindelang nach Hinterstein und zum Parkplatz am südlichen Ortsende. Dort halblinks über die Wiesen zum Waldrand. Erst in flachem, dann in steilem Gelände zu den Alpweiden hinauf und weiter zur bewirtschafteten Willersalpe (1456 m).

➵ Von der Willersalpe zum Prinz-Luitpold-Haus
Von der Alpe nach Süden immer schräg durch die Hänge empor in ein kleines Kar, dann steil über die Halde hinauf zum Grat. Erst bequem über Gras und Geröll, anschließend im Felsgelände auf das Rauhhorn (2241 m). Über den ebenfalls felsigen Südgrat hinab, dann quer durch die Steilgrasflanke bis oberhalb des Schrecksees. In einem Bogen hinauf in die Lahnerscharte (Landesgrenze), dann immer auf der Ostseite des Grates mit einigem Auf und Ab weit nach Süden bis zu einer Wegverzweigung unter der Lärchwand. Über eine steile Reiße in die Bockkarscharte (2164 m) und drüben durch schöne Grasmulden am Fuß der Fuchskarspitz-Westwand zum Prinz-Luitpold-Haus.

➵ Vom Prinz-Luitpold-Haus zum Edmund-Probst-Haus
Westlich um den Wiedemer und hinab in den Talschluß. Kurz wieder aufwärts zu einer Wegverzweigung. Hier rechts ab und über schöne Mattenhänge, am Schluß über eine Steilstufe auf das Laufbachereck (2150 m). Drüben in Kehren in einen Sattel hinab, anschließend immer »himmelhoch« über dem Oytal quer durch die oft sehr steilen Hänge erst nach Westen, dann nach Norden in den Zeigersattel und hinab zum Edmund-Probst-Haus (1929 m, Alpenverein, Tel. O8322/4795), das nahe bei der Nebelhorn-Seilbahn liegt.

➵ Über den Großen Daumen nach Hinterstein
Vom Edmund-Probst-Haus entweder auf dem bequemen Wanderweg (siehe Seite 82) zum Großen Daumen (2280 m) oder dorthin auf dem Hindelanger Klettersteig über die Wengenköpfe (2235 m). Weiterweg über die Heubatspitze und den Breitenberg bis Hinterstein, ebenfalls auf diesem Steig; alles Nähere siehe Seite 54.

Die großen Gipfel

Für diese Auswahl der »Großen Gipfel« war nicht so sehr die absolute Höhe bestimmend. Überall trifft man auf einzelne Berge, die besonders ins Auge fallen, die nicht nur ihre Nachbarn deutlich überragen, sondern auch durch wilde, markante oder ungewöhnliche Formen beeindrucken. Gerade die Allgäuer Alpen sind ja reich an mittelhohen Gipfeln von ungewöhnlicher Gestalt. Ein Hoher Ifen, eine Höfats oder ein Schneck lassen sich nicht miteinander, aber auch mit nichts anderem in den Alpen verwechseln. So bringen die folgenden Seiten eine recht bunte Mischung.

In den Allgäuer Alpen gibt es etwa 160 selbständige Berge. Unsere Statistik führt alle wichtigen Gipfel über 2350 m Höhe auf. Der entsprechende Alpenvereinsführer, der laut Richtlinien »jeden Berg und jede Route« beschreibt, umfaßt stolze 567 Seiten; dazu kommt der Band über die Tannheimer Berge mit nochmals gut 300 Seiten. In unserem Buch ist nur Platz für eine kleine, sozusagen erlesene Auswahl. Üblicherweise wird all das beschrieben, zu dem viele Menschen strömen, das einen bekannten und damit stark lockenden Namen hat. Die mit einem Weg erschlossenen Berge stehen da natürlich mit Abstand an erster Stelle, und dann gibt es hin und wieder noch eine besonders kecke Gestalt, wie die Trettachspitze, die ebenfalls die Wünsche zu wecken versteht. Doch wir wollen uns hier nicht von berühmten Namen »bestechen« lassen.
Bei den »Großen Gipfeln« zeigt sich eine Eigenart unseres Gebirges besonders ausgeprägt: Zu sehr vielen Zielen – wie dem Hochvogel und der Mädelegabel – passen Prädikate wie beliebt und bekannt, ja sogar begehrt und berühmt, ein »Mittelfeld« fehlt nahezu, der Rest gehört zum Einsamen und Unberührten und liegt – wie könnte es anders sein! – auf österreichischem Boden. Diese Verhältnisse spiegeln sich auch ganz deutlich bei der Art der Gipfelanstiege wieder. Meist gibt es vom Alpenverein angelegte Steige, die zwar oft einige Trittsicherheit erfordern, aber doch zu den Bergwanderungen zählen. Die unbekannten Gipfel hingegen erfordern einen erfahrenen Bergsteiger, der auch im zerborstenen Felsgelände zurechtkommt.
Üblicherweise beginnt man die Beschreibungen an einem Ende des entsprechenden Gebirges. Die Form der Allgäuer Alpen drängt einem geradezu einen anderen Weg auf: Die berühmtesten Gipfel, nämlich die Trettachspitze und die Mädelegabel, liegen im Zentrum, und von dort führen die Kämme strahlenförmig in fast alle Richtungen.

Trettachspitze, 2595 m

Fremdenverkehrsmanager hielten es für besonders pfiffig, die Trettachspitze mit dem Prädikat »Allgäuer Matterhorn« aufzuwerten. Doch das war ebenso unnötig wie unsinnig. Nur die schlanke, ausgesprochen

DIE ALLGÄUER BERGE ÜBER 2350 m HÖHE

1.	Großer Krottenkopf	2656
2.	Hohes Licht	2651
3.	Hochfrottspitze	2649
4.	Mädelegabel	2645
5.	Urbeleskarspitze	2632
6.	Steinschartenkopf	2615
7.	Bockkarkopf	2609
8.	Marchspitze	2609
9.	Bretterspitze	2608
10.	Biberkopf	2599
11.	Trettachspitze	2595
12.	Noppenspitze	2594
13.	Hochvogel	2592
14.	Kreuzkarspitze	2587
15.	Öfnerspitze	2576
16.	Gliegerkarspitze	2575
17.	Wasserfallkarspitze	2557
18.	Ellbognerspitze	2552
19.	Ilfenspitze	2552
20.	Sattelkarspitze	2552
21.	Wilder Kasten	2542
22.	Widderstein	2533
23.	Ramstallspitze	2533
24.	Wildmahdspitze	2489
25.	Rotgundspitze	2485
26.	Hermannskarspitze	2472
27.	Rappenseekopf	2469
28.	Klimmspitze	2464
29.	Hochgundspitze	2460
30.	Wolfebnerspitzen	2432
31.	Muttekopf	2431
32.	Kratzer	2428
33.	Hochrappenkopf	2425
34.	Rothorn	2393
35.	Elferkopf	2387
36.	Rauheck	2384
37.	Liechelkopf	2384
38.	Großer Wilder	2379
39.	Kreuzeck	2376
40.	Geißhorn	2366
41.	Großer Roßzahn	2356
42.	Stallkarspitze	2350

Links: Auf der Südseite des Widdersteins. Blick von der Normalroute zu Kletterern am Südgrat.

elegante Form haben beide Berge gemeinsam. Doch während das Matterhorn durch seine vollkommen isolierte Lage imponiert, ist die Trettachspitze der um 50 m höheren und viel breiteren Mädelegabel nördlich vorgebaut. So kommt dieser Turm nur von wenigen, ganz bestimmten Stellen so richtig zur Geltung – berühmt ist vor allem der Blick von Einödsbach aus.

Die bis zu 500 m hohen Wände im Osten und Westen und die sehr steil ansteigenden, teilweise kantenartigen Grate schaffen ein recht unnahbares Ziel. Außerdem entpuppt sich der Fels, der aus der Entfernung recht kompakt aussieht, beim Klettern als nicht so völlig solide. Es handelt sich eben um keinen Wetterstein- oder Oberrätkalk, sondern um Hauptdolomit. Auch in dieser verhältnismäßig festen und griffigen Ausführung bleiben seine Grundeigenschaften erhalten. So lagern zum Beispiel große Schuttmengen auf den Bändern und Absätzen, und das zieht eine erhöhte Steinschlaggefahr nach sich. Alles ist relativ: Die Allgäuer sind mit Kletterbergen nicht »gesegnet«, und so rückt manches in die erste Reihe, was an anderer Stelle weniger beachtet würde.

Der berühmte Name, die elegante Form und die eindrucksvollen Anstiege – bis zum Schwierigkeitsgrad VI – sorgen dennoch für viele Trettachspitz-Begeisterte. Wer einen Dreier sicher beherrscht, wird viel Spaß an der Überschreitung haben. Schon der – recht komplizierte – Zugang vom Waltenbergerhaus sorgt für Spannung. Man quert nicht nur sehr steile Hänge, man hat auch die zerklüfteten Wände von Mädelegabel und Trettachspitze direkt über sich. Das nächste Phänomen ist der Trettachfirn, ein Minieisfeld am Fuß der Nordwand. Es wird rechts und links von zwei Graten eingefaßt, die man bei der so beliebten Überschreitung begeht. Eine Dreierstelle, ein paar luftige Passagen und die Länge der Tour sorgen für einen hochalpinen Anstrich.

Normalanstieg: Vom Waltenbergerhaus auf ganz kleinem Steig mit ein wenig Auf und Ab durch die Steilhänge (im Frühsommer Schneerinnen!) weit nach Norden bis zum Glatteck im Nordwestgrat der Trettachspitze. Jetzt nach Osten ins Kar und zum Trettachfirn. Aufstieg über den Nordostgrat, II, eine Stelle III, und Abstieg auf dem Nordwestgrat, II; Näheres siehe AV-Führer »Allgäuer Alpen«.

Direkter Rückweg ins Tal: Vom Trettachfirn nach Norden in einen ganz kleinen, gratnahen Kessel, dann links an einer Kuppe und an dem begrünten Wildengundkopf vorbei zum Kamm. Auf ihm abwärts. Später links hinab nach Einödsberg. Nun entweder nach Süden Richtung Einödsbach oder durch ein Tälchen nach Norden und direkt ins Birgsautal hinab.

Mädelegabel, 2645 m

Weder die Form noch die Lage konnten der Mädelegabel zu ihrem so berühmten Namen verhelfen. Es handelt sich um einen kantigen, aber unauffälligen Felsklotz mit zerborstenen Wänden bis zu 400 m Höhe. Der Name erregt schon eher die Aufmerksamkeit. Dabei ist er prosaischer als erwartet. Das »Mädele« hat nämlich nichts mit einem weiblichen Wesen zu tun, die Allgäuer bezeichnen so eine kleine Mähwiese. Und die »Gabel« läßt sich bei einiger Phantasie in der Form erkennen. Zum Ruhm des Berges dürften vor allem manche Schulbücher beigetragen haben, in denen hartnäckig die Mädelegabel als höchster Gipfel der Allgäuer Alpen aufgeführt wird, obwohl sie erst an vierter Stelle steht. Selbst auf bayerischem Boden wird sie noch von der Hochfrottspitze überragt.

Eine Steilflanke von 1400 m Höhe führt aus dem Bacherloch zur Mädelegabel. Als krasser Gegensatz entpuppt sich die »Hinterseite« dieses Berges. Um ganze 150 m überragt hier der Fels die erstaunlich flachen Karböden,

Linke Seite: Blick von der Hochfrottspitze auf die Mädelegabel. Rechts der Ostgrat, über den der übliche Aufstieg führt, nach vorne der Verbindungsgrat zwischen den beiden Gipfeln.

Trettachspitz-Überschreitung
Vom Waltenbergerhaus gut 2 1/2 Std., längere interessante Klettereien in teilweise gutem Fels, ausgesetzte Passagen, Nordostgrat II, eine Stelle III, Nordwestgrat II+, beliebt.

Die Trettachspitze von Nordosten gesehen. Nach vorne der Nordostgrat, rechts im Schatten die Nordwand.

die mit einem Ewigschneefeld, dem sogenannten Schwarzmilzferner, bedeckt sind. Für das »Schwarz« im Namen sorgt ein ungewöhnliches Gestein, nämlich ein Fleckenmergel, dem eine hohe Beimischung von Mangan zur dunklen Färbung verhilft. In diesem Bereich trifft man noch auf eine zweite, auffallende Gesteinsart, auf Rauhwacken, die wie Schwämme aus Stein wirken. Die vielen Pilger auf dem Heilbronner Weg überqueren das Schwarzmilzfernerchen und kommen damit der Mädelegabel recht nahe. Lassen sich noch ein paar Kraftreserven mobilisieren, dann wird unserem Berg, als Krönung des Tages, ein Besuch abgestattet. Deshalb ist der Fels am Ostgrat auch schon recht rundgetreten. Trotzdem macht die harmlose Kletterei – bei trockenem Gestein – so richtig Spaß.

Mädelegabel-Ostgrat
Vom Waltenbergerhaus 2 1/2 Std., Zugang auf dem Heilbronner Weg (Firnfeld), dann einfacher, trotzdem reizvoller Felsgrat (I), stark abgeklettert, sehr beliebt.

Hochfrottspitz-Südgrat
Vom Waltenbergerhaus 2 Std., Zugang über die Bockkarscharte, interessante Kletterei bis II+ in teils festem,teils brüchigem Fels, wenig begangen.

Hohes Licht, Normalweg
Von der Rappenseehütte gut 2 Std., angelegter Steig in einer zerborstenen Felsflanke, einige gesicherte Stellen, Steinschlaggefahr, beliebt.

Über den Ostgrat: Wie erwähnt, wird die Mädelegabel meist bei einer Begehung des Heilbronner Wegs (siehe Seite 52) »mitgenommen«. Der schnellste Direktanstieg aus dem Allgäu führt über das Waltenbergerhaus. Von dieser Hütte über Gras, Geröll und unschwierige Schrofen mit Drahtseil in die Bockkarscharte (2504 m). Jenseits dann auf dem Heilbronner Weg unter der Hochfrottspitz-Ostwand hindurch und kurz abwärts auf den Schwarzmilzferner. Geradeaus weiter in die auffallende Scharte am Fuß des Mädelegabel-Ostgrates und über diese kaum ausgeprägte Schneide mit leichter Kletterei auf den Gipfel.

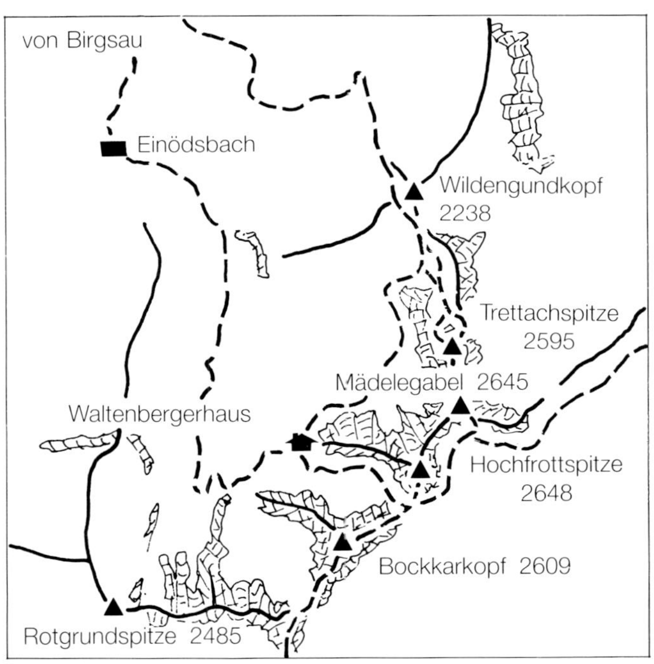

Hochfrottspitze, 2649 m

Der höchste Berg im Mädelegabel-Dreigestirn heißt nicht Trettachspitze, nicht Mädelegabel, sondern Hochfrottspitze. Das wissen nur wenige, und noch kleiner ist die Zahl der Bergsteiger, die schon einmal höchstpersönlich auf dem schönen Felsgipfel gestanden sind. Das mag ein wenig an der versteckten Lage des Berges liegen – für den Betrachter aus dem Tal, nicht für den Begeher des Heilbronner Wegs, der ja beim Abstieg vom Bockkarkopf die Hochfrottspitze eindrucksvoll vor Augen hat. Auch die Schwierigkeiten schließen einen lebhaften Besuch aus. Die Steilstelle im Südgrat muß man immerhin mit II+ einstufen, und das liegt schon ein gutes Stück über dem Limit der Bergwanderer. Außerdem ist im ersten Abschnitt, einem an sich unschwierigen Schrofengelände, der Fels unangenehm brüchig. Da muß der Begeher höllisch aufpassen, um die zahllosen »Heilbronner-Weg-Pilger«, die genau unterhalb vorbeidefilieren, nicht mit Steinen zu beschießen. An der erwähnten Steilstufe wird der Fels dann jedoch erstaunlich fest und griffig, so daß man gerade den schwierigen Teil mit Ruhe genießen kann.
Oft bestimmt der in den Bergsteigerohren mehr oder weniger klangvolle Name, ob ein Gipfel häufig oder selten bestiegen wird. Ich persönlich verwende dann den Begriff »Mode«. Dazu passen exakt ein paar Zeilen, die Ernst Enzensperger 1907 geschrieben hatte: »An Eindruck der Formen steht die Hochfrottspitze sicherlich der vielbesuchten Mädelegabel nicht nach. Die langjährige, stiefmütterliche Behandlung des schönen Bergs kann deshalb nur in der Törin Mode ihre Erklärung finden.«
Wer sich in diesem Gelände sicher fühlt, der klettert aus der Bockkarscharte über den Südgrat zum Gipfel empor und laviert sich dann auf und neben der Schneide nach Nordosten wieder hinab in die nächste Scharte (II). Etwas weniger kompliziert ist die nun folgende Kletterei auf die Mädelegabel. Ja, man könnte dort die Überschreitung noch weiter fortsetzen und über den Nordgrat die Trettachscharte erreichen, um von dort nach Westen abzusteigen.

Südgrat: Vom Waltenbergerhaus über Gras, Geröll und unschwierige Schrofen mit Drahtseil in die Bockkarscharte (2504 m), wo der Südgrat beginnt. Stets rechts der Schneide in brüchigen Schrofen auf eine Schulter, über der der steile Gipfelaufschwung ansetzt. Gerade über den ersten Absatz, dann rechts in einer Rinne mit gutem Fels fast senkrecht empor. Über den Grat auf den Südgipfel und auf der scharfen, sehr zerborstenen Schneide zum wohl ein wenig höheren Nordgipfel. Übergang zur Mädelegabel siehe AV-Führer.

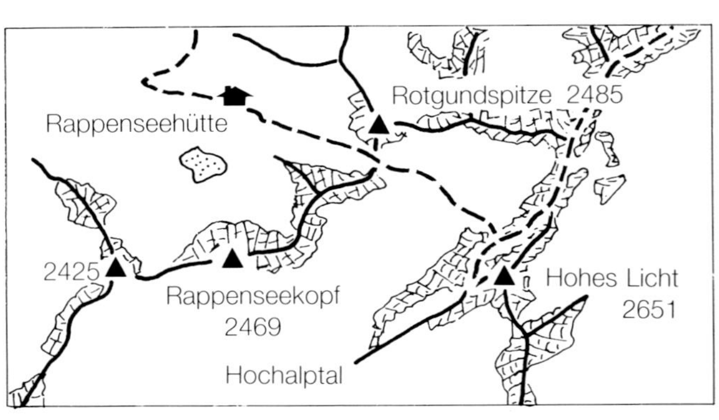

Hohes Licht, 2651 m

Zwischen der zuvor beschriebenen Hochfrottspitze und dem Hohen Licht liegt das Herzstück des Heilbronner Wegs mit dem Bockkar- und dem Steinschartenkopf (2615 m). In der Kleinen Steinscharte verläßt der Steig dann das Gratgelände nach rechts und führt durch eine mächtige Felsflanke ins oberste Wieslekar hinab. Mitten in dieser Flanke zweigt ein weiterer Weg ab, über den sich der höchste Gipfel der Region und der zweithöchste der gesamten Allgäuer Alpen, nämlich unser Hohes Licht, besteigen läßt.
Weit nach Süden vorgebaut, und deshalb auch ganz auf Tiroler Boden liegend, wird er zu einer idealen Aussichtsloge für die benachbarten, so gewaltig aufragenden Lechtaler Gipfel. Selbst mancher Zentralalpenberg, etwa die Wildspitze, der Ortler oder der Tödi, gehört zum Panorama. Wie bei so vielen großen Felsgipfeln in den Nördlichen Kalkalpen kommen die durchaus zahlreichen Besucher alle auf der gleichen Route, während das Gelände rundum vollkommen menschenleer bleibt. Über einen Aufstieg durch das Hochalptal, den Kessel der Oberen Hochalpe und über den Südwestgrat wird auf Seite 32 berichtet.

Der übliche Anstieg: Von der Rappenseehütte durch eine Mulde in die Große Steinscharte (2262 m), wo plötzlich ganz nahe und recht gewaltig das Hohe Licht vor einem auftaucht. Quer durch das wellige Wieslekar und über ein Schuttfeld zu den Wänden empor. Durch eine kleine Felsschlucht (Drahtseile) zur Wegverzweigung. Hier nach rechts. Auf Geröllflächen, über breite Bänder und kurze Schrofenzonen diagonal durch die Felsflanke zum oberen Südwestgrat und auf ihm zum Gipfel.

Ellbognerspitze, 2552 m

Ellbognerspitze – nie gehört? Sie ist der südlichste Gipfel der Allgäuer Alpen, liegt also ganz im Bereich des oberen Lechtals. Von dort fällt dieser letzte, hohe Vorposten durchaus ins Auge, er wird aber trotzdem in keiner Weise beachtet. Vom Hohen Licht führt ein Grat nach Süden, der sich in der Peischlspitze verzweigt und noch eine letzte, durchaus mächtige Berggruppe aufbaut. Die Ellbognerspitze ist hier der Hauptgipfel, allerdings steht ihr der Wilde Kasten (2542 m) kaum nach, der ein Stück weiter östlich im Kamm aufragt.
Über Kilometer ziehen sich die bis zu 300 m hohen Nordwände in diesem Bergkamm hin. Das ist einsam-

Die Westflanke des Hohen Lichts. Etwas unterhalb der Bildmitte die Bänder, über die der Aufstieg führt. Ganz links die Kleine Steinscharte, die der Heilbronner Weg schräg von rechts über die kleinen Absätze erreicht.

Biberkopf von Westen, davor der Hundskopf. Links der Westgrat, über den der von Lechleiten kommende Aufstieg führt.

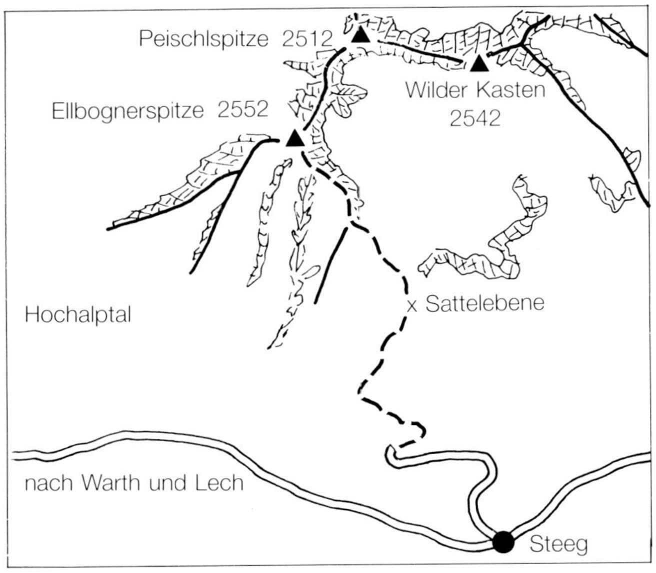

Ellbognerspitze von Süden
Von Steeg 4 Std., evtl. noch 30 Min. davon mit Pkw., stets ganz kleiner, teilweise sehr steiler Pfad, etwas Trittsicherheit notwendig, wenig begangen.

Biberkopf-Überschreitung
Von Lechleiten gut 3 Std., von der Rappenseehütte 2 1/2 Std., alpine Steige, hoher, felsiger Gipfelaufbau mit gesicherten Stellen.

stes Bergland, wie man es sonst in den Allgäuer Alpen kaum noch findet. Dabei gibt es sogar ein Weglein zur Ellbognerspitze. Immer wieder zieht es recht steil und steinig empor und führt am Gipfelaufbau auch über einige abwärts geschichtete Plattentafeln. Das ist also kein Bergspaziergang, eher eine Tour für den Individualisten. Doch eines verdient auch hier mehrere Sterne: die stets weiten, freien Ausblicke, vor allem in die Lechtaler Alpen.

Die Südroute: Von Steeg im Lechtal evtl. noch mit dem Auto auf ganz kleiner, aber guter Straße nach Oberellbögen mit alten, nicht mehr bewirtschafteten Höfen (1350 m, 2,7 km, kaum Parkmöglichkeiten). Zum Ende der Wiesen hinauf und links in den schönen, lichten Wald, dann sehr steil, teilweise in einer Rinne auf den Absatz der Sattelebene mit Jagdhütte. Zwischen Latschen über den breiten Rücken auf den Südostgrat und auf, bzw. links neben der Schneide zum Gipfelaufbau. Auf abschüssigen Platten und über Geröll zum Kreuz.

Biberkopf, 2599 m

Die völlig isolierte, weit nach Südwesten vorgeschobene Lage, die große Höhe und die ganz auffallenden, bis zu 300 m hohen Plattentafeln formen aus dem Biberkopf einen Ausnahmeberg. So wurde er auch zum Wahrzeichen für den Skiort Warth und das kleine Lechleiten an seinem Südwestfuß. Bei dem Anblick des Berges würde man spontan auf Oberrätkalk tippen, diesen festen Kletterfels im benachbarten Lechquellenbereich. In Wirklichkeit besteht aber auch der Biberkopf aus Hauptdolomit wie fast alle Allgäuer Gipfel über dem Lechtal. Biber sollen wirklich für den Namen Pate gestanden haben, die einst– angeblich – im Bereich der Biberalpe hausten. Dem Berg kommt noch ein Prädikat ganz anderer Art zu: Er bildet den südlichsten Punkt Deutschlands.
Der Biberkopf gehört zu den gerne besuchten, aber nicht allzu überlaufenen Bergen. Man kann zwischen zwei angelegten Steigen wählen, und zumindest die Route von der Tiroler Seite verdient drei Sterne. Der waldfreie Aufstieg verwöhnt stets mit hindernislosen Ausblicken, und im Frühsommer sorgen die Grashänge im unteren Teil für einen regelrechten Blütenteppich, bei Nässe allerdings auch für einen Weg mit dem Prädikat »Superrutschbahn«. Der noch 400 m hohe, felsige Gipfelaufbau bringt manche schöne Kletterstelle, die etwas anspruchsvolleren Passagen wurden jedoch mit Sicherungen entschärft. Der von der Rappenseehütte heraufkommende Steig überquert zwar zwei Scharten im Hauptkamm, bleibt sonst jedoch stets in den Flanken. Er klettert auch ein gutes Stück durch die geröllreiche und schrofige Biberkopf-Nordseite, ein düster-eindrucksvolles Gelände. Im Frühsommer sorgen dort jedoch die Schneefelder für Hindernisse.

Aufstieg von Lechleiten: Von der Lechtalstraße Warth – Steeg gut 1 km hinauf nach Lechleiten (1540 m, Wanderparkplatz rechts hinter den Häusern). Über die Mähwiesen etwas nach rechts empor, dann zwischen Latschen und ein paar mächtigen Blöcken in einen kleinen Kessel, für dessen Verkarstung der hier vorherrschende Plattenkalk sorgt. Über den folgenden Steilgrashang in Kehren empor zum Grat, wo das Gras- bald in Felsgelände übergeht. Teilweise auf dem Grat, teilweise in der linken Flanke interessanter Schlußanstieg zum Gipfel.
Überschreitung: Beginn des Zugangs zur Rappenseehütte im unteren Teil von Lechleiten beim Holzgauer Haus. Von dort in einen weiten, feuchten Grassattel empor und rechts noch höher zu einem Vorsprung im Gelände über der Schloßwand (1876 m, Landesgrenze!). Schräg abwärts zur Oberen Biberalpe und dann quer durch die Hänge, die von mehreren tiefen Tobeln zerfurcht sind, zu dem von Einödsbach heraufkommenden Weg. Auf ihm rasch zur Rappenseehütte (2091 m).
Genau nach Süden zu einer nahen Wegverzweigung. Hier rechts und in die Scharte östlich neben dem *Hochrappenkopf* (2425 m), den man in 20 Min. »mitnehmen« kann. Dann südlich unter diesem Gipfel und einem kleineren Gratkopf hindurch zur tiefsten Scharte. Drü-

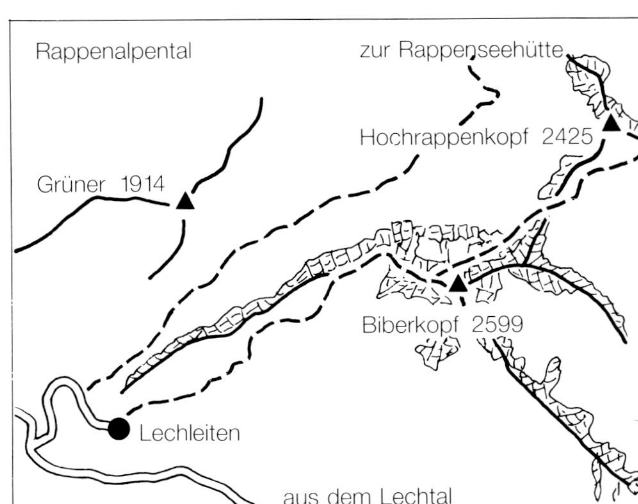

ben steil abwärts, anschließend über Geröll und Schrofen durch die Biberkopf-Nordflanke auf dessen Westgrat, wo man auf den von Lechleiten heraufkommenden Steig trifft.

Der Widderstein vom Hochtannberg gesehen. Auffallend die große Südmulde, durch die der übliche Anstieg führt,

Widderstein, 2533 m

Selten steht ein Berg so völlig alleine wie der Widderstein. So wurde er nicht nur zum Wahrzeichen des inneren Kleinwalsertals, er beherrscht als breites Felskastell auch den Hochtannberg, diesen 1676 m hohen Paß, der den Bregenzerwald mit dem oberen Lechtal verbindet. Auf allen Seiten stürzt der Gipfel mit zerklüfteten Wänden ab, die auf der Westseite mehr als 600 m Höhe erreichen. Im Osten springt ein langer Felssporn vor, der manchmal überklettert wird (IV), eine kurzweilige Beschäftigung dank der vielen Zacken und Türme. Im Nordosten baut sich der Kleine Widderstein (2236 m) aus senkrecht stehenden Felstafeln auf, der zwar neben seinem großen Bruder kaum ins Auge fällt, aber trotzdem zu den selbständigen Gipfeln zählt. Die freie Lage sorgt natürlich auch für einen hindernislosen Rundblick. Gleich gegenüber imponieren die Gipfel im nahen Lechquellengebiet, etwa die Braunarlspitze oder die Wildgrubenspitzen (2753 m). Aber auch einige große Eisberge gehören zum Panorama.

Widderstein-Südschlucht
Vom Hochtannberg 2 1/2 Std., Steig im Schrofengelände, steil, Trittsicherheit wichtig, Steinschlaggefahr, recht beliebt.

Aus der Ferne wirkt der Widderstein reichlich unnahbar. Trotzdem führt ein Weglein zum Kreuz hinauf. In die Südwand ist nämlich eine Steilmulde wie der Daumeneindruck eines Riesen eingelagert. Ohne Trittsicherheit sollte man dieses Schrofensteiglein, das immer wieder ein Zupacken erfordert, allerdings nicht begehen. Unangenehm kann der Steinschlag werden. Kletterer am Südgrat, wo lockere Steine in Mengen als Geschosse bereit liegen, verschärfen die Gefahr. In meinen Augen scheint es unverantwortlich, eine Route dieser Art zu begehen, wenn man damit einen recht bevölkerten Normalweg bedroht!
Ganz rasch erreicht man den Widderstein vom Hochtannberg. Die viel weitere Route aus dem Kleinwalsertal bietet jedoch die Möglichkeit für eine Rundtour: Aufstieg von Baad durchs Bärgunttal und Rückweg durch das noch eindrucksvollere Gemsteltal.

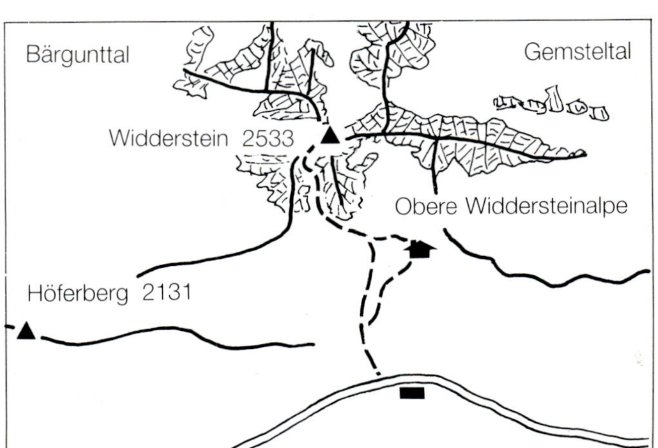

Aufstieg von Süden: Wegbeginn knapp östlich des Hochtannbergpasses in der Nähe des Gasthauses Adler (1656 m). Nach Norden über die von Rinnen zerfurchten Grashänge – zwei parallele Wege – auf einen Absatz am Fuß des Widdersteins; rechts die bewirtschaftete Obere Widdersteinalpe. Nach links in die Ausmündung der Südschlucht. Durch sie empor, dann auf den folgenden Schrofenhängen allmählich nach links zum oberen Südwestgrat und auf den Gipfel.

Liechelkopf – Überschreitung
Von der Mindelheimer Hütte 1 1/2 Std., meist weglos, teilweise Schrofenzonen und steiles Grasgelände, Trittsicherheit und alpine Erfahrung wichtig, wenig begangen.

Schafalpenköpfe – Überschreitung
Von der Mindelheimer Hütte zum höchsten Gipfel 3 bis 4 Std., Klettersteig mittlerer Schwierigkeit, sehr beliebt.

Hammerspitzen-Nordwestgrat
Von der Kanzelwandbahn 1 3/4 Std., abwechslungsreiche Grattour, im letzten Abschnitt nur Trittspuren, kurze Kletterei bis I+.

Hoher Ifen Normalweg
Vom Lift 1 3/4 Std., Bergwege, eine höhere Steilstufe, die etwas Trittsicherheit erfordert. Abstiegsmöglichkeit nach Südwesten, beliebte Tour.

Elferkopf, 2387 m, Liechelkopf, 2384 m

Zwischen Wildental, Gemsteltal und dem innersten Rappenalpental ragen drei fast gleich hohe Gipfel auf. Doch trotz der mächtigen Gestalten und der zentralen Lage so nahe über dem Kleinwalsertal nimmt kaum ein Bergsteiger von ihnen Notiz. Allenfalls der dritte und kleinste im Bunde, das Geißhorn (2366 m), unter dessen Ostflanke der Höhenweg Richtung Rappensee entlangführt, sieht hin und wieder einen Besucher. Bei sicherem Firn im Frühjahr kommen auch die Skifahrer über den breiten, allerdings sehr steilen Südsüdostrücken herauf (siehe auch Seite 101).
Den nördlichen der drei Gipfel, den Elferkopf, formen die Fleckenmergel, und sie schaffen hier einen der auffallendsten Steilgrasberge des Allgäus. Gegen Hirschegg und Mittelberg zeigen er und sein Vorposten, der Zwölfer, ihre wildeste Seite. Bis zu 800 m tief brechen die zerfurchten Flanken ab, eine Mischung aus Fels und steilstem Gras. Ob sie schon durchstiegen wurden? Der Elfer erhält überhaupt kaum je Besuch, nur die Steinböcke fühlen sich in dem jähen Gelände mit der üppigen Vegetation wohl. Seinen Namen verdankt der Gipfel den Hirscheggern, er diente ihnen als Zeitanzeiger.
Der Liechelkopf ist der mittlere der drei Brüder. Hier biegt der Hauptkamm im rechten Winkel nach Osten ab und zieht zu den Schafalpenköpfen weiter. Obwohl dieses Ziel nur eine Stunde von der Mindelheimer Hütte entfernt ist, und sich sowohl der Ost- wie der Südgrat ohne viel Kletterei begehen lassen, führt auch er ein eher stilles Dasein. Beim Fehlen von Wegen bleiben eben auch die Bergsteiger aus, zumal schon eine Portion Trittsicherheit gefordert ist.

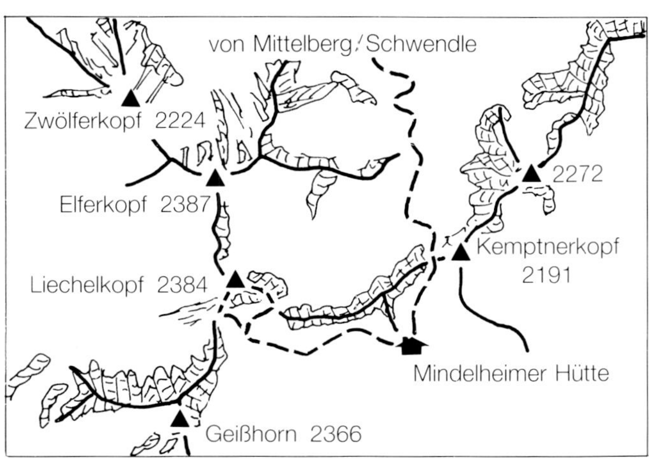

Überschreitung des Liechelkopfes: Von der Mindelheimer Hütte auf dem Höhenweg nach Westen in den Karboden unter dem Gipfel. Nun pfadlos nach Norden über die sehr steile Gras- und Geröllhalde in die Scharte zwischen Liechel- und Angererkopf. Über den Ostgrat in einem Bogen auf den Gipfel. Beim Rückweg über den breiten Südrücken in die tief eingeschnittene Scharte vor dem Geißhorn hinab und nach links sehr steil zurück in den Karboden.

Schafalpenköpfe, 2320 m

Schon von Mittelberg aus fallen die drei Schafalpenköpfe, die das Wildental im Südosten abschließen, ins Auge. Das sind helle, markante, klotzige Felsgestalten, wie sie der Hauptdolomit schafft. Noch eigenwilligere Formen zeigen die drei Berge von Süden; kleine Wannen und Grasabsätze in den Felsflanken sorgen für Abwechslung. Obwohl vor allem der höchste Gipfel einen einzigartigen Blick auf den Allgäuer Hauptkamm bietet, störte kaum ein zweibeiniger Besucher die Ruhe (der Schafe und Gemsen). Doch ab 1975 wurde es schlagartig lebendig dort oben, denn seit dem Bau des Mindelheimer Klettersteigs zählen die einstigen Aschenputtel zu den berühmten Persönlichkeiten. Lesen Sie bitte alle näheren Angaben auf der Seite 56 nach.

Hammerspitzen, 2260 m

Vier Gipfel mit sieben Namen – das ist einmalig im Allgäu! Unterschiedliche Worte für ein und denselben Berg kennt man sonst eigentlich nur aus dem Bereich von Sprachgrenzen. Daß sich jedoch die Oberstdorfer und die Kleinwalsertaler bei den Bezeichnungen nicht einigen können, ist eher ein Armutszeugnis. Nördlich des Fiderepasses ragt ein schönes, stark zerklüftetes Felsmassiv aus Hauptdolomit auf, das vier mehr oder weniger bedeutende Gipfel trägt: Kanzelwand (oder Warmatsgundkopf, 2058 m), Schüsser (oder Hammerspitze, 2170 m), Hochgehrenspitze (2251 m) und Hammerspitze (oder Schüsser, 2260 m). Die hier an erster Stelle aufgeführten Namen dürften am sinnvollsten sein, denn nur so passen Schüsser und Hammerspitze auch zum Aussehen der Berge.
Das zerborstene Gestein kann die Kletterer nicht locken, doch der Zugang über die drei vorgelagerten Gipfel bis auf die Hammerspitze gehört - dank der Kanzelwandbahn (man kann auch die Fellhornbahn benützen) - ebenso zu den »schnellen« wie zu den besonders interessanten und abwechslungsreichen Bergfahrten. Reizvoll ist die stete Steigerung. Man beginnt mit einem Promenadeweg zur Kanzelwand, es folgt ein Gras- und Schrofengrat, während gegen Schluß zu der Fels dominiert und zu ein wenig einfacher Kletterei zwingt.

Der übliche Anstieg: Von Riezlern mit der Kanzelwandbahn zur Bergstation auf dem Gundkopf (1949 m). Auf breitem Weg zur Kanzelwand (Warmatsgundkopf,

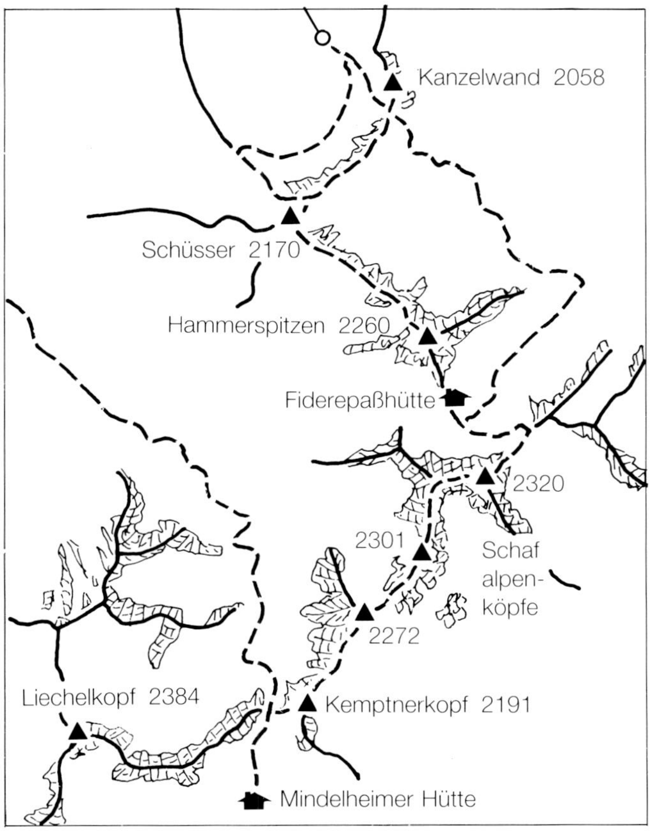

2058 m) hinauf. Über den Gras- und Latschengrat in einen Sattel, dann im leicht schrofendurchsetzten Gelände auf den Schüsser (2170 m) mit einer ganz auffallenden, sanften Grasmulde nach Süden. Nur kurz abwärts in den folgenden Sattel, dann meist im Geröll auf deutlichen Pfadspuren empor auf die Hochgehrenspitze, auch als Nordgipfel der Hammerspitzen bezeichnet. Im nun wesentlich anspruchsvolleren Gelände weiter nach Südosten, wobei man die Gratzacken häufig auf der rechten Seite umgeht. Ebenfalls westlich des Kammes dann zum Hauptgipfel empor.

Hoher Ifen, 2229 m

Einen Hohen Ifen gibt es nur einmal! Auf einem leicht gewölbten Unterbau lagert ein Felspaket aus Schrattenkalk von etwa 100 m Mächtigkeit. Das ergibt den folgenden, ungewöhnlichen Aufbau: Über steilen Hängen folgt eine senkrechte Felsfluh, Ifenmauer genannt, die insgesamt etwa drei Kilometer lang ist und rund um den Berg läuft. Oberhalb dieser Mauer breitet sich ein schräges, von Gras überzogenes Dach aus, das mittelsteil nach Süden abfällt. Seine äußerste Nordecke bildet also den höchsten Gipfel. Das Abschüssige des Unterbaus führt dazu, daß immer wieder Stücke der Mauer in die Tiefe brechen; das gewaltige Blockwerk etwa in der Ifenmulde zeigt den fortschreitenden Verfall. Das Dach wird also mit der Zeit immer kleiner. Noch ein Tip für den Aufstieg über das Gipfeldach: Man sollte zeitweise der Kante folgen; der Blick von oben in die Abbrüche ist ungemein eindrucksvoll (siehe auch Seite 29).

Über die Karsthochfläche mit dem ungewöhnlichen Namen Gottesacker, die sich vom Hohen Ifen nach Norden zieht, berichten wir auf Seite 14. Wandert man nach der Gipfelbesteigung noch über diese Mond-Märchen-Landschaft, dann wird der Tag zu einem großen Erlebnis mit einer Fülle verschiedener Eindrücke.

Die übliche Route: Von der Auenhütte im Schwarzwassertal mit dem Doppelsessellift zur Bergstation bei der bewirtschafteten Ifenhütte (1586 m). Hinter dem Haus über die Grashänge empor, dann an der Ifenmulde entlang aufwärts (eindrucksvoller Anblick der Ifenmauer und der Trümmerlandschaft an derem Fuß). Dann nach links, über die Geröllhalde zu den Felsen und in einer Einbuchtung immer schräg aufwärts – sehr steil, aber fast ohne Kletterei (Drahtseil) – zum Gipfeldach. Über Gras nach Norden zum Kreuz.
Möglichkeiten für den Rückweg: Entweder auf der Südroute zur Ifersguntenalpe und weiter zur Schwarzwasserhütte, oder über das Gottesackerplateau erst nach Norden, dann nach Osten und hinab ins Tal.

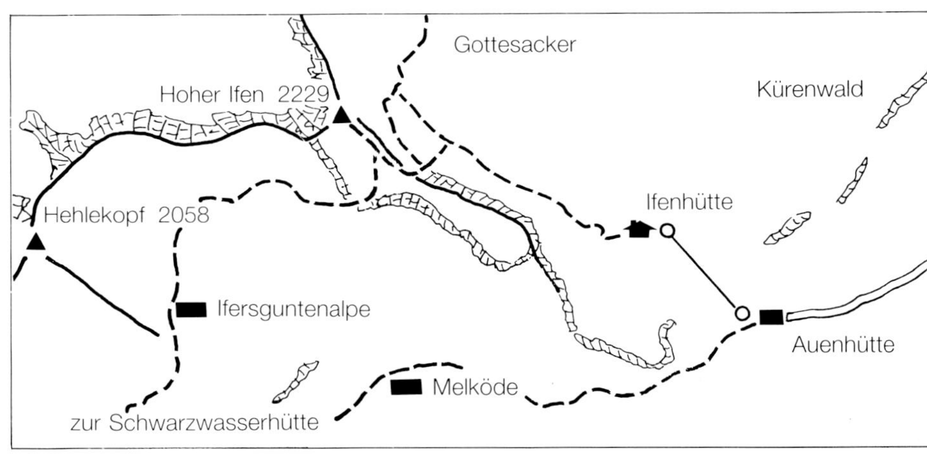

Großer Krottenkopf, 2656 m

Es ist schon kurios: Ausgerechnet in einem so großen, so bekannten und besuchten Gebirge wie den Allgäuer Alpen herrscht bei vielen eine erstaunliche Unsicherheit, welchem Berg der Titel »Hauptgipfel« zusteht. Das ist nicht das Hohe Licht, nicht die Mädelegabel und schon gar nicht der Hochvogel, dem dazu 62 m an Höhe fehlen. Einem eingefleischten Allgäuer mag es nicht so recht »in den Schädel«, daß dieses Prädikat dem Krottenkopf zusteht, einem Berg, der gegen das Lechtal vorspringt und damit ganz auf Tiroler Boden liegt.
Bei der Öfnerspitze, die östlich der Kemptner Hütte aufragt, zweigt vom Hauptkamm die Hornbachkette ab. Hier steht nun gleich zu Beginn in einem südseitigen Nebenast der Krottenkopf, eine mächtige, auffallende und wilde Felsgestalt. Obwohl er, wie fast alle Gipfel dieser Kette, aus Hauptdolomit aufgebaut ist, zeigt er doch ein unverwechselbares Aussehen. Am markantesten präsentiert er sich von Westen, bildet einen oben abgerundeten Katzenkopf mit 400 m hoher Wand, die

Blick vom Gipfel der Ramstallspitze auf den Großen Krottenkopf. Rechts der Grat, über den der übliche Anstieg führt.

Großer Krottenkopf Normalweg
Vom Jöchle-Lift 4 Std. (von der Kemptner Hütte 2 1/2 Std.), interessanter Zugang auf einem Höhenweg, Gipfelaufbau steil und steinig, trotz des Steigs etwas Trittsicherheit notwendig, Rückweg über die Barth-Hütte.

von riesigen Plattenbändern leicht diagonal gestreift ist. Angeblich leitet sich der Name von Grotte her, beim Anblick der Westseite drängt sich aber auch der Vergleich mit einem Krötenkopf auf, einer »Krott« wie die regionale Bezeichnung lautet.
Auch der Allgäuer Hauptgipfel hat, vielleicht als besonderes Entgegenkommen für die – tüchtigen – Bergwanderer, seine »schwache Seite«. Von Süden, also von der Krottenkopfscharte, zieht ein 300 m hoher Geröll- und Felshang zum Gipfelgrat hinauf. Ihn nützt der Alpenvereinsweg. Allerdings verdient lediglich das erste Stück die Bezeichnung »Weg«, dann gibt es nur noch Spuren im Schrofengelände. Der Aufstieg ist mehr steinig und rutschig als schwierig, eine gediegene Portion Trittsicherheit ist in einem Gelände dieser Art jedoch immer von Vorteil.
Der Seitenkamm, in dem der Krottenkopf steht, setzt sich noch ein gutes Stück nach Süden fort. Der nächste Gipfel heißt Ramstallspitze (2533 m); das ist ebenfalls ein felsiger und durchaus mächtiger Geselle, eine brüchige Bergruine, die nahezu nie betreten wird. Danach ändert sich das Gelände schlagartig. Das Rothorn (2395 m) zählt zu den Steilgrasbergen reinster Ausführung. Bunte Hornsteine, die in der Südostflanke an die Oberfläche treten – sonst trägt der Gipfel einen makellosen Grasmantel –, verhalfen ihm zu seinem Namen. Der letzte Berg, steil über dem Lechtal aufragend, heißt Jöchlspitze. Er begeistert im Frühsommer jeden Besucher mit seinem Blumenreichtum auf den einstigen Mähdern. Ein Sessellift – der einzige im mittleren Lechtal! – führt dort bis in 1760 m Höhe.

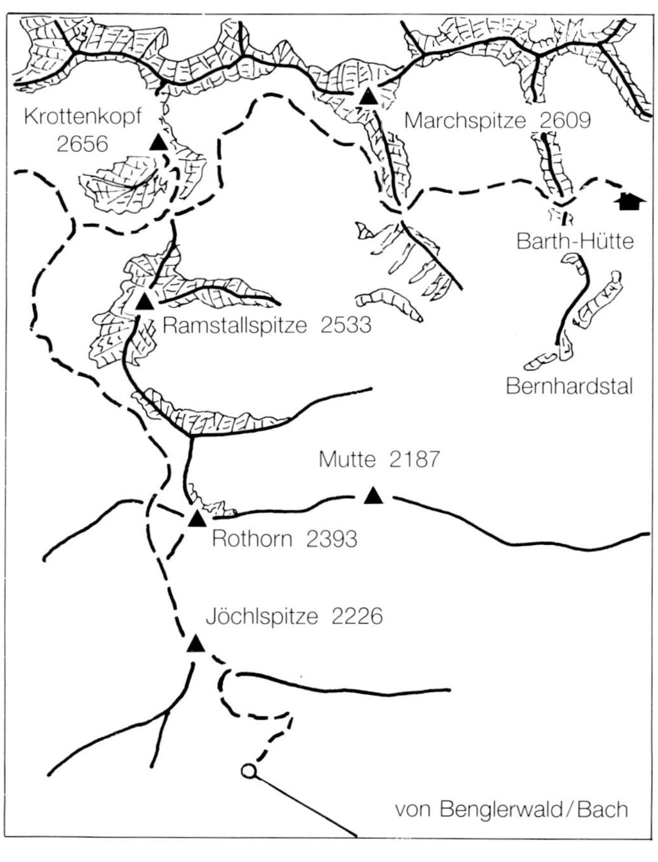

Es gibt nicht weniger als fünf Zugänge zum Krottenkopf. Am bekanntesten ist wohl der Aufstieg von der Kemptner Hütte über das Mädelejoch (Grenze!), der auf einem markierten Weg verläuft und etwa zweieinhalb Stunden beansprucht. An zweiter Stelle steht der Zugang von der Barthhütte, bei dem man nicht weniger als drei Kare queren muß (gute 3 Std.). Beim Rückweg kann man dann direkt durch das Bernhardstal nach Elbigenalp absteigen. Doch schöner und erlebnisreicher als alles andere ist die große, beim erwähnten Sessellift beginnende Rundtour. Sie bietet eine ganze Reihe von Höhepunkten: die reiche Flora an der Jöchlspitze und einen großartigen Tiefblick von dort ins Lechtal, das freie Gelände bei der langen Querung unter dem Rothorn und der Ramstallspitze, den höchstgelegenen Allgäuer Bergsee in einem Kessel wilder Felsgipfel, den Blick auf plattige Kletterberge…
Zum Schluß noch ein Tip für den Bergsteiger, der auch im weglosen Gelände und im mäßig schwierigen Fels zurechtkommt: Überschreitung des gesamten Kammes von der Jöchlspitze bis zum Krottenkopf.

Zugang über die Jöchlspitze: Von der Lechbrücke zwischen Bach und Obergiblen Zufahrtsstraße nach Benglerwald. Von dort mit dem Jöchllift zur Bergstation (1760 m) und über die steilen, besonders blumenreichen Grashänge auf die *Jöchlspitze* (2226 m). Über den Nordgrat ins nahe Rothornjoch hinab, dann lange Zeit auf dem Höhenweg quer durch die Westhänge des Rothornkammes bis in den Bergkessel unter dem Krottenkopf. Hier trifft man auf die von der Kemptner Hütte kommende Route. Nach Osten durch das teilweise steile Geröllkar hinauf in die Krottenkopfscharte (2350 m). Der Weiterweg führt über die geröllreiche, im oberen Teil zunehmend plattige Südabdachung mit Schrofenzonen, die etwas Trittsicherheit erfordert.
Rückweg über die Barth-Hütte: Zurück in die Krottenkopfscharte, nach Osten über eine kurze Steilstufe ins Hermannskar und nach Norden zum gleichnamigen See (2216 m). Dann Querung knapp unter den eindrucksvollen Wänden von March- und Hermannskarspitze zu einer Gratschulter, Schafschartl genannt, einige Schrofenstellen sind mit Drahtseilen gesichert. Drüben hinab ins Birgerkar, das man an seinem äußeren Rand nach Osten durchquert. Nochmals kurzer Anstieg zum Ilfenspitz-Südgrat, dann durch das Wolfebnerkar hinüber zur herrlich gelegenen Barth-Hütte (2129 m). Auf dem üblichen Hüttenweg hinab in den Tobel des Balschtebachs und jenseits durch Wald noch weit abwärts bis Elbigenalp.

Marchspitze, 2609 m

Unter dem Dutzend markanter, wilder Felsberge, die die Hornbachkette krönen, ist die Marchspitze die eleganteste Erscheinung. Als feiner Dreikant zeigt sie sich von Südwesten, als leicht abgeschrägte Plattenburg von Südosten. 300 m tief stürzen die Wände ins Birgerkar ab.

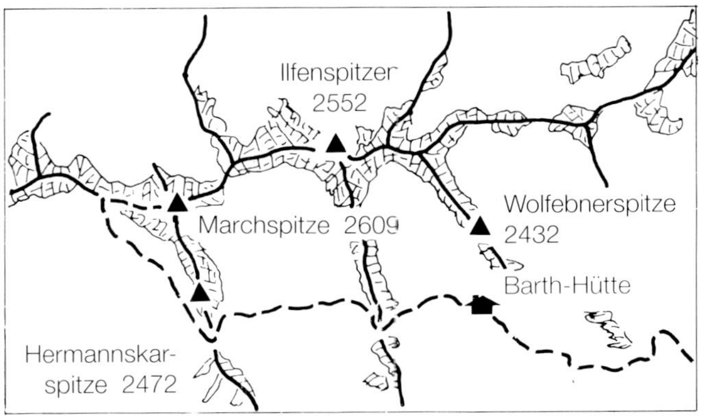

Marchspitze-Westgrat
Von der Barth-Hütte 3 Std., oberer Teil weglos, Geröllflächen, Gratkletterei II+, bei Umgehung der »Kartenblätter« nur wenige IIer-Stellen, teilweise brüchig, wenig begangen.

Kreuzkarspitz-Südgrat
Von der Barth-Hütte 3 Std., ab 2150 m Höhe weglos, teilweise Geröll und steile Schrofen, Gipfelaufbau I, sehr wenig begangen.

Noppenspitz-Südwestflanke
Zugang von der Hütte 2 1/2, von Häselgehr 3 1/2 Std., vom Weg zum Gipfel 1 1/2 Std. im oberen Teil weglos, viel Geröll, im Gipfelbereich längere Schrofenkletterei, II, sehr selten begangen.

Urbeleskarspitz-Westflanke
Von Hinterhornbach 4 Std., hoher, felsiger, brüchiger Gipfelaufbau, dort nur Steigspuren, Kletterei bei II, komplizierte Routenführung, Steinschlag.

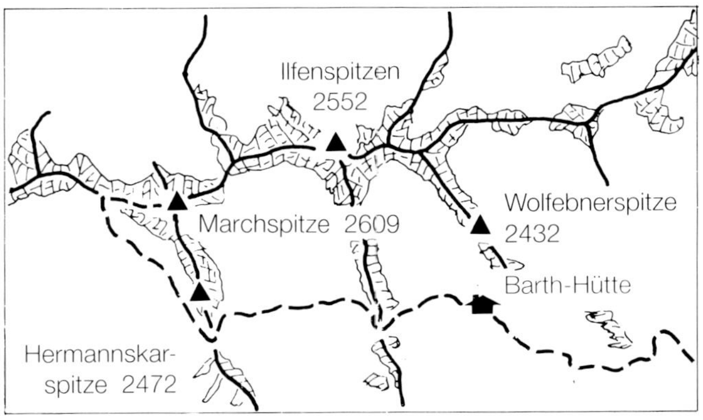

Die Barth-Hütte ist nicht allzu weit entfernt, der zum Krottenkopf führende Weg nähert sich bis 350 Hm dem Gipfel, und doch ist ein Bergsteiger dort oben meist alleine. Es bleibt eben immer das gleiche: Fehlt ein angelegter Steig, ist das Gelände steil, kompliziert, von Schrofen und etwas brüchigem Fels verteidigt, dann fehlen die Besucher. Das soll natürlich weder eine Kritik noch eine Anregung zum Wegebau, sondern lediglich eine Feststellung sein. Im Gegenteil – gerade das Nebeneinander von beliebt und einsam gehört zum besonderen Reiz in den Bergen; die Nachbarn Marchspitze und Großer Krottenkopf bieten ein klassisches Beispiel dazu. Im Putzschartl setzt der gut 220 m hohe Südgrat an. Der Kletterer, der einige Erfahrung im Hauptdolomit hat, wird diese Schneide zum Aufstieg benützen. Zweierroute mit leichten Dreierstellen wäre die Einstufung. Bei einem Abstieg über den Westgrat ergibt das eine großzügige Überschreitung. Der Flinke kann die Tour sogar noch um einen Gipfel erweitern: Er steigt von Westen in die Scharte zwischen der *Hermannskarspitze* (2472 m) und dem Hermannskarturm hinauf und folgt dann stets dem Grat – natürlich mit den entsprechenden Umgehungen – bis ins Putzschartl.

Über den Westgrat: Von der Barth-Hütte auf dem Höhenweg durchs Wolfebner- und das Birgerkar, dann rund um die Hermannskarspitze in das gleichnamige Kar. Weiter bis unter die Spiehlerscharte, die Einsattelung im Westen der Marchspitze, die man über Geröll erreicht. Nördlich um die ersten Gratköpfe, dann entweder die scharfe Schneide (Kartenblätter genannt) überkletternd oder sie nördlich umgehend zum oberen Westgrat und auf den Gipfel.

Kreuzkarspitze, 2587 m

Zwei fast gleich hohe Gipfel stehen sich über dem weiten, ganz einsamen Noppenkar gegenüber, die Kreuzkar- und die Noppenspitze. In Form und Aufbau sind sie sich ähnlich: beide brechen nach Norden mit hohen, etwas düsteren, nie durchstiegenen Wänden ab und schicken sehr lange, die Kare trennende Felsgrate nach Süden. Eine gewisse Übereinstimmung im Aufbau der Berge mit jenen im Karwendel findet auch in den Namen eine Parallele: Hier wie dort gibt es viele Erhebungen, die nach den Karen benannt sind, etwa die Kreuzkar- und die Urbeleskarspitze in den Allgäuern, die Birkkar- oder die Kaltwasserkarspitze im Karwendel.
Von den einsamen Gipfeln der Hornbachkette, die wir hier vorstellen, läßt sich die Kreuzkarspitze noch am einfachsten erreichen. Auch beherrschen hier weniger ausgeprägt die unangenehmen Geröllflächen und die brüchigen Schrofen den Aufstieg, wie man das leider im Hauptdolomit so oft antrifft. Man erreicht aus dem Balschtekar den anfangs relativ breiten Südgrat, und erst der letzte Gipfelaufbau erfordert ein wenig einfache Kletterei.

Über den Südgrat: Von der Barth-Hütte auf dem Höhenweg nach Osten um die Wolfebnerspitzen ins mehrteilige Balschtekar. Weit hinüber bis ins Ostbecken unter der Kreuzkarspitze, die ganz im Hintergrund über dem Kar aufragt. Hier vom Weg ab und auf einen ganz nahen, trümmerreichen Boden. Gerade über Gras und Geröll auf den Sattel nördlich der Söllerköpfe. Kurzzeitig steil, dann über das breite Gratdach zum Gipfelaufbau. Auf einer Rippe in der auffallenden Schlucht aufwärts, dann auf breitem Band nach links zu einer Kante und über einen Vorgipfel zum höchsten Punkt.

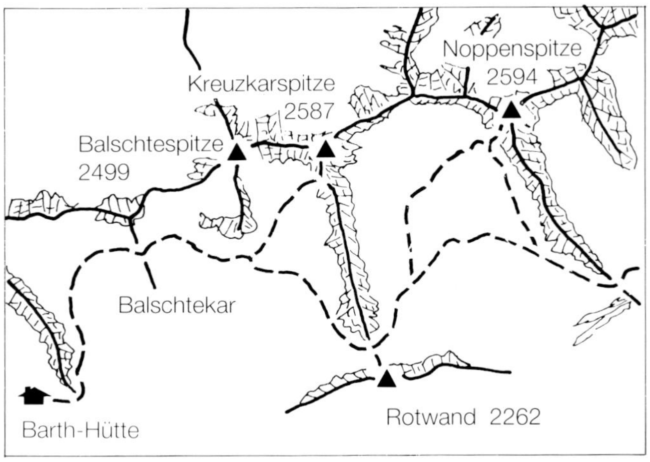

Noppenspitze, 2594 m

Bis zu 300 m hohe Wände nach Osten und Südwesten und ein Südgrat, der mit einer langen Reihe auffallender Zähne besetzt ist, formen die Noppenspitze zum wildesten Berg in der langen Hornbachkette. Der abschrekkende Anblick wird auch die Ursache sein, daß der Gipfel erst 1891 Besuch erhielt. Es war eine kuriose Besteigung durch Anton Spiehler und den aus Elbigenalp stammenden J. Schiffer. Der so erfahrene Bergsteiger ließ sich beim Anblick der Südwestabstürze über dem Noppenkar täuschen. Deshalb stieg man zum Fuß des Westgrates hinauf. Ergebnis: »... der Gipfel starrte völlig unangreifbar über den Grat empor.« Der Berg wurde also auch auf der Nordseite umrundet und, nachdem auch hier eine Durchstiegsmöglichkeit fehlte, schließlich der obere Nordostgrat und über ihn der Gipfel erreicht. Man hatte also insgesamt einen Dreiviertel-

kreis um die Noppenspitze beschrieben. Kein Wunder also, daß die beiden Erstbegeher beim Abstieg nach Norden in die Dunkelheit kamen und im Bretterkar biwakieren mußten.
Dabei wäre die Lösung so viel kürzer und leichter und im Verhältnis auch angenehmer gewesen! Nur ein Jahr später kletterte Professor Chr. Wolff durch die Schichtrinne der Südwestseite direkt auf den stolzen Gipfel hinauf und hatte damit auch den heute noch üblichen Aufstieg gefunden. Die Anforderungen gehen nicht über den Schwierigkeitsgrad II hinaus, doch schrecken das Geröll und das brüchige, steile Schrofengelände von gut 200 m Höhe die meisten ab. Da zudem die Zugangswege lang und kompliziert sind, blieb die Noppenspitze ein ganz einsames Ziel.

Durch die Südwestflanke: Ins Noppenkar entweder von der Barth-Hütte auf dem Höhenweg Richtung Kaufbeurer Haus oder von Häselgehr durchs Haglertal und über den Luxnachersattel. Im östlichen Teil des Kares weglos über die Böden bis an den Fuß der Südwestwand unterhalb des Gipfels. Von links auf einen begrünten Absatz und auf Bändern nach rechts bis vor eine Schlucht. Jetzt durch die Schichtrinnen auf Platten und Schrofen zum Gipfel.

Urbeleskarspitze, 2632 m

Der Hauptgipfel im östlichen Teil der Hornbachkette zeigt recht unterschiedliche Gesichter; so präsentiert er sich von Südosten als steil aufgerichteter Felskasten, von Grießschartl an der Bretterspitze hingegen als erstaunlich wildes Horn. Das ist überhaupt ein trotziger und eher abweisender Berg, sozusagen eine unnahbare Schönheit. So kam auch Hermann von Barth 1869 zur folgenden Beurteilung: »Düster und abweisend ist der erste Eindruck des Berges, düster bleibt er, von welcher Seite man sich auch dem stolzen Gipfel nähern mag.« Der auch an der Urbeleskarspitze vorherrschende Hauptdolomit feiert da wahre Triumphe an Brüchigkeit. Felsstürze vor etwa hundert Jahren schufen eine wilde Trümmerlandschaft im Wasserfallkar und beflügelten die Phantasie der Zeitgenossen. Große Felspartien im Gipfelbereich sollten damals in der Tiefe verschwunden sein, was aber schon 1908 als »Schauermärchen« eingestuft wurde.

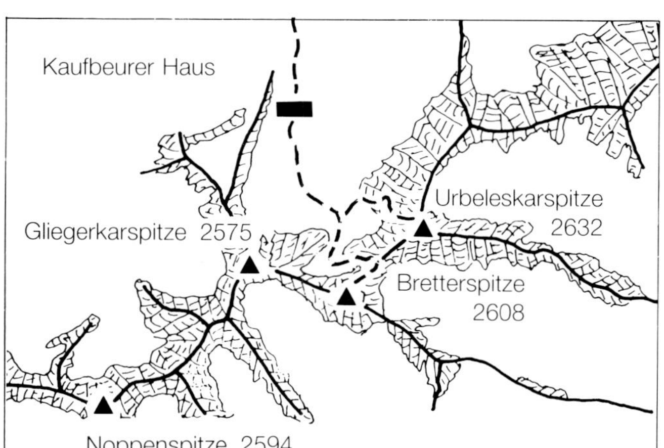

Die Marchspitze, der markanteste Berg der Hornbachkette. Links der Nordwestgrat mit dem einfachsten Anstieg, rechts der Südgrat.

Die Durchsteigung einer 300 m hohen Flanke aus Steilschrofen und zerborstenem Fels mit Zweierstellen ist nicht jedermanns Sache. Wer trotzdem diesen Teil der Hornbachkette kennenlernen will, kann zur benachbarten, behäbig breiten *Bretterspitze* (2608 m) ausweichen. Zwei Routen treffen sich oberhalb der Schwärzerscharte, angelegte Steige, von denen eine Abzweigung bis auf den Gipfel führt. Wen die umständlichen Busfahrten von Häselgehr nach Hinterhornbach nicht stören, kann

Die beiden Hauptgipfel im östlichen Teil der Hornbachkette: rechts die Urbeleskarspitze mit der Südwand, daneben die Bretterspitze. Ganz links hinten über dem namengebenden Kar die Gliegerkarspitze.

also die Bretterspitze von Norden nach Süden ins Lechtal überschreiten. Bei dieser langen Tour lernt er auch die Urbeleskarspitze von ihrer wildesten Seite kennen.

Westflanke der Urbeleskarspitze: Vom Kaufbeurer Haus auf dem Steig nach Süden ins Urbeleskar und noch kurz Richtung Bretterspitze über den ersten Geröllhang aufwärts. Jetzt nach links abbiegen und mit ein wenig Höhenverlust auf Steigspuren nach Osten bis unter die große Rinne, die die gesamte Urbeleskarspitz-Westflanke durchreißt. Quer über die Rinne und auf den ganz breiten Rücken dahinter. In sehr steilen, brüchigen Schrofen etwa die halbe Flanke empor, dann nach rechts wieder über die Rinne und mit einigem Hin und Her durch die nordwestseitige Felswand auf den Gipfel. Bei der komplizierten Routenführung im oberen Teil helfen Markierungen.

Höfats, 2259 m

Wie kann ein Grasberg zu einer so berühmten Persönlichkeit werden? Durch die vollkommen isolierte Lage zwischen Oy- und Dietersbachtal tritt die Gestalt besonders auffallend in Erscheinung. Ganze 1780 m ist der Alpelesattel hoch, über den das Massiv mit dem Hauptkamm zusammenhängt. Zudem steigen die Flanken von allen Seiten extrem steil zum ganz schmalen, von vier »Hörnchen« gekrönten Gipfelgrat an und sorgen für eine ebenso wilde wie elegante Form.
Der Beiname »Edelweißberg« deutet schon auf die ungewöhnliche botanische Vielfalt hin. Hier blühen Raritäten wie Edelraute und Zarter Enzian, aber auch »Fremdländisches«, etwa Alpenfetthenne und Spinnweb-Hauswurz, die man sonst nur aus den Zentralalpen kennt. An der Höfats mischen sich verschiedene Gesteinsforma-

tionen, die alle besonders vegetationsfreundlich sind, vor allem Hornsteine und Fleckenmergel. Dazu kommt der Aptychenkalk, der mit seinem hohen Gehalt an Kieselsäure Bedingungen schafft, die dem kristallinen Gestein der Zentralalpen entsprechen. Er baut die steilen Gipfelgrate unseres Berges auf, ist ein erstaunlich festes, rauhes, stark gegliedertes Gestein, das sich zum Klettern viel besser eignet, als man erwarten würde.
Das Edelweiß trägt viel zu dem populären Namen der Höfats bei; es eignet sich ja bestens für romantische Geschichten, wahre, aufgebauschte und erfundene. Die Gier nach der alpinen Symbolblume wurde nicht nur einigen Pflückenden zum Verhängnis, die in diesem Gelände tödlich abstürzten (Steilgras wird ja besonders gerne unterschätzt, während es in Wirklichkeit gefährlicher ist als etwa Fels der gleichen Neigung), sie brachte auch diese einst weit verbreitete und häufige Blume dem Aussterben nahe. Das rief eine ganz ungewöhnliche Initiative ins Leben. Auf einem winzigen Absatz in der Höfats-Südwestflanke in 1990 m Höhe stand nun Sommer für Sommer ein Zelt, und die Männer der Bergwacht beschützten die Flora. Später sorgte ein Biwakhüttchen für etwas mehr Gemütlichkeit. Die Aktion wurde ein voller Erfolg, heute blüht das Edelweiß fast so zahlreich wie einst.
Auf den Ost- und den Westgipfel der Höfats führt je ein Steiglein, keine angelegten Wege, mehr Trampelspuren im Steilgras- und Schrofengelände, die eine ordentliche Portion Erfahrung und Trittsicherheit beanspruchen. Für diese Touren sollte man unbedingt auf gutes Wetter warten. Bei Nässe entwickelt sich nämlich so mancher Abschnitt zu einer häßlichen Rutschbahn; streckenweise ist der Steig durch die vielen Begeher wie ein Hohlweg eingegraben, eine Art Bobbahn aus Erde.

Höfats-Südgrat
Vom Renksteg über Gerstruben 4 1/2 Std., Bergwege, ab Alpelesattel steiler Grasgrat, letztes Stück sehr ausgesetzt, bei Nässe unangenehm schmierig. Abstieg auch durchs Oytal möglich.

Südgrat zum Ostgipfel: Von Oberstdorf mit dem Auto nach Westen zur Brücke über die Stillach und von dort noch knapp 4 km zum Parkplatz am Renksteg (820 m). Nun zu Fuß auf der Teerstraße hinauf zum Golfplatz. Bei der Verzweigung bald danach halblinks und über die Brücke nach Dietersberg (oder von Oberstdorf längs der Trettach dorthin). Nun entweder auf dem Teersträßchen durch steilen Hochwald oder – schöner – auf dem Hölltobel-Fußweg nach Gerstruben. Durch das langgestreckte Dietersbachtal einwärts bis zur Alphütte. Jetzt auf der linken Seite zum Bergfuß hinauf, über die Aus-

Die Südostwand der Höfats, vom Alpele aus gesehen, auf einer Zeichnung von Ernst Platz aus dem Jahr 1895.

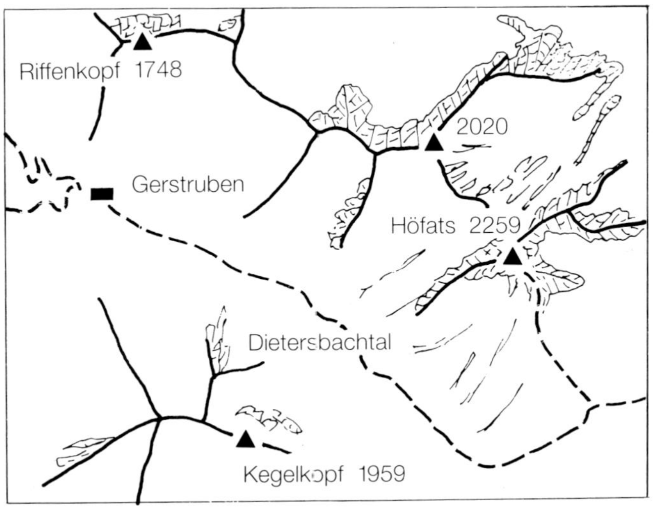

Großer Daumen
Von der Nebelhornbahn 1 3/4 Std., vom Giebelhaus 3 1/2 Std., jeweils ordentliche Bergwege; weitere Möglichkeit über den Hindelanger Klettersteig, Start auf dem Nebelhorn.

Schneck-Südgrat
Vom Giebelhaus 4 Std. (2 3/4 Std. vom Prinz-Luitpold-Haus), Wege bis zum Himmelecksattel, dann Pfadspuren über Gras zum Südgrat, sehr ausgesetzter Verbindungsgrat zum höchsten Punkt, I.

mündung eines Grabens, dann auf tief ausgetretenem Steig in Kehren über die folgende, steile Rippe empor in den Alpelesattel (1780 m). Immer auf dem Grat an den sehr steilen und ausgesetzten Gipfelaufschwung heran und unmittelbar neben der Schneide zum höchsten Punkt.
Beim Rückweg kann man die Aufstiegsroute im Alpelesattel verlassen, nach Norden zur Käseralp absteigen und durch das Oytal, das sich noch länger hinzieht, nach Oberstdorf zurückkehren.

Großer Daumen, 2280 m

Der Daumen ist kein Daumen! Es mag eine Stelle im Bereich des Retterschwangs geben, wo der Berg mit seiner 380 m hohen Nordwestkante wirklich an einen Finger erinnert. Aber das ist vollkommen untypisch für dieses Massiv, das sich über Kilometer hinzieht, an dem alles weit und breit ist. Über die Wengenköpfe hängt der Daumen mit dem Nebelhorn zusammen. Dieser sehr lange Grat mit seinen zahllosen Zacken bricht nach Norden mit Flanken und Wänden bis 700 m Höhe ab, und er verhilft dem schon erwähnten Retterschwang zu seinem eindrucksvollen Talhintergrund. Über diesen Grat führt auch der auf Seite 54 beschriebene Hindelanger Klettersteig.
Felswände nach Norden, weite, wellige Hochflächen auf der Südseite – so lautet das Daumen-Gesamtbild. Karst, auf den man in den Allgäuer Alpen immer wieder trifft, schafft diese Wellenlandschaft aus Gras und Felskuppen, mit kleinen Absätzen und drei Seen. Die Einheimischen sagen dazu Koblat, das sich von dem alten Wort »Kobel« herleitet, also von Vorsprung, Hügel. Diese unregelmäßigen Böden sind ein einziger riesiger Aussichtsbalkon mit Blick auf die Großen der Allgäuer Alpen, aus denen vor allem der Hochvogel herausragt; sie formen ein Gebiet zum Bummeln, Faulenzen…

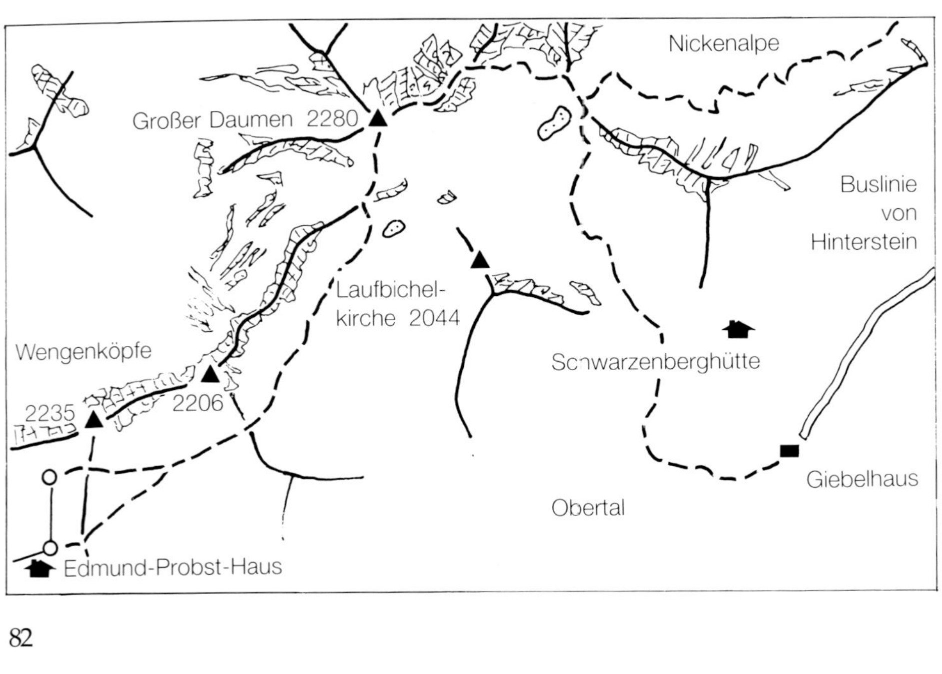

Aus dem Nebelhorngebiet: Von Oberstdorf mit der Nebelhorn-Seilbahn zur Bergstation (1929 m). Ein paar Meter hinab in eine kleine Mulde, dann nach Nordosten über den Hang in eine Gratscharte. Jenseits über die weiten verkarsteten Böden des Koblats zum gleichnamigen See und weiter bis unmittelbar vor den Laufbichelsee. Nun genau nach Norden über eine Stufe zum Hauptgrat, im Westen um einen Gratkopf und dann auf dem Glasfeld, einer flachen, pultartigen Mattenfläche, zum geräumigen Gipfel.
Rundtour von Hinterstein: Mit dem Linienbus zum Giebelhaus (1063 m). An den Gebäuden gleich rechts vorbei und auf dem Fahrweg im Wald bis zu den ersten freien Flächen des Obertals. Vor dem Engeratsgundhof Abzweigung des Fußwegs. Immer links über dem scharf eingeschnittenen Gündlesbach zum Käser und zur Gündleshütte. Halblinks gegen die Felsen empor, nach rechts talein und schließlich über eine Stufe zum Engeratsgundsee. Noch vor der Wasserfläche rechts empor in die Scharte »Tür«, kurz über den Grat weiter, dann immer schräg nach links aufwärts über Böden, dann über steile Hänge in die Lücke zwischen Großem und Kleinem Daumen. Über den Felsgrat auf den Gipfel.
Nickenalp-Abstieg: Zurück in die Tür und links hinab in den obersten Boden des Nickentales. Erst links, dann rechts des Bachs hinab zur Mittleren Alphütte. Etwas später wieder über den Bach und bald hoch über dem Einschnitt talaus zu einer Geländekante. Jetzt nach Norden quer durch die Hänge zur Möslealp. Über eine letzte, dicht bewaldete Stufe hinab ins Ostrachtal und noch knapp 2 km talaus nach Hinterstein.

Schneck, 2268 m

Höfats heißt das Aushängeschild für die berühmten Allgäuer Grasberge; dieser Gipfel heimst sozusagen den gesamten Ruhm für sich alleine ein. Dabei gibt es einen zweiten, von Gras überzogenen Berg, dessen Aussehen noch markanter, noch ungewöhnlicher ist, sofern man ihn von Norden oder Osten betrachtet. Ein Gipfelkopf, rund wie mit dem Zirkel gezogen, über fast senkrechten Wänden – das trug dem Berg den Namen

»Schneck« ein. Doch wirkt dies eher wie ein Mißgriff bei einer Erscheinung dieser Eleganz; die einstige Bezeichnung Himmelhorn paßte viel besser. Heute ist dieser Name auf den südwestlichen Vorgipfel übergegangen, der mit einer vollkommen glatten 1000-m-Steilflanke nach Südwesten abstürzt. Schon 1478 wird das Massiv als »Hymelhorn« erwähnt, verständlich, fällt doch kein zweiter Berg sowohl über dem Oytal wie über dem Bärgündele derartig ins Auge.
Aptychenkalke sind ein besonderes Gestein. Sie liefern nämlich ebenso einen für die Pflanzenwelt äußerst günstigen Boden, so daß es selbst im steilsten Gelände noch üppig grünt und blüht – im Alpenvereinsführer gibt es dazu die Formulierung: »der Berg erfreut sich besonderen botanischen Reichtums« –, als auch einen ganz brauchbaren Kletterfels. Er ist rauh und besonders reich gegliedert, aber auch fester als erwartet. So zählt die Durchsteigung der Ostwand zu den bekanntesten Allgäuer Kletterfahrten, ein strenger Fünfer mit einer Sechserstelle. Erstaunlich ist, daß sich Risch und seine Freunde schon 1922 in diese Wand wagten, die so abschreckend aussieht. Auch beim üblichen Anstieg über den Südgrat hat schon manchen die Furcht gepackt. Für den Übergang vom Süd- zum Hauptgipfel paßt die Charakterisierung »messerscharf und ausgesetzt«. Nur bei wirklich perfekter Trittsicherheit wird hier weitgehend die aufrechte Gangart beibehalten, andrenfalls fühlt man sich auf »allen vieren« doch wohler (siehe auch unsere Erzählung auf Seite 36).

Der einfachste Anstieg: Vier Zugänge zum Himmelecksattel stehen zur Wahl: von Oberstdorf durchs Oytal (gut 4 Std.), vom Giebelhaus durchs Bärgündele (knapp 3 Std.), aus dem Nebelhorngebiet auf dem Höhenweg über das Laufbachereck (ca. 3 1/2 Std.) und – mit Abstand am schnellsten, nämlich in 1 3/4 Std. – vom Prinz-Luitpold-Haus. Vom Sattel auf einem erdigen Trampelweg über bald ziemlich steiles Gras zum Himmeleck und über den im oberen Teil scharfen Grat auf den Südgipfel. Nun über die ganz schmale Fels- und Grasschneide hinüber zum nahen Hauptgipfel.

Kartenskizze für den Schneck (zusammen mit dem Großen Wilden) auf der Seite 84.

Diese fast 100 Jahre alte Zeichnung besticht durch ihre treffende Darstellung des Steilgrasgeländes. Nur die »Sicherung« ist eher lebensgefährlich als hilfreich.

Großer Wilder, 2379 m

Zu diesem breitgelagerten, wuchtigen Berg paßt der leicht martialische Name überhaupt nicht. Der Große Wilde bildet einen langgestreckten Nord-Südkamm mit drei Gipfelköpfen. Nach Westen stürzt zwar eine 400 m hohe Wand ab, einer jener typischen Mauern aus Hauptdolomit mit zerklüftetem Fels, tief eingeschnittenen Schluchten und einer großen Geröllhalde, doch im Osten, also über dem Hornbachtal, ziehen die welligen, verkarsteten Böden bis zum höchsten Kamm hinauf. Damit präsentiert sich der Wilde zahmer als die meisten anderen Hauptgipfel in den Allgäuer Alpen.

Das Foto rechts: Der dreigipflige Große Wilde mit seiner Westwand, schräg davor der Kleine Wilde.

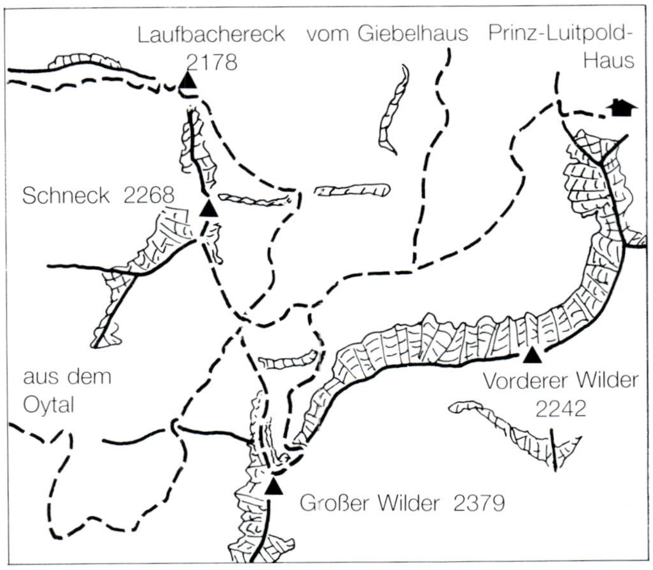

Großer Wilder – Überschreitung
Vom Giebelhaus gut 4 Std. (3 Std. vom Prinz-Luitpold-Haus), Wege bis zum Himmelecksattel, dann Pfadspuren am Nordgrat in Steilgras, Schrofen und Fels bis II, teilweise ausgesetzt, Abstieg etwas einfacher, nur bei nebelfreiem Wetter begehen.

Natürlich kann man einem Berg wie dem Großen Wilden auch relativ einfach aufs breite Haupt steigen. Allerdings haben die beiden leichtesten Routen, die von Steilhangspezialisten auch mit Skiern befahren werden, eine häßliche Eigenschaft: Man muß sich mit Geröll und Schrofen abmühen. Wer also bergsteigerisch ein wenig geschickter ist, der klettert über den Nordgrat empor. Dieser beginnt mit einer Grasschneide im echten Allgäuer Stil, dann folgt ein langer Felsgrat mit netten kleinen Kletterstellen bis zum Schwierigkeitsgrad II. Bei einem Abstieg über die Wildenfeldscharte oder durch die Gamswanne gibt das eine reizvolle Rundtour.
Um eine ganze Stufe schroffer zeigt sich allerdings der sogenannte Kleine Wilde (2307 m), der sich nur auf – meist reichlich brüchigen – Kletterrouten erreichen läßt. Lediglich seine Südwestseite zeigt schönen, kompakten Fels. Ihm sind im Süden, gleich über dem Hornbachjoch, noch zwei ganz besondere Gestalten vorgelagert, die *Höllhörner* (2145 m). Bei diesem eleganten, fein zugespitzten Doppelzacken trifft der Name das Aussehen schon besser. Doch trotz der steilen Wände läßt sich der höhere Südgipfel aus der trennenden Scharte über Schrofen leicht erklettern (I, 3 1/2 Std. von Hinterhornbach über das Hornbachjoch).

Nordgrat: Vier Zugänge zum Himmelecksattel stehen zur Wahl: von Oberstdorf durchs Oytal (gut 4 Std.), vom Giebelhaus durchs Bärgündele (knapp 3 Std.), aus dem Nebelhorngebiet auf dem Höhenweg über das Laufbachereck (ca. 3 1/2 Std.) und – mit Abstand am schnellsten, nämlich in 1 3/4 Std. – vom Prinz-Luitpold-Haus. Vom Sattel dann auf und rechts neben dem Nordgrat in teilweise sehr steilem Gras zur Felsschneide empor, die bis auf den Nordgipfel verfolgt wird. Über den kurzen Zackengrat hinüber zum höchsten Punkt.
Abstieg durch die Gamswanne: Man sollte sich schon beim Aufstieg über den Nordgrat jene Stelle merken, von der sich die Wanne gut erreichen läßt. Vom Hauptgipfel nach Nordosten hinab, bald jedoch scharf nach links

Im Aufstieg zum Hochvogel auf dem Band, auf dem man den Vorbau im Süden umgeht.

und in die Gamswanne. Über Schnee und Geröll bis auf den unteren Boden (2000 m). Dort dann nach rechts, um aus der Wanne in die östlichen Hänge zu queren. Jetzt wieder gerade hinab und über den Bach zum Weg. Auf ihm zum Giebelhaus zurück. Diese Abstiegsroute eignet sich vor allem für den Frühsommer bei gutem Firn.

Hochvogel, 2592 m

Hochvogel-Normalweg
Vom Prinz-Luitpold-Haus in 2 1/2 Std., alpiner Steig, teilweise Geröll, Schnee und Schrofen mit Sicherungen, etwas Trittsicherheit notwendig, sehr beliebt.

Hochvogel-Bäumenheimerweg
Von Hinterhornbach 4 1/2 Std., alpine Steige, etwa 500 m hoher Felsaufbau mit Geröll und Schrofen (einige Sicherungen), steil, Trittsicherheit notwendig.

Um gute 200 m überragt der Hochvogel alle Nachbarn, zudem präsentiert er sich als ganz ebenmäßige und damit auch elegante Pyramide. Wie kein anderer Berg fällt er von allen Seiten ins Auge, ist unübersehbar, unverkennbar. Halt, diese Formulierung könnte zu Mißverständnissen führen. So sonderbar es klingen mag: dieser Gipfel, über den schon jedes Allgäuer Schulkind Bescheid weiß, versteckt sich vollständig vor den Nicht-Bergsteigern. Aus keinem Tal des Oberallgäus läßt sich seine Majestät sehen, nur den Hinterhornbachern, drüben im Bereich des Lechtals, widerfährt diese Ehre. Trotzdem ist der Name schon aus dem 16. Jahrhundert überliefert!
In Scharen kommen die Hochvogel-Verehrer. Aus dem Ostrachtal über das Prinz-Luitpold-Haus erfolgt der übliche Zugang; die 300 Schlafplätze dort oben sind das beste Indiz für die Anziehungskraft. Wie so oft lockt ein berühmter Name aber auch so manchen Unerfahrenen an. Ein etwas steileres Firnfeld im »Kalten Winkel«, ein 300 m hoher Gipfelaufbau, Geröll, Schrofen, ein paar felsige und etwas ausgesetzte Stellen mit Drahtseil – das liest sich wie die übliche Charakterisierung eines großen Kalkberges. Wenn so mancher Hochvogel-Aspirant dennoch weiche Knie bekommt, dann beweist das nur mangelhaftes bergsteigerisches Können.
Um eine Stufe anspruchsvoller ist der sogenannte Bäumenheimerweg, eine Art Felspfad auf der Tiroler Seite, spannend, abwechslungsreich am gut 500 m hohen, ganz aus Fels aufgebauten Südgrat. Das ist dennoch kein Klettersteig, wie manchmal behauptet wird, schließlich gibt es nur ganz wenige Stellen mit Sicherungen. Das Steiglein schlängelt sich durch das zerborstene, bröselige Gelände – echter Hauptdolomit mit vielen Schluchten, Rinnen, Rippen usw. –, führt über Geröll und Schrofen, erfordert hin und wieder ein Zupacken der Hände. Für den Abstieg wird gerne die Route über den Kalten Winkel und den Fuchsensattel empfohlen. Das ergibt zwar eine interessante Rundtour, und man kann die 600 m hohe Nordostwand, die wildeste Hochvogel-Seite, bestaunen, aber ich weiß nicht... Nach einem Aufstieg von 1500 Hm – wer vermag da beim Rückweg eine Schleife, die mehr als eine Zusatzstunde kostet, noch zu »genießen«?

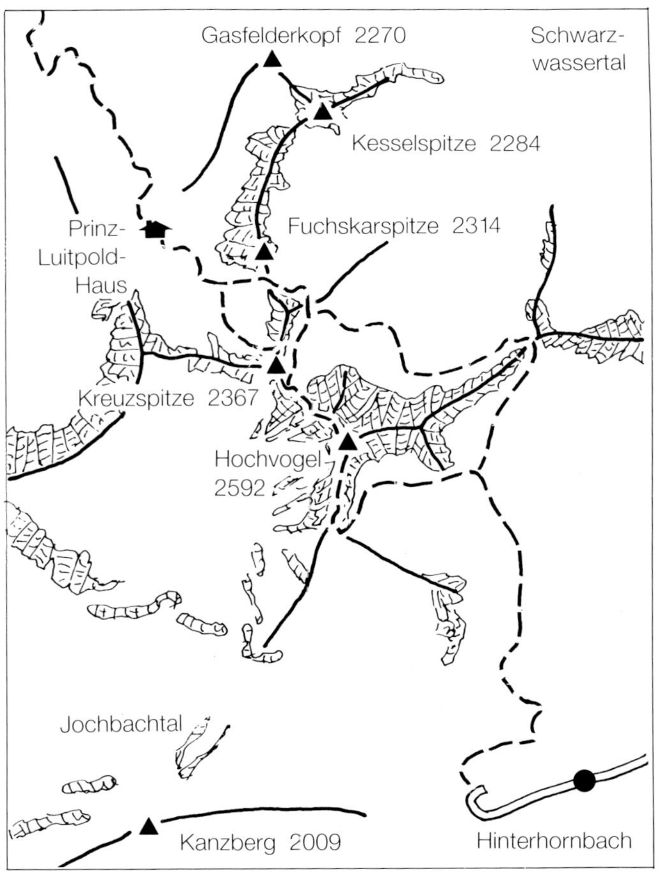

Vom Prinz-Luitpold-Haus: Von der Hütte gleich quer durch die Hänge über dem Seeli vorbei und in Kehren empor ins Kar, Wegverzweigung. Links ab und steiler in die Balkenscharte (2172 m, Landesgrenze). Jenseits quer durch den Geröll- und Schrofenhang ins Sättele, eine Lücke in einer Felsrippe – überraschender Hochvogel-Blick. Weiterhin im Geröll in den Kalten Winkel und über dessen Firnfeld in die abschließende Kaltwinkelscharte (2281 m), wo der Gipfelgrat des Hochvogels beginnt. Erst ein Stück empor, dann auf einem überdachten Felsband, Schnur genannt, durch die südseitige Flanke um die sogenannte Hochvogel-Schulter herum in die Rinne dahinter. Dann über die von Geröll und Schrofen gebildete Westflanke noch ein gutes Stück empor zum obersten Grat und auf den Gipfel.
Beim Abstieg sollte man die folgende, reizvolle Variante nützen: Von der Kaltwinkelscharte Gegenanstieg auf die *Kreuzspitze* (2367 m, 15 Min.). Über den Grat nach Norden (Sicherungen), dann links hinab in den obersten Karboden und zurück zur Hütte.
Der Bäumenheimerweg: Kleiner Parkplatz (1130 m) in Hinterhornbach unmittelbar vor der Jochbachbrücke. Kurz auf der Straße aufwärts, dann links auf kleinerem Weg weiter und empor zum Waldrand. Jetzt wieder auf einer Straße ein gutes Stück nach rechts schräg empor, anschließend kann man auf einem Steig die langen Kehren des Forstwegs abschneiden. Langer Aufstieg zur Schwabeckhütte. Nach Norden schräg durch den folgenden Hang zwischen Latschen und über Blößen auf eine Gratschulter, Wegverzweigung. Hier links und quer durch das gesamte Roßkar auf den Hochvogel-Südgrat. Nun noch gut 500 Hm meist in dem Steilgelände rechts der Schneide über Geröllfelder, Rinnen, Rippen und Schrofenstufen (nur wenige Sicherungen) auf den Gipfel.

Blick vom Rauhhorn nach Süden. In der Tiefe der Schrecksee, über ihm Lahner- und Kastenkopf. In der mittleren Reihe der Hochvogel und die Roßzahngruppe, in der hinteren Teile der Hornbachkette mit der Urbeleskarspitze.

Großer Roßzahn, 2356 m

Die Linie Lechtal – Hornbachtal – Hochvogel – Schwarzwassertal umgrenzt das unbekannteste und einsamste Bergmassiv der Allgäuer Alpen, die Roßzahngruppe. Die Verwitterung zerfraß die Gipfel zu regelrechten Felsruinen, ist der hier herrschende Hauptdolomit doch von ausgesuchter Brüchigkeit. Das schuf eine bizarre Zackenwelt, die scheinbar tief in den Geröllhalden steckt. Da zudem die Zugangswege weit sind und alle Stützpunkte fehlen, liegen die vier fast gleich hohen Hauptgipfel in ungestörter Einsamkeit.

Mit fünf Stunden Aufstieg müßte man für die Route durchs Schwarzwassertal und das Roßkar bis zum Großen Roßzahn rechnen. Man steuert dabei die Scharte zwischen dem höchsten Gipfel und dem nordöstlich vorgelagerten Kleinen Roßzahn an und folgt dann dem unerwartet einfachen Grat (I).

Rauhhorn-Nordgrat
Vom Vilsalpsee 3 1/2 Std., Bergwege, teilweise steil und steinig, felsiger Gipfelaufbau mit kurzer, ausgesetzter Steilstufe (Sicherungen).

Rauhhorn-Südgrat
Vom E-Werk 4 1/2 Std., Bergwege, teilweise steil und steinig, bei Nässe rutschig, felsiger Südgrat mit einigen einfachen Kletterstellen (I).

Rauhhorn, 2240 m

Natürlich sorgte das Aussehen des Berges für seinen Namen. Die tief eingeschnittenen Scharten trennen den nordsüdlich verlaufenden, schmalen Kamm deutlich von den Nachbarbergen. Kleine Felsköpfe und Zacken krönen die Schneide, nach Osten stürzt eine etwas düstere, zerborstene Wand auf die Geröllfelder ab, die Westflanke ist nicht ganz so steil, doch bis zu 600 m hoch, bildet ein Gewirr von Rippen, Rinnen, Schluchten usw., die nach unten in undurchdringliche Latschendickichte und felsdurchsetzten Steilwald übergehen – ein »Bergsteiger-feindliches« Gelände, das wohl nie betreten wird.

Da bleiben die beiden Grate als einzig sinnvolle Routen. Auf einem kleinen Steig läßt sich der Gipfel überschreiten. Das ist keine bequeme Promenade, sondern ein rauhes, steiniges Weglein, man muß auch über einige Schrofen klettern. Ja, knapp nördlich des Gipfels gibt es einen kleinen, aber etwas ausgesetzten Abbruch, einst eine Zweierstelle, doch heute durch ein Drahtseil entschärft. Der kürzeste Anstieg beginnt am Vilsalpsee. Eine Kombination mit dem Gaishorn (siehe Seite 90) drängt sich als – aus dem Blickwinkel des Bergwanderers – rassige Rundtour geradezu auf. Etwas anstrengender sind die Zugänge aus dem Ostrachtal. Die Route E-Werk – Schrecksee – Rauhhorn – Willersalpe – Hinterstein ist wirklich lohnend, interessant, abwechslungsreich, aber schon relativ lang. Und mit einer zusätzlichen Überschreitung von Gaishorn, Gaiseck und dem Zerrerköpfle eignet sie sich dann nur noch für die alpinen Dauerläufer.

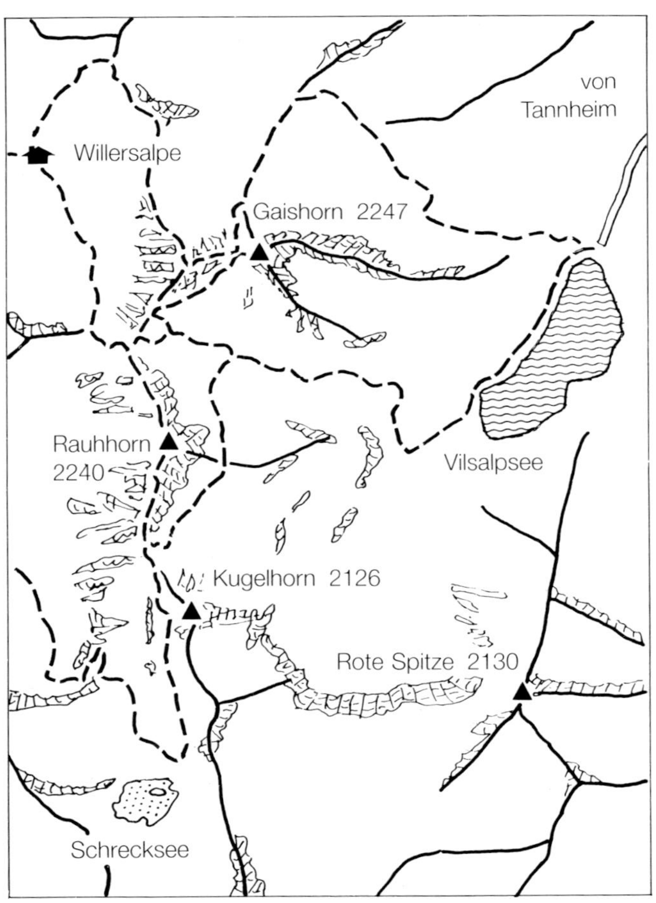

Die kürzeste Route (Nordgrat): Vom Parkplatz am Vilsalpsee (1165 m) am Westufer des Sees entlang und weiter zur Vilsalpe. Jetzt scharf nach rechts, über meist freie Hänge (eine Folge der winterlichen Lawinen) in das Kar zwischen Rauhhorn und Gaishorn und weiter in den Sattel der Vorderen Schafwanne. Nach Süden über den anfangs breiten Grasrücken, dann rechts des Grats über Geröll und schließlich über kleine Felsstufen (Drahtseil) auf den Gipfel.

Rauhhorn-Gaishorn-Rundtour: Wie oben beschrieben in das Kar unter den beiden Bergen. Im ersten Boden Abzweigung eines Weges nach links. Immer am Fuß der Ostwände des Rauhhorns entlang, dann steil hinauf in den Sattel der Hinteren Schafwanne. Auf und links neben dem hohen und interessanten Grat zum Gipfel (ein paar einfache Kletterstellen auf den plattigen Schrofen). Dann über den Nordgrat hinab in den Sattel der Vorderen Schafwanne. Weiterweg über das Gaishorn siehe Seite 90.

Schrecksee-Rauhhorn-Rundtour: Von Hinterstein mit dem Giebelhausbus zum E-Werk (935 m). Auf breitem, aber steilem und steinigem Weg rasch durch Wald hinauf zu den schönen Matten der Taufersalpe. Über eine hohe, mit Latschen bewachsene Steilstufe zu weiten, welligen Grasböden und bis auf den Geländerücken unmittelbar vor dem Schrecksee. Auf diesem Rücken kurz nach Osten aufwärts zum querlaufenden Höhenweg (Jubiläumsweg). Quer durch die teilweise schrofigen Steilflanken des Kugelhorns in den Sattel der Hinteren Schafwanne. Wie bereits beschrieben, Überschreitung des Rauhhorns bis vor den Sattel der Vorderen Schafwanne. Dort erst nach Westen über einen Rücken, dann nach Nordwesten über einen sehr steilen Hang, schließlich auf Matten zur bewirtschafteten Willersalpe (1456 m). Auf breitem Weg hinab nach Hinterstein.

Gaishorn, 2247 m

Gaishorn – Überschreitung
Vom Vilsalpsee 3 1/4 Std. Aufstieg, Bergwege, Gipfelflanke steil und steinig, etwas mühsam, Trittsicherheit angebracht; Abstieg nach Süden und Osten etwas einfacher, steinige Steige.

Leilachspitze – Normalweg
Von der Landsberger Hütte 2 1/4 Std., Bergwege, im oberen Bereich jedoch teilweise steil und steinig, kurze Schrofenstellen, Trittsicherheit notwendig.

Das Gaishorn beherrscht die Landschaft von Grän über Tannheim bis zum Vilsalpsee. Nach Norden zeigt es eine ausgeprägte und ganz unverkennbare Trapezform, die dann, je weiter man nach Süden kommt, immer mehr in einen ganz gleichmäßigen und fein zugespitzten Felskegel übergeht. Der Name kommt selbstverständlich von Geiß, wie die Alpenländler zur Ziege sagen. Die Deformierung des Wortes ist, man kann das nicht freundlicher ausdrücken, ein völliger Unsinn. Hier greift auch das sowieso zweifelhafte Argument der Dialektschreibweise nicht, da ja beide Möglichkeiten vollkommen gleich ausgesprochen werden.
Wie beim Nachbarn Rauhhorn kann man sowohl am Vilsalpsee wie in Hinterstein starten, und in beiden Fällen wird man die Möglichkeiten für Rundtouren nützen. Spannend und abwechslungsreich sind alle Routen, ein besonderes Schmankerl der Gratweg über das Gaiseck und das Zerrerköpfle. Dank des schmalen, teilweise (wegen der Lawinen) auch fehlenden Waldgürtels ist schon bei den Aufstiegen der Blick oft weit und frei, und vom Gipfel »genießt« man ein buntes Panorama mit zahllosen Bergen, aber auch einen eindrucksvollen Tiefblick ins Tannheimer Tal.

Rundtour über dem Vilsalpsee: Unmittelbar hinter dem Parkplatz über den Abfluß des Vilsalpsees und sofort gerade über die Matten zum Waldrand hinauf. Jetzt hinein in einen Tobel und gegenüber durch Wald empor auf die weiten, welligen Flächen der Oberen Roßalpe. Über sie zum Sattel am Schnurschrofen, eine grasüberzogene, fast ebene Hochfläche. Auf und rechts neben dem bald ganz scharfen Grat auf das Massiv zu, dann nach rechts in die Nordflanke. Auf dem relativ schlechten Steig in Kehren über Geröll und ein paar Schrofen steil zum Kamm und nach links auf den Gipfel mit großem Kreuz und Buch.
Ganz kurz über den Grat zurück, dann schräg abwärts durch die steile, von plattigem Fels durchsetzte Südflanke in den Sattel der Vorderen Schafwanne (einfacher als die Route durch die Nordflanke). Auf dem breiten, etwas steinigen Weg durch Mulden und über Hänge nahezu waldfrei hinab zur Vilsalpe und am Westufer des Vilsalpsees entlang zurück zum Parkplatz. Vom Sattel der Vorderen Schafwanne aus kann man in 40 Min. noch das Rauhhorn besteigen (siehe Seite 88).
Rundtour von Hinterstein: Vom Parkplatz im Süden des Ortes auf breitem Weg erst über sanfte Wiesen, dann durch Wald, schließlich über Matten zur bewirtschafteten Willersalpe (1456 m). Für die erste Weghälfte bietet sich die – schönere – Alternative über das Köpfle und vorbei am Wildfräuleinstein an. Von der Alp nach Süden schräg über die Hänge aufwärts in eine Hochmulde und dann in Kehren über einen Steilhang in den Sattel der Vorderen Schafwanne (Landesgrenze). Schräg durch die steilen, plattigen Südhänge zum Grat und auf den nahen Gipfel.
Auf dem höchsten Kamm hinüber zum Gaiseck (2212 m). Jetzt nach Norden über den felsigen Grat steil hinab zur Grasschneide. Über das Zerrerköpfle (1946 m) oder gleich links an ihm vorbei zur Feldalpe und durch die steile Grasmulde hinab zur Willersalpe.

Die Kartenskizze für das Gaishorn finden Sie – zusammen mit jener für das Rauhhorn – auf der Seite 88.

Leilachspitze, 2274 m

Der äußerste Nordostflügel der Allgäuer Alpen trägt auch die Bezeichnung »Vilsalpseeberge«. In einem weiten Kreis scharen sich die Gipfel um den namengebenden See, nur ein paar Nebenkämme liegen nicht unmittelbar über diesem Zentrum. So schiebt sich auch ein Kamm nach Südosten gegen das Lechtal vor, ein Grat mit besonderer Bedeutung. Er trägt nämlich den höchsten Gipfel der ganzen Berggruppe, die Leilachspitze. Hauptdolomit heißt auch hier das bestimmende Gestein. Er kommt an dieser Stelle in einer besonders »extremen Ausgabe« vor, feiert regelrechte Triumphe als brüchiger, ja morscher Fels. Rinnen und Schluchten zerfurchten die Flanken, die Grate sind in zahllose, bizarre Türme und Zacken zerhackt. Vor allem von Nordwesten ergibt das ein eindrucksvolles Bild: Zusammen mit den benachbarten Luchsköpfen (2180 m), die auch Krottenköpfe genannt werden, bildet die Leilach eine zwei Kilometer breite, wahllos zerklüftete Felsmauer, die in dicken Geröllhalden fußt.

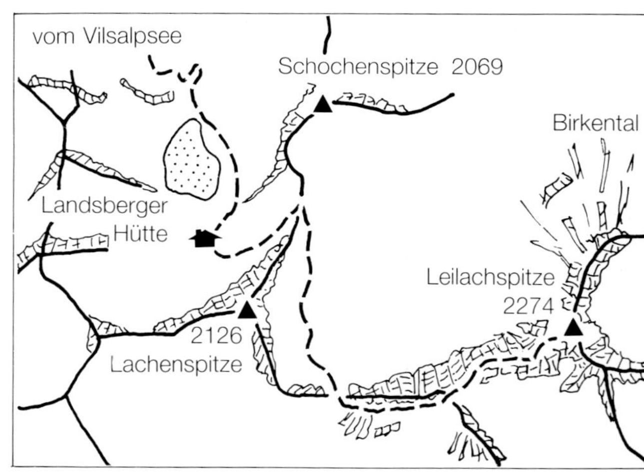

Die Lage abseits der üblichen Routen und die zwar vorhandenen, doch schlechten, teilweise sogar unangenehm rutschig-steilen Steige hielten die Bergsteiger von einem Besuch ab. Erst die steigende Zahl immer aktiverer Bergwanderer, mehr aber noch die Verbesserung des Anstiegs von der Landsberger Hütte aus, holten die Leilachspitze aus ihrem Dornröschenschlaf. Doch das steile Schrofengelände, der mal rutschige, manchmal auch hart zusammengebackene »Grus« erfordern noch heute etwas Trittsicherheit. Es wird fast ausschließlich die Route von Nordwesten, also von der Hütte aus über das Östliche Lachenjoch, begangen. Das kleine, im

Notländekar auch undeutliche (aber markierte) Steiglein Richtung Birkental und Rauth hingegen führt durch stilles, unberührtes Bergland.

Die übliche Route: Von der Landsberger Hütte kurz nach Süden hinab, oberhalb der Lache vorbei und über Matten empor ins Östliche Lachenjoch. Drüben ein Stückchen abwärts, dann mit etwas Auf und Ab über die leicht verkarsteten Böden der Gappenfelder Notlände, schließlich kurze Stufe hinauf zum Sattel am Lechtaler Grätle (1950 m). Erst aufwärts, dann quer durch die sehr steilen, südseitigen Gras-, Geröll- und Schrofenhänge der Luchsköpfe und von einer Schulter hinab in die tiefste Scharte. Links an ein paar Köpfchen vorbei, dann durch eine etwas unangenehme, splittrige Rinne in die Lücke zwischen Süd- und Hauptgipfel. Links über ein Schrofenwändchen (I) und im Geröll zum Gipfel mit Kreuz und Buch.

Die Rote Flüh, die kleine, südlich vorgelagerte Schwester des Gimpels. Links der Grat zur Gelben Scharte.

Blick von Osten quer über das Reintal auf die Köllenspitze mit ihrer zerklüfteten Nordflanke, rechts dahinter der Gimpel.

Gimpel, 2173 m

Von den drei Hauptgipfeln in den Tannheimer Bergen gehört der westlichste, der Gimpel, ganz den Kletterern. Er ist der einzige, den kein Steig erschließt, und der sogenannte Normalweg läßt sich bestimmt nicht bei den »Genußtouren« einreihen. Es gibt zwar dort nur eine Zweierstelle, doch die steilen, etwas ausgesetzten Schrofen, der rundgetretene Fels, das Schmierige bei Nässe und die Steinschlaggefahr sorgen dafür, daß diese Route wenig um ihrer selbst willen begangen wird. Um so mehr zieht der Gimpel, ein eleganter Felsdom über hohen und sehr steilen Wänden, die Kletterer in seinen Bann. Sie finden eine erstaunlich reiche Auswahl von der Dreierroute am Westgrat, dem berühmten »nur-Mut-Johann«, über die schönen, hellen, festen Felsen der Südwand bis hin zum dunkel-eindrucksvollen Gelände der 600 m hohen Nordwand.
Als eine Art kleiner Bruder steht südwestlich des Gimpels die *Rote Flüh* (2108 m), sozusagen ein Berg für alle Fälle. Es gibt die Normalroute mit einer Drahtseilstelle oberhalb der Judenscharte, ein Steiglein über den felsigen Westgrat, wo schon wesentlich mehr Sicherungen nötig sind, und eine mauerglatte Südwand, das Schaustück »senkrecht« über dem Haldensee, ein weiteres Schlaraffenland für Kletterer. Wettersteinkalk heißt das Gestein, das für diese schönen Felsberge sorgt.

Gimpel – Normalweg
Von Nesselwängle gut 3 Std., Wege nur bis zum Fuß des Gipfels, dann Pfadspuren über Steilgelände mit Gras und Fels, Kletterei I, eine Stelle II, bei Nässe sehr rutschig, Steinschlag.

Gimpel-Normalweg: Vom Gimpelhaus auf dem oberen Weg ins Gimpelkar. Rechts der kompakten Gimpel-Südwand erkennt man eine deutliche Schrofen-Einbuchtung, die man über Geröll nach rechts erreicht (Einstieg rot markiert). Den deutlichen Wegspuren folgend durch die hohe, sehr steile Gras- und Schrofenflanke zum Ostgrat und über ihn – nun etwas einfacher – auf den Gipfel.

Die Kartenskizze – zusammen mit jener für die Köllenspitze – finden Sie auf der nächsten Seite.

Köllenspitze, 2238 m

Der Hauptgipfel der Tannheimer Berge präsentiert sich als mächtiger Felsbau, als ein vor allem auf der Nordseite wildzerklüftetes Massiv mit langen, von Türmen gespickten Graten. Bis zu 900 m hohe Felsabstürze (Nordgrat und dessen Nordwand) und die gewaltigen Ausmaße forderten weitere Bezeichnungen für die einzelnen Erhebungen. Am selbständigsten ragt der Köllenschrofen (2091 m) auf, dann gibt es Köllentürme, einen Babylonischen Turm und als besonderes Schmankerl den Löwenzahn. Dieser Zacken mit seinem kompakten, fast gelben, herrlich festen Wettersteinkalk muß ja den Appetit jedes Kletterers wecken.
Trotzdem besteigen die Köllenspitze vor allem die Bergwanderer. Es sollte jedoch niemand ohne Trittsicherheit und alpine Erfahrung dieses Ziel auf sein Programm setzen. Steiles, nordseitiges Schrofengelände prägt den

Köllenspitze – Normalweg
Von Nesselwängle 3 1/2 Std., Bergwege bis in die Scharte, dann deutliche Pfadspuren im Steilgelände mit Schrofen, Kletterei im Schwierigkeitsgrad I, Steinschlag.

Gehrenspitze von Süden
Von der Reuttener Bergbahn 2 1/4 Std., Bergwege, jedoch Schrofengelände am Gipfelaufbau, Kletterei im Schwierigkeitsgrad I.

oberen Teil des Aufstiegs, Drahtseile gibt es dort nicht. Nur an einem Klemmblock in der Gipfelschlucht hängt ein etwas kümmerliches Ende herab, das beim Erklettern dieses Bauches zudem wenig nützt.
In der Nesselwängler Scharte, wo der Gipfelanstieg beginnt, begeistert eine Miniwelt aus mächtigen Blökken und zerborstenen Türmen, eine kleine Märchen-Felsstadt. Der Sattel wäre deshalb auch ohne jede Gipfeltour ein reizvolles Ziel.
Das nischenartige Kar in der Nordwand des Berges führte wohl zu seinem Namen. Der Vergleich mit einer Kelle liegt nahe, deshalb auch die Schreibweise Kellespitze. Die einstige Bezeichnung Metzenarsch hingegen wurde von feinfühlende Menschen aussortiert. Dieses Wort bezieht sich außerdem nicht auf die Form des Berges; derart deftige Ausdrücke tauchten immer dann auf, wenn ein Massiv recht »freizügig« mit Steinschlag oder Muren aufwartete.

Rundtour über Nesselwängle: Von Nesselwängle zum Gimpelhaus und auf dem oberen Weg zu weiten Böden mit einer Wegverzweigung. Den rechten Steig benützend über steile Grashänge bis unter die Felsen der Köllenspitze. Jetzt wieder links und durch eine von Felsen malerisch eingerahmte Gasse in die Nesselwängler Scharte. Nur wenige Meter nach Norden, dann rechts über Gras zu den Schrofen der Nordflanke. Aufwärts

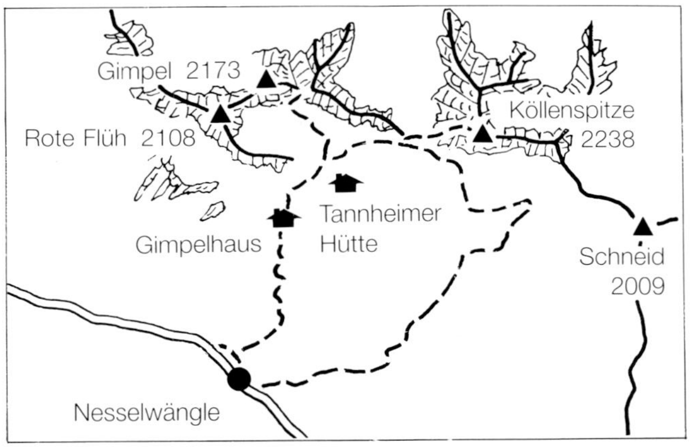

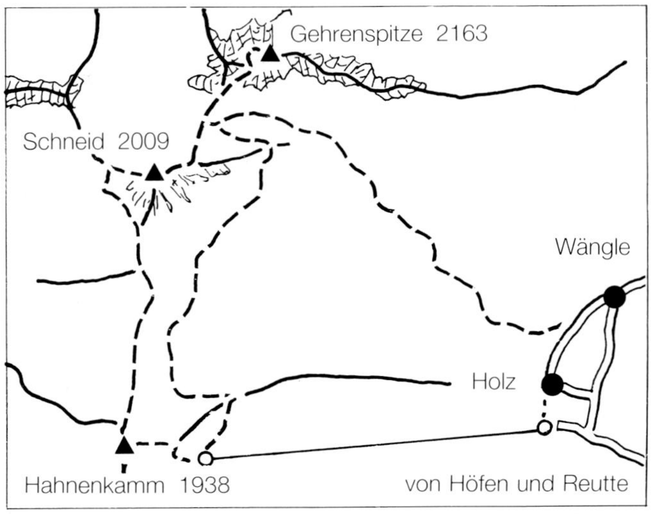

und querend durch das Steilgelände in die große Gipfelschlucht. Über einen vorspringenden Klemmblock, dann in der Rinne in die Gipfelscharte und nach Süden über eine letzte Felsstufe zum Kreuz.
Abstiegs-Variante: Bei der Wegverzweigung am Ende der erwähnten Gasse geradeaus weiter am Wandfuß entlang. Dann rechts ab und längs einer Grasrippe hinab in eine kleine Mulde unterhalb des Sabachjochs. Aus ihr nach rechts hinaus, durch sehr steile Lawinenhänge hinab auf eine Rippe mit einem Hüttchen. Nun immer gerade abwärts durch Wald und über Lichtungen nach Nesselwängle. Bei Nässe unangenehm schmierig.

Gehrenspitze, 2163 m

Das ist der letzte Gipfel im Osten der Tannheimer Berge und damit auch der letzte im Bereich dieses Buches. Die schöne Felsgestalt beherrscht das weite Talbecken von Reutte, ja, bereits aus dem Ostallgäu sticht sie ins Auge. Die steilen Wände und Flanken verhelfen der Gehrenspitze zu einer schlanken Pyramidenform, sofern man sie von Osten betrachtet. In Wirklichkeit gibt es einen langen Gipfelgrat mit zahlreichen Lücken und Felsköpfchen, der teilweise mit eindrucksvollen Wänden, zum Teil auch mit Grasschrofen abstürzt.
Der übliche Gipfelanstieg erinnert stark an den Steig auf die Köllenspitze, ist jedoch insgesamt etwas einfacher, kürzer, sonniger. Der spannende Teil beginnt mit einer Felsrinne, dann überschreitet man in einer Lücke den Hauptkamm und klettert schließlich über die nordseitigen Schrofen zum Gipfel. Die isolierte und nach Osten vorgeschobene Lage des Berges sorgt für ein weites Panorama; noch eindrucksvoller aber sind die Tiefblicke ins Lechtal.

Die bequemste Route: Von Höfen bei Reutte mit der Seilbahn zur Bergstation (1833 m) am Hahnenkamm. Auf dem bequemen Alpenrosenweg immer quer durch die Hänge weit nach Norden und kurzer Anstieg in das Gehrenjoch (1858 m) am Fuß des Gipfels. Nun durch die Steilgrashänge auf dem Steiglein schräg rechts aufwärts, dann durch eine hohe Felsrinne in eine Gratlücke. Steinschlaggefahr, wenn andere in der Rinne unterwegs sind! Jenseits der Lücke um eine Felsnase, dann durch die Schrofenflanke zum obersten Grat und auf den Gipfel. Rückweg: vom Gehrenjoch direkter Abstieg über die Gehrenalp nach Winkl und dann über Holz zurück zur Bergbahn.
Tip für einen spannenden Zugang zum Gehrenjoch: Von der Bergstation der Bahn auf den nahen Hahnenkamm (1938 m), über dessen Nordgrat hinab, knapp unter dem Ditzl hindurch und weiter ins Hochjoch. Nun erst über den Grat nach Norden aufwärts, dann dem ganz kleinen Steiglein folgend links in die Flanke und durch sie sehr steil auf den Westgrat und über diesen auf den Gipfel der *Schneid* (2009 m). Über den kurzzeitig schärferen, dann breiten Grasgrat ins Gehrenjoch hinab (etwa 2 1/2 Std., kleine Steige).

Skitouren von sanft bis extrem

Im deutschen Alpenraum nimmt das Allgäu mit Abstand die erste Stelle unter allen Skitourengebieten ein. Ein Vergleich mit den Kitzbüheler Alpen würde hingegen weit weniger positiv ausfallen – vieles ist eben relativ! Das wirklich ideale Gelände beschränkt sich auf die Voralpen und ein paar kleinere, »halbhohe« Gebiete. Mit der Größe der Berge steigen ganz rasch die Anforderungen und auch die Gefahren. So findet man im Hauptkamm und in der Hornbachkette nur ausgesprochen hochalpine Ziele. Zudem sind die Touren extrem lang, da dort alle Hütten Winterruhe haben.

Die Fotos rechts:

Oben das Rangiswangerhorn mit seiner Nordostabfahrt, die zur Kleinen Hörnertour gehört.

In der Mitte als typischer Nagelfluhgipfel der Steineberg mit seiner Ostrinne.

Auf dem unteren Bild sieht man die Ostseite der Krinnenspitze über dem Lechtal.

Wertacher Hörnle, 1695 m
Von Obergschwend bei Unterjoch 2 Std. Aufstieg, 650 Hm meist einfache Abfahrt über einen Rücken und schöne Alpweiden, nur eine kurze Waldstufe, südostseitig, untere Hänge apern rasch aus.

Sonnenkopf, 1712 m
Vom Parkplatz (810 m) bei Hinang knapp 3 Std. Aufstieg, 900 Hm Abfahrt, schöne steile Wiesen, kurzer Wald, unten flach, mittelschwer.

Bleicherhorn, 1669 m
Bequemer Zugang von Gunzesried-Säge in knapp 3 Std., ganz einfache, teilweise sanfte Abfahrt, fast waldfrei, nordseitig, 720 Hm.

Heidenkopf, 1685 m
Aufstieg von Balderschwang in 2 Std., sehr schöne, zügige, nahezu waldfreie Südabfahrt über 600 Hm, sichere Verhältnisse notwendig.

Bei dem heutigen Können (und einem gewissen Draufgängertum) finden die Skibergsteiger natürlich in allen Teilen der Allgäuer Alpen ihre Spielwiesen, Mutproben und Nervenkitzel. Bei der Vielzahl von Möglichkeiten kann hier nur ein grober Überblick erfolgen, ein Einstimmen auf die verschiedenen Tourenarten und -gebiete, aber auch auf die besonderen Anforderungen. Dieses Gebiet sollte nämlich niemand unterschätzen! Die gewaltigen, fast allgegenwärtigen Steilgrashänge und die tief eingefurchten Tobel liefern sozusagen ein ideales Gelände für Lawinen. Zum Positiven für den Tourengeher zählt hingegen der Schneereichtum des Allgäus, das ja im Nordweststaubereich liegt..
Beschreibungen von ein paar besonders schönen Touren sollen hier nicht fehlen. Das wären vor allem Anregungen für den Gebietsfremden, der einmal Allgäuer-Skiluft schnuppern möchte, um zu sehen, was so geboten wird.

Die kleineren Ziele

Wieder einmal lassen sich die unterschiedlichen Bedingungen, auf die man in den winterlichen Allgäuer Bergen trifft, am besten mit Hilfe der Gesteinsformationen erklären. Das beste Gelände liefert der Flysch, der für sanfte Formen sorgt. Als Paradebeispiel dafür muß man die sogenannten Hörner anführen, jene halb makellos weißen, halb von Wald bedeckten Kuppen zwischen Gunzesried und der Grasgern mit dem Riedbergerhorn (1787 m) als höchstem Berg. Jeder Gipfel bietet eine oder sogar mehrere Abfahrten, fast stets hindernislose Strekken über freie Alpweiden und Bauernwiesen. So leuchtet etwa das Bleicherhorn (1669 m) fast immer in einem fleckenlosen Wintermantel. Gipfelkombinationen und Rundtouren sind in dieser Region besonders beliebt. Da gibt es zum Beispiel die »Kleine Hörnertour« mit Liftzufahrt am Weiherkopf bei Bolsterlang und dem Rangiswangerhorn (1615 m) als Zwischenziel. Bei dieser mühelosen Höhenroute ist der »Tiefschnee« manchmal zur regelrechten Buckelpiste ausgefräst.
Zu den Flyschbergen gehören auch die Sonnenköpfe mit ihrem Hauptgipfel, dem Schnippenkopf (1833 m), oberhalb von Schöllang und das Gebiet von Wertacher Hörnle (1695 m) und Spieser (1649 m) bei Oberjoch. Indirekt sorgt stets das Vieh für die schönsten Abfahrten, denn um Weideflächen zu gewinnen, wurde der Wald auf großen Flächen gerodet.
Ganz anders das Nagelfluhgebiet! Hier sind fast alle Hänge steil bis sehr steil, und erst die so typische Detailgliederung mit vielen kleinen Rippen, Tälchen und Rinnen, hier Schläuche genannt, schafft überhaupt die Möglichkeiten für den Skifahrer. Das sind dann rassige Strecken, abwechslungsreich und spannend in meist waldfreiem Gelände. Das Steile, die Lawinengefahr und die meist südseitige Ausrichtung »schreien« geradezu nach einem soliden Firn im Frühjahr. Die Südabfahrten vom Steineberg, Sedererstuiben, Buralpkopf (1772 m), Gündleskopf, Falken, Heidenkopf und Koppachstein zählen, beim richtigen Schnee, zu den Leckerbissen, einfachere nordseitige Strecken bieten nur der Stuiben und der Eineguntkopf.

DIE TOUR FÜR ALLE BEDINGUNGEN (Wertacher Hörnle, 1695 m). Große Liftparkplätze bei Obergschwend an der Straße Wertach – Oberjoch (1045 m). Bei den Häusern nach Westen auf die freien Weideflächen. An einer Alphütte vorbei weit empor zum Waldrand. Hier auf einem Weg kurz nach rechts, dann durch eine Lichtung hinauf zur Forststraße, die man überquert. Durch lichten Wald zum Ostrücken und in bald freiem Gelände auf den ersten Gipfel (1685 m). Eventuell noch über den leicht eingescharteten Grat ein gutes Stück nach Nordwesten zum höchsten Punkt.

SCHNELL ZU ERREICHEN (Sonnenkopf, 1712 m). Vom Wanderparkplatz zwischen Altstädten (bei Sonthofen) und Hinang über die anfangs ganz flachen Wiesen nach Osten empor zur »Sonnenklause«. Bald danach nach rechts über einen kleinen Bach und zu schönen, freien Weideflächen. Immer gerade aufwärts, kurz über eine unangenehme Waldstufe, dann durch eine Schneise zum Grat und auf den Gipfel.

DIE BEQUEME SKIWANDERUNG (Bleicherhorn, 1669 m). Mit dem Auto durch das Gunzesriedertal zur Säge (930 m). Gut 1 km nach Westen ins Aubachtal, dann bei Vorsäß I links ab und hinauf zur Schulter bei der Schwarzenbergalpe. Flach talein zur Unteren Wilhelminealpe, dann über die weiten, stets makellos weißen Hänge zum Grat und auf den Gipfel. (Nette Alternative für den Zugang: Überschreitung des Ostertalbergs.)

DIE SCHÖNSTE FIRNABFAHRT (Heidenkopf, 1685 m). Etwas östlich der Kirche von Balderschwang (1044 m) über freie Wiesen erst nach Nordosten, dann nach Nordwesten zur Unteren Balderschwangeralpe. Durch die Heidenkopf-Südmulde zum Grat und nach rechts auf den Gipfel (1 3/4 Std. Aufstieg, gut 600 Hm Abfahrt, sicherer Schnee notwendig).

Steilgras, Karst und anderes

Das Obertal, einer der beiden Quelläste des Ostrachtals, schaut vor allem nach ergiebigen Neuschneefällen wie ein Wintermärchenland aus. Nur wenige Felsstreifen unterbrechen das leuchtende Weiß in diesem Halbrund; scheinbar reichen die wunderbarsten Skihänge von den Gipfeln bis ins Tal hinab. Das Grasgelände sorgt für diesen Anblick. Aber das ist eine trügerische Schönheit! Bei näherer Bekanntschaft schaut das Traumland doch etwas anders aus. Manches ist extrem steil, die glatten Grashänge bilden die »allerbesten« Bahnen für die Lawinen, und die Bäche sind meist zu unpassierbaren Gräben und Tobeln eingefressen. So kann man auch im Obertal nur bei absolut sicherem Schnee und auf ganz bestimmten Routen abfahren. Die schönste und beliebteste Strecke führt vom Schochen (2100 m) über die Kuhplattenalpe zum Giebelhaus. Der Bequemlichkeit folgend, kommen die meisten von der Nebelhornbahn ins Tal – und zwar auf einem reichlich steilen Zugang. Das Obertal steht am Anfang des Kapitels, denn das Steilgras bildet das auffallendste Element. Es bestimmt auch den Charakter der Fahrten über dem inneren Kleinwalsertal. Mit der *Schwarzwasserhütte* (1620 m, 70 Schlafplätze, Tel. 08329/5216) des Alpenvereins gibt es hier sogar einen richtigen Skitouren-Stützpunkt. Die drei Hausberge Hehlekopf (2058 m), Steinmannl und Grünhorn bieten hindernislose, aber kurze Abfahrten von einfach bis sehr steil. Noch rassiger ist das Gelände bei Baad mit – unter manchem anderen – dem Galaskiberg Güntlespitze (2092 m) und dem ganz besonderen Frühjahrsziel, dem Karlstor (2120 m), einer scharfen Lücke zwischen den beiden Widdersteinen, das gleich mit zwei 700-m-Steilhängen in allereindrucksvollster Felslandschaft aufwarten kann. Von Üntschenspitze (2135 m), Güntlespitze, Steinmannl und Falzerkopf führen außerdem auch lohnende Strecken nach Hopfreben und Schoppernau im Bregenzerwald.

Die bunteste und reichhaltigste Palette bieten die Berge über dem Tannheimer Tal. Allerdings sind die harmlosen Ziele nur mit dem Schönkahler vertreten. Alle die anderen Abfahrten warten auch mit steileren Passagen auf, sind meist spannend und sehr zügig, nur ganz selten behindert der Wald das freie Schwelgen. Da gibt es zum Beispiel die klassischen Ziele wie den Kühgundkopf, den Ponten (2044 m) und das Zirleseck, Spritztouren heutzutage, denn die Lifte verkürzen die Anstiege. Das Gaishorn (2247 m), der König der Vilsalpseeberge, mit seiner großen, im oberen Teil äußerst steilen Nordflanke erfordert eigentlich einen versierten Bergsteiger, und doch sind manchmal ganze Scharen dort unterwegs. Mehr »durchwachsen« ist das Gelände an der Sulzspitze (2084 m) mit einem versteckten Gipfeldach, freien Alpweiden, einer steilen Halde und einer hohen Waldstufe mit Forststraße. Um so mehr kommt man bei der Oststrecke an der Krinnenspitze ins Schlemmen, wenn eine hohe Schneedecke für gute Bedingungen sorgt. Lawinengefährliche Verhältnisse darf es sowieso bei all diesen Touren nicht geben.

In den verkarsteten Gebieten lockt vor allem der Große Daumen (2280 m), der vielseitigste Skiberg der Allgäuer Alpen. Der bequeme, so aussichtsreiche Zugang aus dem Nebelhorngebiet und die makellosen Hänge bei der Südostabfahrt zum Engeratsgundhof und zum Giebelhaus (Busverkehr auch im Winter) schaffen eine Bergtour der Extraklasse. Doch wer mehr den Kitzel liebt, der fährt nach Osten über die Nicken- und die Möslealpe ins Tal bei Hinterstein ab. Fast ohne Aufstieg kommt man bei der zweiten berühmten Karststrecke aus, der Mahdtalabfahrt im Kleinwalsertal. Vom Ifenlift am Hahnenköpfle geht es über die unbegrenzten Flächen des Gottesackers nach Norden, man erreicht durch die »Scharte« und über den Windecksattel das Mahdtal und gelangt so nach Innerschwende bei Riezlern.

Das Tannheimer Tal bietet eine reiche Auswahl an Skitouren. Das höchste Ziel ist das Gaishorn, das unser Foto von Nordosten zeigt. Links dahinter das Rauhhorn.

Das ist, wie schon erwähnt, natürlich nur eine Auswahl. Es gäbe noch so manches reizvolle Ziel wie den kaum bekannten Alpgundkopf (2177 m) mit seiner anspruchsvollen, interessanten Nordabfahrt in den Warmatsgund. Man erreicht ihn rasch aus dem Fellhorn-Pistengebiet.

DER GALA-SKIBERG (Großer Daumen, 2280 m). Von Oberstdorf mit der Nebelhornbahn und dem Koblatlift bis in 2080 m Höhe. Erst leicht abwärts, dann eben, schließlich wieder aufwärts über das Koblat zum Laufbichelsee. Nun steiler durch eine Mulde nach Nordosten und über einen letzten Hang auf den Gipfel. Abfahrt durch das sehr stark gegliederte Gelände (nur bei guter Sicht befahren!) nach Südosten zur Gundleshütte und immer rechts des Bachs bleibend zum Engeratsgundhof. Bis hier eine Folge hindernisloser Hänge! Nun auf der Straße zum Giebelhaus.

Großer Daumen – Südostabfahrt
Bequemer Zugang aus dem Nebelhorngebiet in etwa 2 Std., relativ einfache, hindernislose Abfahrt ins Obertal und zum Giebelhaus, 1220 Hm, südostseitig, sicherer Schnee wichtig.

RASSIG UND BELIEBT (Gaishorn, 2247 m). Vom Tannheimer Ortsteil Wiesle am bequemsten auf dem Fahrweg durch das Tal zum Älpele. Über die welligen Mattenböden nach Süden, durch einen Engpaß und dann über den immer steiler werdenden Riesenhang im rechten Teil der großen Flanke zum Gipfelgrat. Zu Fuß über die lange Schneide zum Kreuz hinüber. Abfahrt oben rassig, dann flach und bequem, kaum durch Wald behindert.

Gaishorn durchs Älpeletal
Aufstieg von Wiesle im Tannheimer Tal in 3 1/2 Std., im oberen Teil äußerst steil, dort evtl. zu Fuß, maximal 1100 Hm Abfahrt, sichere Verhältnisse unbedingt notwendig.

ZWISCHEN DEN FELSWÄNDEN (Karlstor, 2120 m). Von Baad zuhinterst im Kleinwalsertal 1 km durchs Bärgunttal nach Süden, dann links ab zur Inneren Widdersteinalpe und in das kleine Tal dahinter, das anfangs scharf eingeschnitten ist und von der gewaltigen Widderstein-Nordflanke überragt wird. Ab 1600 m Höhe hindernisloses, allerdings teilweise sehr steiles Kar, eindrucksvoll zwischen hohe Wände gebettet. Schließlich nach links in die scharf eingekerbte Lücke.

Karlstor – Nordkar
Aufstieg vom Parkplatz (1225 m) bei Baad in 2 1/2 Std. durch teilweise sehr steiles Gelände, stark von Lawinen bestrichen, nur für sicheren Firn geeignet, 900 Hm Abfahrt, nahezu kein Wald, geschütztes Nordkar.

Zwischen den großen Felsbergen

Die Hochkare im Hauptkamm und in der Hornbachkette warten vielfach mit dem schönsten Skigelände auf. Doch fast überall ist es problematisch, von den Ausgangsorten bis ins »gelobte Land« vorzudringen. Besonders die Nordseiten verteidigen sich mit wilden V-Tälern und riesigen Steilgrashängen. So feiern im Sperrbachtobel, dem Zugang aus der Spielmannsau zur Kemptner Hütte, sozusagen die Lawinen wahre Orgien; es gibt dort zwei Aufstiegsstunden lang nahezu kein sicheres Plätzchen! Deshalb wollen wir auch gar nicht näher auf Routen dieser Art eingehen.
Ein wenig freundlicher schaut die Südseite über dem Lechtal aus. Zu so hochalpinen Fahrten passen sowieso nur das Frühjahr und ein guter Firn; der Verantwortungsbewußte bricht zudem sehr früh am Morgen auf. Die meisten Sterne verdient das Haglertal bei Häselgehr, aus dem man dann weiter ins Woleggleskar und zur gleichnamigen Spitze von 2522 m Höhe vordringen

Woleggleskarspitze, 2522 m
Aufstieg von Häselgehr in 5 Std., beste Firnverhältnisse notwendig, interessante, rassige Südabfahrt, sehr steiler und hoher Gipfelaufbau, am Schluß einige Felsen.

kann. Vier bis fünf Stunden Aufstieg bringen etwa 1400 Höhenmeter Abfahrt. Bei hoher Schneelage lockt auch die Klimmspitze (2464 m), der östliche Eckpfeiler der Hornbachkette. Das ist eine Strecke, wie sie der moderne Tiefschnee-Begeisterte liebt, steil, rassig, ohne jeden langweiligen Abschnitt. Er muß aber auch sein Metier beherrschen, um etwa den noch 300 m hohen Gipfelaufbau zu überlisten. Ganz Kühne befahren sogar den obersten Südwesthang mit Skiern.
Von den weiteren, zum Teil noch anspruchsvolleren Touren sei nur noch das Hohe Licht erwähnt, der zweithöchste Allgäuer Berg und ein ganz pfiffiges »Ski«ziel. Schon das Erreichen des Hochalptals, das mit wilder Klamm ausmündet, ist eine knifflige Sache. Man muß genau dem Sommerweg folgen, um das Steinletal, einen Nebenast, an der richtigen Stelle zu überschreiten; erst dann kann man ins Haupttal queren. Die zweite Sonderaufgabe beginnt im mittleren Wieslekar, aus dem eine Rampe schräg hinaufführt zum Südwestkamm des Gipfels, einem stumpfen, aber steilen Grat. Bei griffigem Firn kann man der Schneide noch weit mit den Skiern folgen, ein einzigartiger Gang so hoch über allen Tälern – aber auch über den Wandabbrüchen. Da darf man sich keinen Leichtsinn erlauben!
Bei allerbestem Firn könnte man sich bei Hinterhornbach noch einen besonderen Leckerbissen schmecken lassen. 1000 Hm fast durchgehende Steilhänge am Fuß der gewaltigen Hochvogel-Südwestwand sind das Markenzeichen bei der Südabfahrt vom Kreuzkopf (2287 m, 3 1/2 Std. Aufstieg) ins Weit- und Jochbachtal. Diesen Gipfel kennt man sonst nur als Ziel über dem Prinz-Luitpold-Haus.

DIE GROSSE SKITOUR (Woleggleskarspitze, 2522 m). Von der Kirche in Häselgehr im Lechtal (1006 m) erst nach Norden, dann über Lichtungen immer nach links ins Haglertal. Man folgt ihm bis in 1800 m Höhe. Nun über eine 300 m hohe, sehr steile Stufe nach Norden ins Woleggleskar (hierher bequemer, aber weiter mit einer weit nach Westen – bis unter den Luxnachersattel – ausholenden Schleife). Durch das schöne, schmale Kar bis in den hintersten Winkel und nun zu Fuß oder noch ein gutes Stück mit Ski und am Schluß über eine Felsstufe auf den Gipfel. Auf der gesamten Abfahrt gibt es dann keine wirklich flache Passage!

Schnee, Sonne und hindernislose Ausblicke

Da die Tendenz bei den Skitouren heute sowieso in Richtung steil, steiler, extrem geht, soll hier einmal vom »anderen Ende des Angebots« berichtet werden. Nicht nur der Kitzel, auch das Genießen kann einen bleibenden Eindruck hinterlassen. Vor 21 Jahren gab es dazu noch einen Reiz ganz anderer Art: Man gehörte zu den Pionieren. Mein einziger Skiführer war 1938 erschienen; seine Routenbeschreibungen boten alle Möglichkeiten von gut über reichlich ungenau bis völlig falsch. Da ich bei Skitouren das Glücksspiel wenig schätze, entwickelte ich mich zu einem pedantisch genauen Kartenleser. Mit Hilfe der topographischen Blätter, deren letzte »Generation« sich durch eine sehr genaue Geländedarstellung auszeichnet, habe ich manche neue Route ausgeklügelt, die heute – man kann fast sagen –schon zu den Skitouren-Klassikern zählt.
Eine kalte Aprilnacht und ein kristallklarer Morgenhimmel waren die idealen Voraussetzungen, um das Gebiet zwischen

Gehrnerberg und dem Geißhorn zu erforschen und dort zu fotografieren. Ein Stückchen hinter der Mansguntenalpe bog ich energisch nach links ab und stieg in dem kleinräumigen Gelände, einem Mosaik aus unzähligen Absätzen, Mulden, Steilstücken, und das alles in Miniausgabe, zum Rücken des Gehrnerbergs hinauf. Hier setzt sich diese Kuppenlandschaft – ein Unikum in den Allgäuer Alpen – in beiden Richtungen über Kilometer fort.

Der nun folgende Höhenbummel wurde zu einem Schlemmermahl. Der Kamm liegt völlig frei zwischen den Tälern, Dutzende von Bergen stehen Parade. Der Biberkopf (2599 m), diese oben abgerundete Felspyramide, präsentiert sich als alles beherrschender Monarch. Mich aber fesselten mehr die Gipfel gleich jenseits des Rappenalpentales, eine lange Kette ganz individueller Gestalten aus Schnee und Fels, die das Morgenlicht so markant herausmodellierte. »Im Geist« kostete ich zum Beispiel die Abfahrt vom Kemptnerkopf (2191 m) zur tief im Schnee steckenden Mindelheimer Hütte aus, oder ich tastete die Möglichkeiten am steilen Mittleren Schafalpenkopf (2301 m) ab.

Mein damaliges Ziel, das Geißhorn (2366 m), stand drüben im Nordwesten – scheinbar sehr, sehr weit entfernt. Bei dem festen Schnee kam ich jedoch erstaunlich schnell von der Stelle, die Begeisterung über diesen Panoramaweg und das viele Schauen ließen zudem die Zeit völlig unbemerkt verstreichen. Über den Gehrnerberg (1935 m), links an einem Zwischenbuckel und auch links am Haldenwangerkopf vorbei rückte ich erst Richtung Westen, dann nach Norden dem Geißhorn immer näher. Bis an dessen Fuß herrscht stets das gleiche Durcheinander von kleinen Geländeformen, und nur Dank der guten Karte blieben mir nennenswerte Umwege erspart. Der 300 m hohe, glatte und teilweise reichlich steile Geißhorn-Südhang bot erstmals ein Gelände ganz anderer Art. Ich hielt mich rechts an den Grat, ließ dann die Skier auf der letzten Schulter stehen und folgte der freigeblasenen Schneide zum Gipfel, der nach Nordwesten mit wilder Wand in ein Minikar abbricht.

Auf den Ost- und Südseiten war inzwischen der Schnee eine Spanne tief aufgefirnt. Von der Schulter fuhr ich direkt nach Süden – sozusagen kopfüber – in den steilen Hang hinein, schwelgte im Firn. Nach wenigen Minuten stand ich schon unten im ersten Sattel, traurig über das so rasche Ende des Hochgefühls und angefüllt mit einiger Skepsis vor dem Weiterweg mit seinen Flachstellen und den kleinen Gegenanstiegen. Doch dann kam es ganz anders als erwartet. Noch selten hatte ich eine so spannende, pfiffige Aufgabe zu lösen! Ebenso schnell wie die kleinen Geländeformen wechselten auch Firn und Harsch. Blitzartig mußte ich stets das Richtige herauspicken, den Harsch etwa, um erfolgreich über eine flache Stelle zu rasseln, dann wieder den Firn, wenn ein paar Schwünge das Tempo drosseln oder eine kurze Stufe überwinden sollten. Vor den Gegenanstiegen ließ ich die Skier noch etwas schneller laufen und nahm damit diese Hindernisse im Sturm. Einzig am Gehrnerberg gab es einen längeren Anstieg mit den »Brettern« auf der Schulter. Mein Übermut bei den letzten schönen Hängen im Bereich der Mansguntenalpe wurde – ganz kurz vor dem Auto – mit einer Kneippschen Anwendung beendet: Das erste Mal, und deshalb ganz unvorbereitet, brach ich durch die Schneedecke, stürzte entsprechend vehement nach vorne. Ein versteckter Bach hatte sich einen üppigen Hohlraum geschaffen, eine richtige Skifahrerfalle. Eiswasser im Schuh, massenhaft Schnee unter dem Hemd auf der Haut – es war der richtige Kontrapunkt und Ausklang zu einem strahlenden Frühjahrstag.

Diese Panorama-Aufnahme ist ein Produkt der beschriebenen Tour. Von links: Das erste Massiv zeigt Liechel- und Angererkopf, dann folgen Mindelheimer Köpfl und Dreizinkenspitze, vor denen man auf der obersten Karstufe die Mindelheimer Hütte erkennt. Der feine Schneespitz ist der Kemptnerkopf, den Schluß bilden zwei der drei Schafalpenköpfe.

Ein buntes Mosaik

Die Zahl der Allgäu-Bücher ist groß. Viele beschäftigen sich mit der Landschaft und den Menschen, mit der Geschichte und den Kunstwerken. Der interessierte Leser wird in dieser Richtung also bestens unterrichtet. In unserem Buch, das sich gezielt an die Wanderer und Bergsteiger wendet, erscheint deshalb nach den alpinen Themen hier nur noch eine Art buntes Mosaik, eine kleine, sorgfältige Auswahl aus den verschiedensten Bereichen. Das soll vor allem dem Neuling im Gebiet der Allgäuer Alpen helfen, sich ein wirklich umfassendes Bild zu machen. Vielleicht regt es ihn auch dazu an, einiges zu unternehmen, sich manches selbst anzuschauen.

Was bringt nun die folgende Auswahl? Da gibt es ein wenig alpine Geschichte, die allerdings nichts Aufsehenerregendes zu bieten hat. Ebenfalls nicht sensationell, aber vielleicht doch interessant sind ein paar Berichte aus der Talregion, von den Bergbauern, von der Besiedelung durch die Walser, von Alpen und Käse, vom Fremdenverkehr, als er noch in den Kinderschuhen steckte... Dann stellen wir noch ein paar Kletterwände vor, und zwar bewußt in diesem Kapitel, gibt es hier doch sozusagen »Fels zum Anfassen« – auch für den Bergwanderer. In den gleichen Themenkreis gehört schließlich die Anregung für alpine Winterwanderungen ohne Skier.

Keine aufsehenerregende Historie

Spektakulär ist ein Wort, das ebenso wenig zu den Bergen in den Allgäuer Alpen paßt wie zu deren Ersteigungsgeschichte. Die gewaltigen Schwierigkeiten und die berühmten Wände fehlen hier und damit auch die sensationellen »Eroberungen«. Am ehesten könnte man an dieser Stelle noch die Trettachspitze nennen. Schon 1855 wurde der so wilde Felsdreikant durch die Brüder Urban, Alois und Mathias Jochum erklettert, eine bemerkenswerte Sache, da hier die Einheimischen den Fremden die »wohl größte Beute wegschnappten«. Und das war zu dieser Zeit eine seltene Ausnahme! Ein Zeitgenosse sah die Tour so: »Diese Spitze galt stets für unersteiglich, bis vorigen Sommer einige Burschen Gemsen hinaufklettern sahen, ihnen gleich nachsetzten und die Besteigung vollführten.« Ihre Höhe wurde damals mit 8105 angegeben – ein Achttausender im Allgäu also, allerdings gemessen in Pariser Fuß.
Auch unsere kleine Zeittabelle sagt nichts Ungewöhnliches aus. Die ins Auge fallenden Gipfel wurden zuerst erreicht, die Großzahl der Erstbesteigungen fiel in die klassische Zeit, die »Nachlese« erfolgte um die Jahrhundertwende - wie das so üblich war. Es sind ein paar Namen dabei, die man kennt. Die markanteste Gestalt war wohl Hermann von Barth, für die Zeit um 1870 ein Bergsteiger ganz eigener und ungewöhnlicher Prägung. »Alpinist« lautet die Berufsbezeichnung für ihn im Großen Brockhaus, der diesem 1845 in Eurasburg in Oberbayern geborenen Freiherren immerhin fünf Zeilen widmet. Eine Barthspitze, ein Barthgrat, ein Barthturm, eine Hermannskarspitze, eine Hermann-von-Barth-Hütte, ein Hermann-von-Barthweg, mehrere Barthkamine, eine ganze Reihe von Barthschen Routen – die zahllosen »Denkmäler« lassen schon ahnen, wie aktiv und erfolgreich dieser Geologe war. Er widmete sich nur wenigen Gebieten, den Berchtesgadener Alpen, Karwendel, Wetterstein und auch den Allgäuern, leistete dort aber eine verblüffend gründliche und systematische Arbeit. Außer den Gipfelbesteigungen war es ihm wichtig, einen genauen Überblick zu gewinnen, sowohl geologisch wie topographisch. In den Jahren um 1870 gab es ja nur bescheidene Karten, war manches in der Hochregion noch reichlich unbekannt.

ERSTBESTEIGUNGEN BEKANNTER GIPFEL

Widderstein	1669	Pfarrer Bickel
Hochvogel	1832	Trobitius
Höfats	1848	Sendtner
Mädelegabel	1852	Sendtner
Biberkopf	1853	Vermessungsbeamte
Öfnerspitze	1854	Gümbel
Großer Krottenkopf	1854	Gümbel
Marchspitze	1854	Vermessungsbeamte
Urbeleskarspitze	1854	Gümbel ?
Trettachspitze	1855	Gebrüder Jochum
Fuchskarspitze	1860	Vermessungsbeamte
Hohes Licht	1869	von Barth
Hochfrottspitze	1869	von Barth
Bretterspitze	1869	von Barth
Noppenspitze	1891	Spiehler, Schiffer
Kreuzkarspitze	1892	Wolff
Kleiner Wilder	1892	Stritzl, Kranzfelder
Hermannskarspitze	1899	Diehl, Enzensperger, Madlener
Wolfebnerspitzen	1900	Schulze

Weniger die Zahl der bestiegenen Berge, vielmehr sein Charakter, seine Eigenarten unterscheiden Hermann von Barth von fast allen »Pionieren« dieser Epoche. Er war seiner Zeit um ein gutes Stück voraus, verschmähte die Hilfe von Führern, verließ sich einzig auf sich selbst, sein Können, seine Erfahrung, war ein eingefleischter Alleingänger. Dreierrouten im bröseligen, ausgesetzten Hauptdolomit mit grobgenagelten Schuhen und Alpenstange, dafür ohne jede Sicherung – welcher Kletterer von heute würde sich unter diesen Bedingungen an die Barthschen Routen wagen? Der Freiherr war recht stolz auf seine Leistungen. Er beschrieb die Touren in dem begeisterten Überschwang seiner Zeit, nicht ohne sich selbst ins rechte Licht zu rücken. »Vorurteile brechend und Hindernisse besiegend, ein kühner und unwiderstehlicher Beherrscher der Gebirge«, so stufte er sich selbst ein, titulierte sich als »eisenharten Mann« und als »Kämpe voll unbeugsamen Trotzes und kühnster Todesverachtung«.
Doch noch einmal zurück zu unserer Zeittabelle, die – offen gestanden – weder wirklich zuverlässig, noch ganz konsequent ist. Die Besteigung des Widdersteins durch den Pfarrer Sebastian Bickel aus Schröcken erhellt die eine Seite des Problems. Die Menschen, die sich mit der alpinen Geschichte beschäftigten, haben bei aller Gewissenhaftigkeit doch ein paar etwas eigentümliche Regeln erfunden. Um ein rein fiktives Beispiel zu nehmen: Es wäre doch ganz gleichgültig, ob der erste Mensch in einer großen Wand als

Der Ausschnitt aus der historischen AV-Karte wurde mit freundlicher Genehmigung des Deutschen Alpenvereines abgedruckt.

Hermann von Barth, der erfolgreichste Erschließer der Kalkalpen zwischen Berchtesgaden und Oberstdorf.

Bergsteiger, als Gamsjäger oder als Goldsucher kommt. Erstbegehung bleibt Erstbegehung! Sozusagen ganz verschämt an unauffälliger Stelle findet man manchmal den Hinweis: »Der Gipfel wurde vielleicht schon früher von Einheimischen betreten.« Dem setzt man »die erste touristische Besteigung« entgegen und vergißt im Laufe der Jahre immer mehr das »vielleicht« (oder gar »bestimmt«).
Touren wie jene von Pfarrer Bickel im Jahr 1669 auf den Widderstein, einen Berg von immerhin 2533 m Höhe, der zudem einige Kletterei im Schwierigkeitsgrad I erfordert, werden gerne als etwas ganz Erstaunliches herausgestrichen. Doch hätte man nicht eine Tagebuchnotiz entdeckt, wüßte heute kein Mensch von Bickels Unternehmen. Das gleiche trifft für viele entsprechende Berge zu. Bestimmt erhielten alle Gipfel, die von den Siedlungen aus besonders ins Auge fallen und einen Aufstieg ohne ernstere Kletterei erlauben, von Zeit zu Zeit Besuch. Nur gibt es dafür eben keine Überlieferungen. Damals war die Trittsicherheit der Bergbewohner bestimmt nicht geringer als in unseren Tagen; man braucht sich bloß vor Augen zu führen, an welch extrem steilen Stellen noch gemäht oder Heu geschleppt wurde. Ähnliches gilt für die Leute der Landvermessung. Warum steht eigentlich jenen, die manchen Berg nicht nur bestiegen, sondern auch noch Material hinaufgeschleppt haben, kein »Titel« als Erstbesteiger zu?
Fazit: Bei Bergen von der Größe der Allgäuer Gipfel ist die Ersteigungsgeschichte nicht nur – wie schon anfangs gesagt – wenig spektakulär, sondern auch so löchrig wie ein echter Bergkäse aus der Region.

*

Schon 1870 beginnt der Alpenverein seine Arbeit, und zwar mit einem Wegbau Richtung Mädelegabel. 1875 entsteht dann – man staune – als erster Stützpunkt das Waltenbergerhaus, benannt nach dem Vorstand der besonders aktiven Sektion Immenstadt. Ihre beiden heute ungleich bekannteren und besuchteren »Nachbarn« – Rappensee- und Kemptner Hütte – entstanden erst 10 bzw. 17 Jahre später. Es zeugt von dem Unternehmungsgeist und der alpinen Erfahrung der Pioniere, daß sie sich ausgerechnet an diesen Hüttenbau wagten. Das Bacherloch, durch das der Zugang erfolgt, ist sehr scharf eingeschnitten, und als Bauplatz wurde eine winzige Kanzel unter den Felsen inmitten des Steilgeländes gewählt. Der Besuch dieser Hütte war gut, für die Bausubstanz traf dies weniger zu; so entstand schon 1885 an der heutigen Stelle ein Neubau mit wesentlich größerem Komfort.
»Ab und zu klagt Einer über den Verfall der einfachen Alpinisten-Sitten und die Verweichlichung, aber stets nur – daheim; niemals hat man diese Klagen in einer Schutzhütte gehört, denn selbst die abgehärtetsten Hochalpinisten sind nicht unempfänglich für die Vorzüge eines guten Bettes und einer trefflichen Verpflegung, und werden nur unwirsch, wenn die Gesellschaft zu gross ist. So haben sich im Laufe der Zeit aus manchen einfachen Hütten allmählich Berg-Hotels entwikkelt…« Diese Zeilen stammen trotz ihrer Aktualität nicht etwa von 1990, sondern aus dem Jahr 1894!
Es ist überhaupt verblüffend, wie viele Einrichtungen schon um die Jahrhundertwende bestanden. Da gab es bereits ein weitverzweigtes Höhenwegenetz, und sogar der Heilbronner Weg wurde schon 1899 eingeweiht. Ja, später ist sogar mancher Steig wieder verschwunden, nachdem die exponiert gelegene Mähder nicht mehr geschnitten wurden, manche Alpe verfiel.

DIE ÄLTESTEN HÜTTEN IN DEN ALLGÄUER ALPEN

Rappenseehütte	Höhe	Baujahr	Schlafplätze 1894	1990	Nächtigungen 1990
Waltenbergerhaus	2084	1875	24	75	2700
Prinz-Luitpold-Haus	1846	1881	18	235	11000
Rappenseehütte	2091	1885	20	342	13000
Edmund-Probst-Haus	1930	1890	42	108	7800
Kemptner Hütte	1844	1892	16	300	12000

Heller Wettersteinkalk – das Kletter-Dorado

Die Bergsteiger auf dem Hochvogel und die Kletterer etwa in der Südwand der Roten Flüh haben nicht viel Gemeinsames – heute noch weniger denn je. Versuche, diese Extreme unter einen Hut zu bringen, können nur scheitern. Das zeigen zum Beispiel die neuen Alpenvereinsführer aus den Dolomiten; kaum ein Bergwanderer wird sich etwa einen Band über die Civettagruppe für fast vierzig Mark kaufen. Auch unser Buch wendet sich ganz klar an eine »Zielgruppe«. Deshalb stellen wir die schönen Kletterwände in den südlichen Tannheimer Bergen hier, in unserem Mosaik, vor. Sie geben einen weiteren, kräftigen Farbton im Gesamtbild und warten zudem mit etwas Außergewöhnlichem auf: Kletterer *und* Wanderer haben Spaß an den Wänden. Kein Druckfehler! Auf dem Weg vom Gimpelhaus über die Judenscharte auf die Rote Flüh kommt man der Gimpel-Südwand ganz nahe, und bei einem Abstecher kann man sich auch den Wandfuß von Hochwiesler und Roter Flüh »erwandern«.
Der schon mehrfach erwähnte Wettersteinkalk in der Tannheimer Gruppe zaubert echte Kletterberge hervor, die einzigen im Bereich unseres Buches, die diese Bezeichnung – über die Grenzen der lokalen Brille hinaus – auch wirklich verdienen. Die Routen in der ja ganz kleinen Berggruppe füllen immerhin einen eigenen Alpenvereinsführer. Allerdings bieten nur die schönen, hellen Mauern an der Roten Flüh (2108 m) und ihrem östlichen Vorposten, dem Hochwiesler, die man schon aus dem Tal beim Haldensee bewundern kann, und die stärker gegliederte Südwand des Gimpels (2173 m) echte Genußklettereien. Der bis zu 260 m hohe Fels ist fest, griffig, sonnig, deshalb auch stets rasch wieder trocken bzw. schneefrei. Da macht das Klettern wirklich Spaß,

Schon der erste Bau des Prinz-Luitpold-Hauses war ein schmucker Stützpunkt. Hinten sieht man die Fuchskarspitze. Die Zeichnung stammt von M. von Prielmayr aus dem Jahr 1892.

wird zur völlig unbeschwerten Kür (falls man die Schwierigkeiten wirklich beherrscht), manchmal wegen des herrschenden Andrangs allerdings auch zur Geduldsprobe.

Dann gibt es noch die Nordwände, ein Revier völlig anderer Art, gewaltiger, ernster, ungleich alpiner. 600 m ist die noch relativ kompakte Nordwand des Gimpels hoch, auf 700 m bringt es die Felsflanke an der Köllenspitze, dieses stark gegliederte Gelände um den mächtigen, von Türmen besetzten Nordgrat. Selbst bei den gleichen Schwierigkeiten hinterlassen hier die Klettereien einen stärkeren Eindruck, geht das Erlebnis tiefer. Mehr Schatten, mehr Kälte, der Fels dunkler, nicht ganz so zuverlässig, sozusagen weniger fröhlich, dafür die Wände viel höher…

Marcus Lutz

Warmer Winter im steilen Fels

Bei Nesselwängle im Tannheimer Tal. Mit Mühe ergattern wir noch eine freie Stelle auf dem Parkplatz am Krinnenlift. Unzählige Skifahrer sind schon auf den Pisten unterwegs, als wir uns aus dem reichlich warmen Auto an die frische Luft begeben.

Unser erster Blick geht nach Norden, hinauf zu den Südwänden von Roter Flüh und Hochwiesler. Die klare Luft läßt sie greifbar nahe erscheinen. Es ist Mitte Januar, und seit Wochen herrscht herrliches, beständiges Wetter. Die Sonne hat den Schnee vollständig aus dem – rein südseitigen – Fels geputzt. Kurzum, es herrscht typisches, ideales »Tannheimer Wetter«.

Den aufdringlich neugierigen Blicken der Skifahrer entziehen wir uns durch einen kurzen Spurt und entfliehen damit rasch dem Trubel. Menschenleer ist der fast schneefreie Weg hinauf Richtung Gimpelhaus, und beim gleichmäßigen Gehen schweifen die Gedanken ab, werden die Erinnerungen an frühere Erlebnisse lebendig.

Vor bald fünfzehn Jahren war ich das erste Mal zum Klettern in den Südwänden. Das waren noch Zeiten, mit »Bollerschuhen« und mit den Trittleitern am Klettergurt. »Die Grenze des Menschenmöglichen« lautete die heroische Bezeichnung für den VI. Grad. Die Schusterführe am Hochwiesler, heute eine Modetour, wurde hoch eingeschätzt, aber wegen der relativ wenigen Zwischenhaken auch gefürchtet. Unsere Feuertaufe war damals die Südostwand an der Roten Flüh (V). Intensiv und farbig sind die Erinnerungen an diese Tour. Sie hatte mich so gefesselt, daß ich sogar in einem Schulaufsatz darüber geschrieben habe – und das brachte mir sogar zusätzliche Pluspunkte. Ich bekam nicht nur eine gute Note, sondern genoß in Zukunft eine Art Sympathiebonus bei meinem Deutschlehrer. Er war nämlich einst selbst ein Extrembergsteiger gewesen.

Mein erster Sechser – nicht in der Schule, sondern beim Klettern – datiert aus dem Jahr 1977. Ich führte in der

Südverschneidung an der Roten Flüh, einer Pause-Tour und einem wirklich genußvollen Klassiker unter den extremen Routen. Damals war jedoch die Schlußverschneidung nach dem gefürchteten Linksquergang wasserüberronnen, einige Haken fehlten, ein »Abflug« war die Folge. Typische Begebenheit der »frühen Jahre«; es fehlten noch das ausgefeilte Können, die Sicherheit, die Leichtigkeit. Später kletterte ich auch diese Stelle rotpunkt, also ohne die Haken zur Fortbewegung zu nützen– selbst bei triefender Nässe. So änderten sich die Zeiten (nicht nur bei mir persönlich, sondern im Klettern überhaupt).
Inzwischen sind wir beim geschlossenen Gimpelhaus angekommen, wo im Sommer immer reger Trubel herrscht. Wir lassen es links liegen, zweigen etwas oberhalb vom Hauptweg ab. Auf dem Steilhang unter dem Hochwiesler liegt Schnee zwischen den Latschen, die Sonne scheint recht warm, so brechen wir immer öfter ein. Auch darin haben sich die Zeiten geändert: »Hatscher« schätzen die ambitionierten Sportkletterer gar nicht, immer stärker konzentrieren sich deshalb ihre Aktivitäten auf die Klettergärten in Talnähe. Man schätzt die kurzen Zustiege, eine möglichst reiche Auswahl und maximale Schwierigkeiten.
Doch wir haben in der Hochwiesler-Südwand unsere »Standardroute«, der wir immer wieder einmal einen Besuch abstatten. Als Führerautor muß man von Zeit zu Zeit »nach dem Rechten« sehen, während das Gewissen meines Freundes Walter hin und wieder mit einer alpinen Winterbegehung beruhigt werden muß. Das ist allerdings ein reines Alibi, denn zumindest im Fels ist vom Winter wahrlich nichts zu sehen. Wir legen vielmehr am Einstieg zur Schusterführe unsere durchschwitzten Hemden zum Trocknen in die Sonne.
Die ersten Bewegungen fallen noch etwas steif aus, rasch ist jedoch der gewohnte Rhythmus gefunden. Vom Band weg dann die erste Schlüsselstelle, ein abdrängendes Wandl, glattpoliert von Trittleitersprossen. Wenige elegante »Durchläufer« an den – aus heutiger Sicht großen – Griffen ermöglicht ein ganz rasches Überwinden der Passage, und zwar ohne alle Hakenhilfe. Vor zehn Jahren schafften wir diese Stelle erstmals in freier Kletterei. Damals waren wir so richtig im »Rotpunkt-Fieber«, probierten immer neue Routen. Fortschritte waren nur durch ein ganz intensives und gezieltes Training zu erreichen, wir »schufteten« also sehr fleißig in den Klettergärten. Den Höhepunkt bildete für mich die erste freie Begehung des Zentralpfeilers an der Roten Flüh im Jahr 1984. Die Schlüsselstelle liegt im VIII. Grad, sie ist die schwierigste Passage in den Südwänden. Dies ist überhaupt eine elegante Tour, die inzwischen mit Klebehaken versehen wurde.
Nach der vierten Seillänge zweigen wir von der Schusterführe nach links ab und begehen unsere »private« Alternative, den Südwandverhau. Ihre Geschichte ist ebenso kurios wie der Name: der ursprüngliche Verhauer, also ein ungewollter Irrweg, erschließt heute eine ideale Kombination von Schusterführe und oberem Südpfeiler. Ein Doppelwulst, früher nur mit tollen Trittleiter-Spielchen zu überlisten, zählt heute zu den besonders schönen Freikletterstellen. Die Bewegungen laufen ruhig und flüssig ab, das wird nie zur Plage, ist reine Freude, selbst für Siebnerstellen paßt das Wort »Genußklet-

Die beliebteste Kletterei in den Tannheimer Bergen ist der Westgrat des Gimpels (III/A1), an dem es oft recht lebhaft zugeht.

*Linke Seite:
In der Hochwiesler-Südwestwand, (V/A1, frei VIII-).*

Panorama-Aufnahme, die die Südwände von Roter Flüh (links) und Hochwiesler zeigt.

terei«. Der Fels ist eisenfest, zahlreiche Haken erlauben eine gute Selbstsicherung.
Beim Ausstieg aus der eleganten grauen Verschneidung folgt die eigentliche Schlüsselstelle, ein ausgesetzter Linksquergang an kleinen Griffen. Die Bewegungen sind weich, flüssig, fast schleichend. Am folgenden Pfeilerchen kann man wieder fester zupacken. Bald ist dann der Ausstieg erreicht. Nach kurzer Rast tasten wir uns über die vereisten Grasboschen – es ist ja Winter! – zum Beginn der Abseilpiste hinunter. Rasch und mühelos erfolgt die Talfahrt. Beim Rucksack am Wandfuß machen wir noch eine gemächliche Brotzeit, obwohl die Sonne schon tief steht. Das war ein ungewöhnlicher Tag in der Südwand des Hochwieslers: schönstes Wetter, wohlig warm, und doch waren wir beide ganz allein. Wenn man da an den Sommer denkt, an den Massenauftrieb in den Modetouren, der zwangsläufig eine gewisse Hektik nach sich zieht. Ich persönlich stelle mir das Berg- und Naturerleben ein wenig anders vor. Deshalb werden wir zwar auch um diese Zeit wieder in die Tannheimer Berge kommen, aber nicht hierher, sondern zu den Nordwänden über dem Reintal, wo es auch in der Hochsaison ruhig bleibt.
Dann marschieren wir in den herrlichen Winterabend hinab, das letzte Stück mit Hilfe unserer Stirnlampen. Erst ganz am Schluß tauchen wir in die Kaltluft ein, die über dem Talboden lagert. Doch sind das Auto und die nächste Pizzeria schon zu nahe, um uns noch frösteln zu lassen. Dort sitzen wir dann zufrieden zwischen den anderen Wintersportlern, und wieder einmal taucht die alte Skepsis bei unseren Erzählungen auf. Man mag es uns nicht glauben, wie gemütlich warm wir uns im Fels gefühlt hatten, während gleichzeitig die Skifahrer froh über ihre dicken Overalls waren.

Als Anregung hier noch drei Südwand-Schmankerln:

KLASSISCHE GENUSSKLETTEREI (Hochwiesler, Alte Südwand). 5 1/2 Seillängen, Abseilpiste nahe dieser

Route, Schwierigkeitsgrad V-/A0, frei VI-, Wandhöhe 130 m, gut 2 Std. Sehr abwechslungsreiche Kletterei an nicht zu steiler Wand in festem Fels. Auf unserem Foto die Nr. 19.

DER LOHNENDSTE SECHSER (Rote Flüh, Südverschneidung). 12 Seillängen, Schwierigkeitsgrad VI/A0, frei VI+ an mehreren Stellen, Wandhöhe 260 m, 3-4 Std. Trotz vieler Begehungen die schönste Route dieser Schwierigkeit in hervorragendem Fels. Auf unserem Foto die Nr. 8.

DAS NON-PLUS-ULTRA (Rote Flüh, Zentralpfeiler). 11 Seillängen, Schwierigkeitsgrad VI+/A1, frei VIII (6 m), überwiegend VII, DAV-Klebehaken, 260 m Wandhöhe, 4-5 Std. Interessante, sehr athletische Kletterei, oberhalb der drei Fichten nicht immer ganz zuverlässiger Fels. Auf unserem Foto die Nr. 10.

ROTE FLÜH SÜDWAND

1 – Westverschneidung, VI- / A2
2 – Lodererpfeiler, VI -/ A1
3 – Don Camillo, VI+ / A1 oder VIII-
4 – Südwestwand, V- / A1 oder VII-
5 – Südwestkante, V / A1 oder VI+
6 – Gipfeldurchstieg, VI-
7 – alte Südwand, IV
8 – Südverschneidung, VI / A0 oder VI+
9 – direkte Südwand, VI / A0 oder VI+
10 – Zentralpfeiler, VI / A1 oder VIII
11 – Südostwand, V / A0 oder V+
12 – Südostriß, V+ / A1
13 – Kanalweg, V+ / A1
14 – Harde-Graser-Gedenkweg, VI- / A1 oder VII-, 1 SL VIII-

HOCHWIESLER SÜDWAND

15 – Allgäuer Weg, V- / A3 und A2
16 – Südwestwand, V+ / A1 oder VIII-
17 – Walterpfeiler, V+ / A2
18 – Fonte Gaillume, VI+
19 – alte Südwand, V / A0 oder VI-
20 – Südpfeiler, V+ / A1
21 – Südwandverhau, VI+
22 – Schusterführe,VI+ / A0
23 – Südriß, VI / A1 oder VII+
24 – Geisenberger-Gedenkweg, VI / A1 oder VIII-
25 – MaringelewegVI- / A1

WINTERMÄRCHEN - AUCH OHNE SKI

Begeistert auch Sie dieses Bild von Schnee, Sonne und weißen Gipfeln? Es steht hier als Symbol, als eine Art Lockvogel für das winterliche Bergwandern. In den letzten Jahren stieg die Zahl der Ausflügler in der weißen Jahreszeit ebenso rasch wie die der Ziele, die man auf gespurten Wegen ohne Skier erreichen kann. Im Allgäu lockten schon immer etwa Einödsbach oder die Spielmannsau die Wintermärchen-Begeisterten, und die Breitachklamm beeindruckt im Eisschmuck doppelt stark. Der Interessierte findet so manche weitere Möglichkeit; vor allem die Berggasthäuser wie etwa der »Zugspitzblick« oberhalb von Zöblen im Tannheimer Tal, die Gaisalpe bei Reichenbach oder Gerstruben über dem Trettachtal lassen sich sehr gut erreichen. Selbst die Schwarzwasserhütte (1628 m) des Alpenvereins ganz hinten im gleichnamigen Tal gehört zu diesen Zielen.

Das winterlich verschneite Gerstruben, über dem Dietersbachtal die Höfats.

Man mag es kaum glauben: doch so hat das Gebiet von Grünten, Immenstadt und Sonthofen in der Eiszeit ausgeschaut. Die blaue Fläche entspricht den Talgletschern, aus denen nur wenige, natürlich ebenfalls stark schneebedeckte Inseln herausschauten.

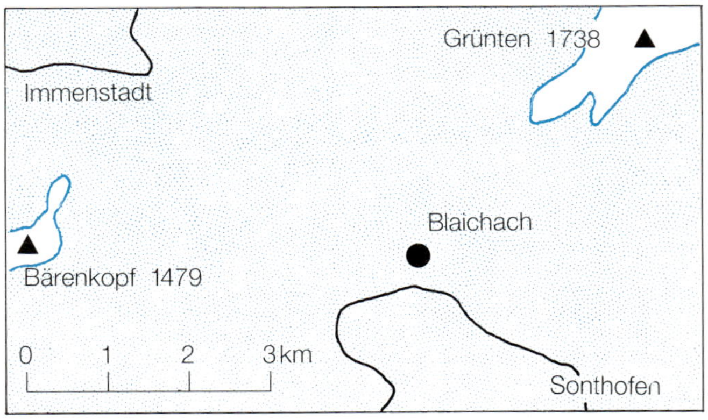

Oberallgäu – Fremde, Gletscher, Vieh...

Ohne je auffallend in Erscheinung zu treten, ist die *Iller* doch der zentrale Nerv des Oberallgäus. Sie wird aus den drei Quellbächen Trettach, Stillach und Breitach geboren, die nördlich von Oberstdorf an ein und derselben Stelle ineinander strömen, und sie mündet 147 km später bei Ulm in die Donau.

Die Eiszeitgletscher spielten Architekten für die Landschaft zwischen den Bergen. Vor 20000 Jahren war der *Illergletscher* am Alpenrand 700 m dick! Da die Flußtäler später noch etwas eingetieft wurden, lag damals also »die Ebene« – etwa im Bereich von Immenstadt – in 1500 m Höhe. Eindrucksvoller als alle Worte demonstriert unsere Skizze das Bild der Landschaft zu dieser Zeit. Der Grünten als kleine Insel im Eismeer – eine eigenartige Vorstellung! Das heutige Spitzbergen mag als Anregung dienen, das einstige »Oberallgäu« vor sich zu sehen. An mancher Stelle – etwa beim Kamm vom Mittag zum Steineberg – läßt sich die ehemalige Eisgrenze am Gelände ablesen. In dem Bereich, der vom Gletscher bedeckt war, ist alles abgehobelt und rundgeschliffen, während oberhalb die Formen unregelmäßig, kantig und bizarrer sind.

Zwischen Sonthofen und Oberstdorf war der Illergletscher bis zu 8 km breit. Er hobelte den weiten Boden aus. Erst später grub sich das Tal der Iller separat nochmals tiefer ein. So begleiten heute im Osten und Westen zwei Hochflächen, die sogenannten Illerterrassen, das eigentliche Tal. Fischen liegt in 761 m Höhe, Schöllang auf 855 m und Bolsterlang auf 892 m. Diese welligen, weitgehend von Wiesen überzogenen, sonnigen Flächen mit ihren Dörfern und Weilern geben dem Oberallgäu eine ganz persönliche und sehr reizvolle Note.

Im innersten, fast ebenen, immer noch 2 km breiten Talboden liegt *Oberstdorf* (813 m), ein Name, der sich von allein erklärt. Das ist das Nonplusultra eines bayerischen Ferien-, Ski- und Kurzentrums mit allen nur erdenklichen Einrichtungen von den entsprechenden Hotels und Kaffeehäusern über die Kneippkuranlagen, ein Bauernmuseum bis hin zur Seilbahn, deren Talstation im Ort selbst steht. Ja sogar die Sprungschanzen am Schattenberg, die Oberstdorf zusätzlichen Ruhm eingetragen haben, liegen unmittelbar am Ortsrand. Der erwähnte Talboden sorgt für eine weite und sonnige Landschaft, die großen Felsberge »halten sich im Hintergrund«, sind hübsche Staffage, aber kein bestimmendes Element des Ortes.

In der Geschichte von Oberstdorf heißt es: »Rebellion, Bauernkrieg, Reformation, Gegenreformation, Hexenwahn und fremdes Kriegsvolk brachten der Bevölkerung Drangsal über große Zeiträume. Die Pestkapelle erinnert daran, daß mehr als 700 Seelen dieser Geißel zum Opfer fielen.« Rechnet man noch den Großbrand vom Mai 1865 dazu, der 146 von 311 Gebäuden – inklusive Kirche und Rathaus – vernichtete, dann wird einem klar, daß das Leben in einem abgelegenen Bergdorf auch nicht stets geruhsam oder gar idyllisch verlief.

Außerdem vermitteln die weiten Wiesenflächen, die der Region heute zu einem so freundlichen Aussehen verhelfen, leicht einen ganz falschen Eindruck. Sie »schmekken« nach einem gemütlichen, sorgenfreien Bauernleben. Doch einerseits wurden diese Flächen erst im Laufe der Jahrhunderte mühsam aus dem Urwald, den sumpfigen Auen, den aus Geröll gebildeten Schwemmkegeln und Moränen gewonnen. Andrerseits bildet das Allgäu ein »Land, in dem Milch und Honig fließt«. Halt! – das ist nur scheinbar ein Widerspruch. Ausnahmsweise trifft der alte Ausspruch nicht die Realitäten. Fast reine *Viehwirtschaft* herrscht nämlich nur dort, wo der Boden zu karg oder das Klima zu rauh für einen lohnenden Ackerbau ist.

Die Feststellung vom »reichen Allgäu«, über die man zum Beispiel immer noch in den Schulbüchern stolpert, stimmt allenfalls in bescheidenen Teilbereichen. Wahrscheinlich ist es den wenigsten bewußt, daß hier zum Beispiel das Land um ein gutes Stück höher liegt. Selbst außerhalb des Gebirges findet man zahlreiche Dörfer um und über 800 m Höhe, während etwa im Chiemgau viele Orte selbst in den Bergtälern um die 600 m liegen, der höchste, nämlich Sachrang, es gerade auf 738 m »bringt«. Und ein Unterschied in der Höhe von gut 200 m sorgt für ein schon spürbar rauheres Klima.

Selbst das Wort *Allgäu* deutet auf die Milchwirtschaft hin, entwickelte es sich doch aus dem Begriff Alp-Gau. Schon in sehr frühen Zeiten nützte man die Möglichkeiten der Alpen, also von Weiden, die man ausschließlich im Sommer aufsuchte. So wurden zum Beispiel auch weite Teile des Lechtals als Weideflächen gebraucht, lange bevor dort eine feste Siedlung entstand. Der Ortsname Elbigenalp erinnert noch heute daran. Es gab allerdings auch in unserer Region einmal einen zweiten, wichtigen Erwerbszweig: »Das Algöw ist ein rauh winterig Land, hat aber schöne und starck Leut, Weib und Mann, die können alle trefflich wohl spinnen. Es hat auch viel Vieh, Küh und Roß.« Flachsanbau und Leinenweberei gaben damals Arbeit und Verdienst, wurden im Zuge der Industrialisierung dann jedoch unrentabel, und es folgte die starke Konzentration auf die Viehwirtschaft.

Die weite und freie Landschaft, die der Gast im Allgäu so schätzt, hat er einzig dem Vieh zu verdanken. Ganz auf die Milchgewinnung ausgerichtet, mußte man

Oberstdorf, 813 m
11000 Einwohner, 17000 Fremdenbetten, Verkehrsamt, 8980 Oberstdorf, Tel. 08322/7000.

AUSFLUGSZIELE

Faltenbachtobel
Eindrucksvlle Schlucht mit Wasserfällen unmittelbar östlich des Ortes. Zugang vom Stadion am Schattenberg in 20 Min.

Gerstruben, 1147 m
Malerische Gruppe historischer Höfe, Blick auf Höfats, Gasthaus. Zugang durch das Tal der Trettach und vorbei am Hölltobel. Gehzeit 1 3/4 Std.

Spielmannsau, 990 m
Gasthof auf einem Wiesenboden im inneren Trettachtal gelegen. Zugang längs der Trettach und vorbei am klaren Christlessee (unterirdische Quellen). Gehzeit 1 1/2 Std.

Einödsbach, 1110 m
Weiler im innersten Birgsautal mit alten Häusern und Gasthof. Eindrucksvoller Blick auf die Mädelegabel und die Trettachspitze. Vom Parkplatz an der Fellhornbahn gut 1 Std.

möglichst viele Mähwiesen und Weideflächen gewinnen. Der Wald verschwand überall dort, wo der Boden einigen Ertrag versprach, und in der Hochregion wurde jedes nur einigermaßen brauchbare Fleckchen genützt. Es gab Hunderte von Alpen – ungleich mehr als in allen anderen Teilen der bayerischen Alpenregion. Ja, in manchen Bereichen wurde sogar der Wald selbst beweidet. In der Mitte des vergangenen Jahrhunderts lernten die Allgäuer von den Schweizern die Herstellung von Hartkäse, und es begann ein reges Geschäft mit »echten Allgäuer Emmentalern« – ein Paradoxon! –, den würzige Bergkäsesorten usw. Heute kommt ein Viertel des deutschen Käses aus diesem Teil Bayerns, und die Milchproduktion wird in Millionen Litern berechnet.
Zum besseren Verständnis sollen hier noch ein paar Begriffe ganz kurz erklärt werden. Im Allgäu wird ausschließlich statt der im Altbayerischen und Österreichischen üblichen »Alm« das Wort Alp verwendet und zwar sowohl für die entsprechende Hütte wie für das Weideland rundum. Man kennt Senn- und Galtalpen, je nachdem, ob dort oben Milchkühe – einst immer mit Butter- und Käsegewinnung verbunden – oder Jungtiere gehalten werden. In manchen Regionen wie im Gunzesriedertal trifft man zusätzlich auf Vorsäße, ein Mittelding zwischen Talhof und Alpe, die im Mai (deshalb z.B. im Montafon auch Maisäß) und im Herbst bestoßen werden. Man mag sich darüber wundern, daß das Alpvolk – zumindest früher – oft als Bergler bezeichnet wurde. Doch das läßt sich leicht erklären. Die übliche Formulierung beim Besuch einer Alp lautete nämlich: man geht auf den Berg (und nicht, man geht auf die Alp). Erst durch den Alpinismus hat sich dieser Begriff für die Gipfelbesteigungen eingebürgert.
Offensichtlich ist der Mensch nur allzu leicht bereit, lieblichen Kitschbildern den Vorzug vor den Realitäten zu geben. Der Heimatfilm mag die Alm-Idylle geboren haben mit der jodelnden Sennerin im Dirndl, mit frischem Make-up, Dauerwellen und blütenweißen Söckchen. In Wirklichkeit war gerade die Almarbeit hart und anstrengend – deshalb meist Männersache! –, sie erforderte zudem eine grobe Kleidung und klobige Stiefel, und die übliche Duftnote lautete »Kuhmist«, eventuell gemischt mit Milch- und Käsegeruch. Man könnte hier beliebig fortfahren mit dem Aufzeigen von falschen Bildern, etwa der unsinnigen Gleichsetzung von primitiv und romantisch bei Häusern, Hütten und Almen.
Zu diesem Thema paßt auch die Tatsache, daß vielen aus dem Alpleben einzig der *Viehscheid* ein Begriff ist. Man kann die Freude und die Erleichterung der Bergler und der dazugehörenden Talbewohner früherer Gene-

Fischen, 761 m
2750 Einwohner,
5200 Fremdenbetten,
Verkehrsamt,
8975 Fischen,
Tel. 08326/1815

Echte Allgäu-Siesta.

Rechts: Postkarten aus den Jahren 1892, 1899 und 1912. Die eine zeigt auch den ersten Trettachspitz-Führer Schraudolph.

rationen verstehen, wenn sie unter diesen harten Bedingungen das Vieh ohne Unfall durch den Sommer gebracht hatten. Da wurde der Almabtrieb dann wirklich zu einem inneren und äußeren Fest. Heute erinnert er mehr an ein Spektakel für Fremde und Medien. So kommen zum Beispiel jährlich allein zum Oberstdorfer Viehscheid 10000 Besucher.

Mit dem Vormarsch der Maschinen und dem »rapiden Preisanstieg für die menschliche Arbeitskraft« nahm die Zahl der Bergbauern rasch ab, und auf den Landkarten findet man im Bereich der Alpflächen besonders häufig das Wort »verfallen«. So wird heute in erster Linie das Jungvieh auf der Alp gesömmert. Milchkühe findet man nur dort, wo alle Bedingungen stimmen: Zufahrtsstraße und eine gute technische und maschinelle Ausstattung. Die allbekannten Überschüsse bei der Milchproduktion und die damit verbundene schlechte Ertragslage würden das Allgäu zu einem der ärmeren Länder umwandeln, gäbe es nicht seit langem eine zweite, recht munter sprudelnde Erwerbsquelle, den Fremdenverkehr. Und damit wären wir wieder bei Oberstdorf angekommen, das in dieser Beziehung schon auf eine weit mehr als hundertjährige Geschichte zurückschauen kann. So kamen bereits 1888 über 3000 Kurgäste, und heute gibt es etwa 2,5 Millionen Übernachtungen pro Jahr.

Dabei waren die einheimischen Burschen ursprünglich den Auswärtigen gegenüber sehr mißtrauisch, besonders wenn es sich um die Dorfschönen handelte. In den folgenden Worten wird 1850 vom »Karrenlaufen« berichtet: »Wenn die Buben in der Nacht einen auswärtigen Gast in der Kammer einer Fehl ertappten, rissen sie ihn heraus, gaben ihm eine Schelle um den Hals, stellten ihn, unter Absingung von Spottliedern, in einen Karren ohne Boden, fuhren mit ihm durch's Dorf, wo er bei jedem Brunnen aus dem Viehtrog trinken mußte, und dann das Brummen eines Stieres nachzuahmen gezwungen wurde, und schickten ihn dann mit zerstoßenen Schienbeinen heim.«

Oberstdorf ist ein Zwitter – aber durchaus im positiven Sinn. Im Orts- und Talbereich herrscht der Fremdenverkehr uneingeschränkt, während die Täler im Süden und Südosten, vom Nebelhorngebiet abgesehen, (fast) autofrei und wenig erschlossen sind. Das Oytal, die Spielmannsau und Einödsbach zählten schon immer zu den ausgesprochen beliebten Ausflugszielen, wie unsere alten Postkarten belegen. Die bequemen Routen – heute muß man allerdings teilweise auf den Straßen wandern – aber mehr noch die großartigen Bergkulissen sorgen für diese Anziehungskraft. *Einödsbach* (1110 m), der südlichste, ganzjährig bewohnte Weiler Deutschlands, gehört sogar zu den berühmten »Kalender-Schönheiten«. Jeder kennt das Motiv mit den alten Holzhäusern im Vordergrund und den wilden Felsbergen um die Trettachspitze als Blickfang.

Weit weniger bekannt ist ein anderes, ebenso reizvolles Motiv: *Gerstruben* mit der Höfats. Das Foto auf den Seiten 110 und 111 gibt einen Eindruck davon. Dieses einstige Bergbauerndörfchen liegt an der äußersten Ecke des Dietersbachtals, wo das Gelände über 200 m ins Tal der Trettach abbricht, so steil, daß der Bach im malerischen Hölltobel in Kaskaden in die Tiefe stürzt. Man mag es kaum glauben, daß dieses kurze, schmale, extrem den Lawinen ausgesetzte Tal 1860 noch elf Familien ernährte. Auf der talein gelegenen Dietersbachalpe konnten bis zu 60 Rinder gesömmert werden, während mancher Steilhang dieser Grasberge noch als Mähder diente. 1892 wurden alle Anwesen an ein »Consortium« verkauft, um den Dietersbach für ein Kraftwerk zu nutzen, das den so schönen Hölltobel dann weitgehend trocken gelegt hätte. Doch schon zu dieser Zeit gab es in Oberstdorf und im Bezirk Sonthofen weitblickende Menschen, die den Bau verhinderten. Und auch der

Handbuch für Reisende im Algäu, Lechthal und Bregenzerwald. Von Jos. Buck.

Mit einer Karte, einem Höhen-Profile und einem Trachten-Bilde.

Verlag von Tobias Dannheimer Kempten 1856

Bereits 1856 erschien ein erster Führer für die Feriengäste des Allgäus. Von dieser Kostbarkeit gibt es seit 1983 ein Reprint, das – man staune – wieder bei Tobias Dannheimer, Kempten, auf den Markt gekommen ist.

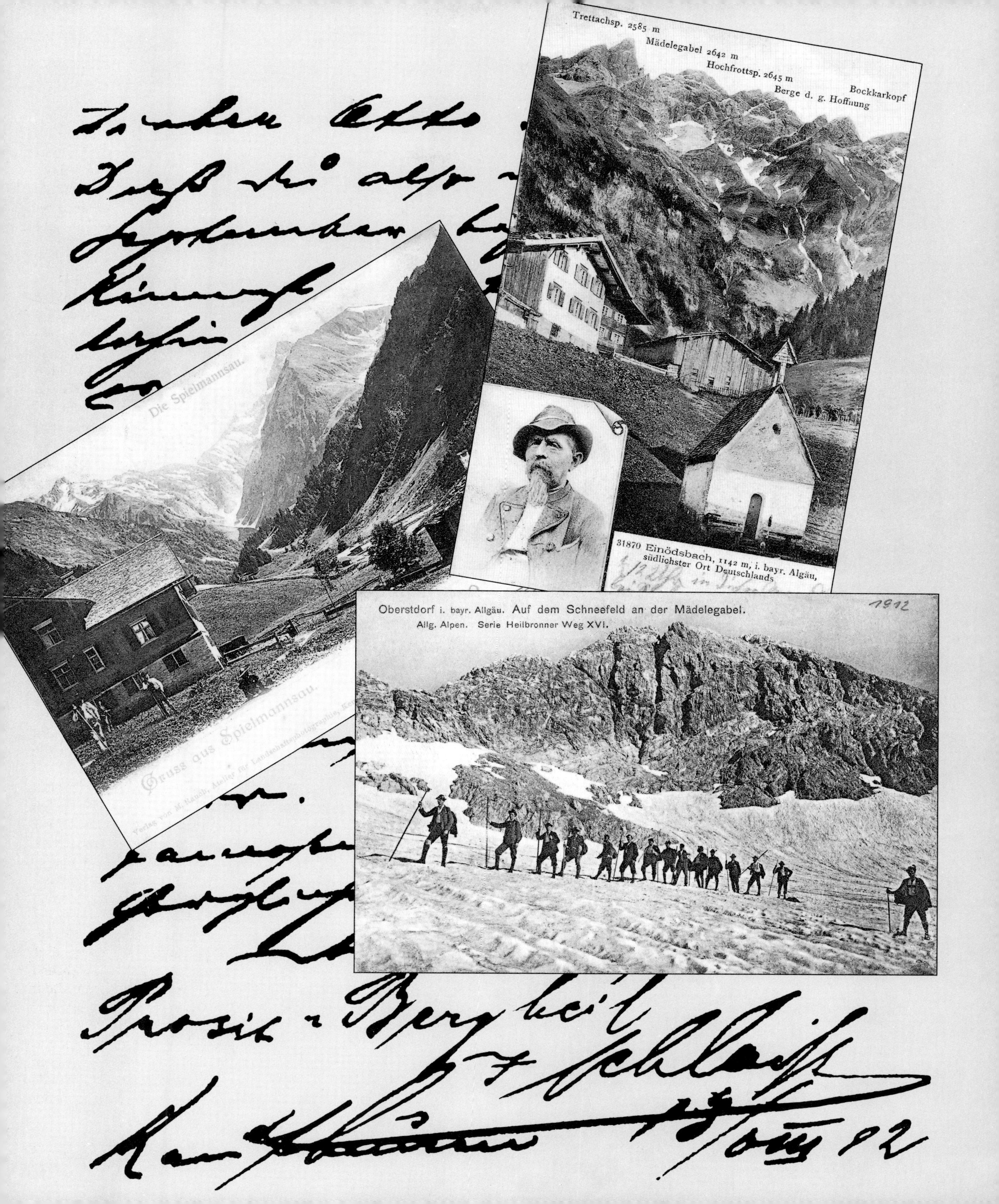
Trettachsp. 2585 m
Mädelegabel 2642 m
Hochfrottsp. 2645 m
Bockkarkopf
Berge d. g. Hoffnung
31870 Einödsbach, 1142 m, i. bayr. Algäu, südlichster Ort Deutschlands
Die Spielmannsau.
Gruss aus Spielmannsau.
Oberstdorf i. bayr. Allgäu. Auf dem Schneefeld an der Mädelegabel.
Allg. Alpen. Serie Heilbronner Weg XVI.
1912

Erstes Morgenlicht: Blick vom Imbergerhorn ins Ostrachtal und auf Hindelang.

Sonthofen, 743 m
20000 Einwohner,
3500 Fremdenbetten,
Verkehrsamt,
8972 Sonthofen,
Tel. 08321/76291.

Immenstadt, 728 m
13000 Einwohner,
3500 Fremdenbetten,
Verkehrsamt,
8970 Immenstadt,
Tel. 08323/80481.

Hindelang, 825 m
5000 Einwohner,
7500 Fremdenbetten,
Kurverwaltung,
8973 Hindelang,
Tel. 08324/8920.

Kauf der 1953 noch bestehenden fünf Häuser in Gerstruben durch den Verein der Oberstdorfer Rechtler gehört zum Erfreulichen und bestimmt Ungewöhnlichen. Ihrer Initiative verdanken wir es, daß diese schönen, sehr alten Höfe in Blockbauweise erhalten blieben. Heute stehen sie unter Denkmalschutz ebenso wie die wieder instand gesetzte Säge unten am Bach, die mit Schaufelrad und Welle aus Holz ausgestattet ist.

*

Gut 10 km weiter im Norden bietet der größte Iller-Talkessel sogar Platz für das Zentrum des Landkreises Oberallgäu. *Sonthofen* (743 m), eine schon sehr alte Siedlung, gehört zu den drei Städten Bayerns, die wirklich *in* den Alpen liegen, auch wenn die Berge, aus den Straßen gesehen, kaum auffallen. Trotz der interessanten Schluchten in der Umgebung, von denen jedoch nur die Starzlachklamm wirklich viel besucht wird, ist Sonthofen mehr eine Einkaufs- als eine Fremdenstadt. Allerdings ziehen sich die Dörfer und Weiler noch hoch an den Hängen empor. So liegt zum Beispiel Imberg in 879, Hochweiler in 919 m Höhe. Kurios: Man könnte sie als Stadtteile von Sonthofen definieren.

Nicht weit entfernt, doch mehr am Alpenrand, drängt sich *Immenstadt* (728 m) am Bergfuß zusammen, von den Einheimischen liebevoll das »Städtle« genannt. Hier lockt vor allem der *Alpsee* (724 m) die Gäste an. Der gut 3 km lange und 22 m tiefe See ist die größte Wasserfläche des Oberallgäus, einer der typischen, von Bergkuppen eingerahmten Alpenrandseen zwischen Wiesen und Wald. Ost- und Südufer werden zudem von denBadenixen und anderen Wasserfreunden geliebt.
Fährt man von dort weiter nach Westen, also Richtung Lindau und Bodensee, dann kommt man nach Oberstaufen (791 m). Dieser Marktflecken liegt malerisch zwischen den letzten Kuppen, die bei der Alpenfaltung entstanden sind. Der Schroth-Kurbetrieb prägt ganz das Leben in diesem äußersten Ort des Oberallgäus. »Dahinter« beginnt dann das Westallgäu, ein abwechslungsreiches Gebiet mit Höhen und tief eingeschnittenen Tälern, aber es folgt kein Gebirgsland mehr.

*

Doch zurück zum Tal der Iller. Die Ostrach, also die von Osten kommende Ach, ist der einzige größere Nebenast. Sie mündet gleich unterhalb von Sonthofen. Fährt man

Balderschwang mit einem sehr schönen, typischen Haus im Stil des Bregenzerwaldes.

durch den sanften Einschnitt talauf, dann kommt man bald nach *Hindelang* (820 m), einem bekannten Kur- und Ferienort, der seinen Namen vom Geschlecht der Hundinlanc aus der alemannischen Frühgeschichte des Ortes herleitet. Im Südosten schließt sich Bad Oberdorf an; einer Schwefelquelle verdankt es seinen »Titel«.

Die über das Oberjoch führende Salzstraße verhalf zu Einnahmen, mehr aber noch trugen die Hammerschmieden im Tal, die das eigene, im inneren Ostrachtal gewonnene Erz verarbeiteten, im späten Mittelalter zu einigem Reichtum bei. Schon damals war es vor allem der Waffenhandel – mit Hellebarden und Spießen –, der viel Geld brachte. Als eine Art Ausgleich zum kriegerischen Handwerk engagierte man den berühmten Bildhauer Jörg Lederer. Er schuf 1519 den sogenannten Hindelanger Altar, eines der besten Schnitzwerke der späten Gotik. Lederer war zudem ein echtes Allgäuer »Gewächs«: Er wurde 1470 in Kaufbeuren geboren und lebte später als Bürger der Stadt Füssen. Der Altar steht heute in der 1938 neu erbauten Kirche von Bad Oberdorf, die noch weitere gotische Kunstwerke, wie eine Madonna von Holbein dem Älteren, beherbergt.

Südlich von Bad Oberdorf schnürt sich das Ostrachtal erstmals zusammen, um sich dann zu einem letzten, schmalen, aber langen Boden zu öffnen. Hier liegt, über 2 km verstreut, das Dorf Hinterstein (866 m), ein Sammelsurium verschiedenartiger Häuser. Die steil aufsteigenden Hänge und die Felsgipfel, die über den Waldgürtel lugen, sorgen für eine alpine Kulisse, formen aus dem Ort ein richtiges Bergdorf. Sehr schön sind die Zipfelsbach-Wasserfälle gleich oberhalb der Kirche (siehe auch Seite 20).

Ein paar Zeilen wollen wir auch noch der Region westlich der Iller widmen. In Blaichach mündet das kleine Tal von *Gunzesried* (889 m, Zufahrtsstraße von Bihlerdorf), wohl der ursprünglichste Teil der Oberallgäuer Bergwelt. Auf den weiten Wiesenhängen stehen verstreut die Höfe, mancher präsentiert sich noch im traditionellen Schindel-Gewand, das – leider – in vielen Gebieten inzwischen anderen Stilen (oder auch gar keinen) gewichen ist. Die hier herrschende Nagelfluh sorgt zudem für ein paar besonders schöne Schluchten wie den Gunzesrieder- oder den Ostertaltobel. Die Tobel gehören überhaupt zum besonderen Schmuck des Gebietes; der Aufmerksame entdeckt so manches Schmankerl – nicht nur hier, sondern überall im Oberallgäu:

WASSER-AUSFLÜGE

Starzlachklamm
Eindrucksvolle Klamm mit senkrechten Felswänden, guter Steig. Zugang von Winkel im Nordosten von Sonthofen.

Ostertaltobel
Malerische Nagelfluh-Schlucht mit fünf Wasserfällen, 15 Min. ab Gunzesried-Säge.

Sturmannshöhle
Schauhöhle bei Obermaiselstein; im untersten »Stockwerk« rauschender Höhlenbach.

etwa den Leybachtobel bei Altstädten, den Hinanger Wasserfall, Wild- und Hirschbachtobel bei Hindelang usw., usw.

Schließlich gibt es noch den Oberallgäuer »Außenseiter«, nämlich das Dörfchen *Balderschwang*. Die mit 1044 m höchstgelegene deutsche Gemeinde läßt sich aus dem Tal der Iller nur über den Riedbergpaß (1417 m) erreichen. Der Talfluß Bolgenach fließt nach Westen, also hinab in den nördlichen Bregenzerwald, in das Gebiet von Hittisau. Dieses einst wirklich weltabgelegene Bauerndorf hat als »bayerisches Sibirien« in den letzten Jahren eine steile Karriere gemacht: Die hohe Lage des Ortes, der Schneereichtum und ein nur geringer Föhneinfluß schaffen hier noch makellos weiße Flächen, wenn an anderen Stellen der »Winter schon fadenscheinig geworden ist«. Gerade die Skiwanderer und Langläufer schätzen das von Wiesenflächen überzogene, doch von eher unauffälligen, oft waldbedeckten Bergen eingeschlossene Hochtal.

Kleinwalsertal

»Die Menschen im Kleinen Walsertal sind Schweizer durch die Abstammung, Österreicher durch Geburt und Deutsche durch ihren Wohnort.« Dieser Spruch trifft so recht die Situation: klar ist nur, daß das Ganze ziemlich verworren ist.

Kleinwalsertal
Gemeinde Mittelberg, zu der auch Riezlern, Hirschegg und Baad gehören.
5500 Einwohner, 12000 Fremdenbetten, Verkehrsamt, D-8985 Hirschegg, Tel. aus D: 08329/51140.

TOBEL-AUSFLUG

Schwarzwasser
Von Egg zur »Naturbrücke«, dann talauf am Bach entlang (mehrere Wasserfälle) bis zur Straße, die zur Auenhütte führt.

Dieses waldarme Hochtal von etwa 15 km Länge und 8 km Breite wird von der Breitach, einem der drei Iller-Quellflüsse, durchströmt. Es öffnet sich also ins bayerische Oberallgäu, und es läßt sich nur von dort auf einer Straße erreichen. Das Gebiet selbst aber gehört zum Österreichischen Bundesland Vorarlberg, über das es jedoch lediglich mit Fußwegen verbunden ist. Um die Bergbauern vor allzu großer Isolation und damit vor Armut zu schützen, blieb nur eine Lösung: 1891 wurde das Kleinwalsertal Deutschland angeschlossen, allerdings nicht politisch, es entstand nur eine Zoll- und Währungsunion.

In einigen Bereichen führte das zu verzwickten Situationen. So kauft man dort die Briefmarken in Schillingswerten für D-Mark, und beim Telefon gibt es für jeden Ort zweierlei Vorwahlnummern, eine allgäuerische für den Anruf aus Deutschland, eine vorarlbergische für die österreichischen Landsleute. Und für die Walsertaler selbst ist postalisch alles Inland – von Wien bis Hamburg (eine Wiedervereinigung à la Walsertal).

Der Bevölkerung bereitet ihre Situation allerdings nicht das geringste Kopfzerbrechen. Die Gäste, die auf der breiten Straße zu Zigtausenden hereinströmen, werden mit Freuden empfangen. Ihnen wird alles geboten, was Spaß macht, viele Wander- und Bergwege, ein reiches Pisten- und Loipenangebot, Hotels der Extraklasse, Gasthöfe, Cafés, Discos, Sport- und Trachtengeschäfte, einer Spielbank… Wer spricht da noch von den Bergbauern! Natürlich, man braucht sie auch heute noch, denn nur gepflegte Wiesen schaffen diese so anziehende, schmucke Tallandschaft. Doch das Geld bringt der Fremdenverkehr! Bereits 1962 wurde die Millionengrenze bei den Übernachtungen überschritten; eine stolze Marke! Da darf man sich nicht wundern, wenn von den ursprünglichen Walsersiedlungen nicht viel geblieben ist. Doch das gehört zu

Es war wohl weniger die Breitachklamm, diese unüberwindbare, kilometerlange Felsschlucht, die die Alemannen aus dem Illertal von einer Besiedlung des heutigen Kleinwalsertals abgehalten hatte. Dort, 400 m höher!, war ihnen das Klima zu rauh, viele Gegenden zu sumpfig, der Urwald zu dicht und wüst, das Gelände mit seinen zahllosen Tobeln zu unübersichtlich, die Lawinen- und Murengefahr zu groß. Aus dem fernen Wallis kamen die ersten Siedler, die Walser, diese Könner unter den Bergbauern, die aus einem so unwirtlichen Gebiet eine Bilderbuchlandschaft zauberten – aber natürlich nicht von heute auf morgen. Sie kamen von »oben«, vom Tannberg, von Krumbach, über den Gemstel, den 1972 m hohen Paß östlich des Widdersteins. (Auf der Seite 125 wird noch ausführlich über die Walser berichtet.)

Was heute unter der Bezeichnung »Aussiedlerhof« als moderne Erkenntnis gepriesen wird, war für die Walser schon um das Jahr 1300 selbstverständlich: Jeder Hof lag für sich alleine inmitten der eigenen Flächen. Das schuf jene Streusiedlungen, die schon fast zu einem Erkennungsmerkmal für die Walser wurden. Auch in unserem Tal waren die Höfe überall verteilt, von der Walserschanze bis Baad, und zwar diesseits und jenseits der Breitach, von Riezlern bis Außerwald. Später baute man dann Schritt für Schritt längs der Hauptstraße, der Walserstraße, die Lücken zwischen den einzelnen Anwesen mit anderen Gebäuden zu – und zwar fast vollständig. Heute muß man schon gut aufpassen, um die Höfe dazwischen noch zu entdecken. In den abgelegenen Ortsteilen, wie Wald und Straußberg im Norden oder Ebenwasser, haben sich hingegen die alten Strukturen halten können.

Mancher mag das Treiben im Kleinwalsertal als allzu rege empfinden. Doch das kann die Tatsache nicht schmälern, daß es kaum eine schönere Tallandschaft in den Allgäuer Alpen gibt. Dafür sorgt vor allem der Kontrast zwischen den freundlichen, runden, vielgestaltigen, heute allerdings stark zugebauten Wiesenflächen und den großen Fels- und Grasgipfeln im Süden – mit dem Widderstein (2533 m) als König. Bei Mittelberg ist der Blick am reizvollsten. Eine besondere Note schaffen zudem die Tobel, die die Orte und Weiler, die ja fast ausschließlich auf den Höhen liegen, in viele einzelne Abschnitte zerteilen. Wer Freude an kleinen Klammen und schön ausgewaschenen Felsen hat, sollte sich das Schwarzwasser, wie der größte Nebenast der Breitach heißt, einmal näher anschauen. Zwischen dem Gebiet von Egg und der Straße zur Auenhütte gibt es drei Stellen, wo sich das Flüßchen sehr malerisch in die harten Felsen aus der Kreidezeit eingeschnitten hat. Eine natürliche Felsbrücke und mehrere Wasserfälle sind die besonderen Attraktionen.

Bilderbuchlandschaft Ostallgäu

Auch ohne allen Lokalpatriotismus – das Ostallgäu gehört zu den schönsten Alpenrandlandschaften überhaupt. Wie von einem Könner komponiert, paßt das eine zum anderen, setzen sich die Details zu einem mustergültigen Bild zusammen.
Ganz markante Berge bilden den Blickfang, sie ragen zudem besonders mächtig und unmittelbar über dem Vorland auf. Dem immerhin 2047 m hohen Säuling ist kein nennenswerter Höhenzug vorgelagert, keine drei Kilometer liegen zwischen dem Gipfel und dem flachen Land! Auch die großen Tannheimer Berge stehen scheinbar in der ersten Reihe. Doch nicht nur das Unmittelbare, auch die Formen schaffen einen besonders dekorativen Hintergrund. Jeder Gipfel wird zu einer eigenen Persönlichkeit von unverwechselbarer Gestalt, ist tief von seinen Nachbarn abgetrennt. Der Aggenstein (1986 m) etwa besteht aus einer auffallend runden Scheibe und einer gezackten, zugespitzten Hälfte, er bricht zudem mit grünschwarzen Steilwänden nach Norden gegen das Tal bei Pfronten ab.

Das zweite Element im Ostallgäu-Gemälde steuert das Wasser bei, genauer gesagt, die unzähligen Seen, Weiher und Tümpel. Der fast 10 km lange Forggensee teilt das Schicksal anderer Staubecken; nur im Sommer bei vollem Wasserstand kann er mit seiner Schönheit beeindrucken. Um so reizvoller zeigen sich die anderen Seen, die sich durch eine – gar nicht selbstverständliche – Eigenschaft auszeichnen: sie sind noch erstaunlich unberührt und ursprünglich, nicht von einer ununterbrochenen Kette privater Grundstücke vor dem allgemeinen Publikum hermetisch abgeriegelt. Die »persönliche Note« der einzelnen Seen sorgt für reiche Abwechslung, für ein buntes Bild. Da gibt es die ganz von dunklen Bergwäldern eingerahmten, oft tiefblauen Augen wie den Alpsee (814 m, nicht zu verwechseln mit dem Namensvetter bei Immenstadt) oder den Alatsee. Das Gegenstück bildet der flache, von Moor, Schilf und Wiesen umgebene Bannwaldsee, während der Hopfensee und der Weißensee zu den »Mischlingen« zählen. Die Ufer des einen sind in Promenade und unberührte Schilfzonen aufgeteilt, der andere bietet sogar drei Elemente: Dorf- und Badezone, sumpfige Flächen und

Folgende Seiten: Abziehendes Gewitter über dem Bannwaldsee; im Hintergrund der Edelsberg (rechts), der Kienberg und der Falkenstein bei Pfronten.

Nesselwang im Ostallgäu.

steile, teilweise von malerischen Felsgruppen durchsetzte Bergwaldufer.
Mehr als dreißig Weiher beleben zusätzlich das Land zwischen Nesselwang und Steingaden. Von unzugänglichen Moorteichen über verwunschene Waldtümpel und Fischgewässer bis zu Badeseen reicht die Palette. Trotz einer oft unverständlichen Trockenlegungs-Politik, die selbst in den letzten Jahren fortgesetzt wurde, findet man zudem noch manches Moor, manche Streuwiese, blühen im Frühjahr noch Krokusse, Märzenbecher, Enzian, Mehlprimel und Fettkraut, fühlen sich die verschiedensten Wildenten, die Taucher und Bläßhühner hier wohl.
Zwei weitere Details tragen zum Bild der Landschaft bei. So ist fast die gesamte Fläche in Hügel und Kuppen gegliedert, ja, es gibt sogar einige langgestreckte Kämme. Der Zwieselberg und der Eisenberg »schaffen« jeweils noch 1055 m Höhe. Es handelt sich dabei sozusagen um die letzten Runzeln, die bei der Alpenfaltung entstanden sind, und nicht – wie oft behauptet wird – um eiszeitliche Moränen. So findet man zum Beispiel auf dem höchsten Kamm des Senkeles in der Nähe von Seeg ein paar kleine Felsrippen aus Nagelfluh. All diese Höhen und Köpfe bieten zudem ein sehr schönes Panorama. Außerdem überwiegen auch hier – wie sich das im Allgäu so gehört – die Wiesen und Weiden gegenüber dem Wald; und das schafft stets eine freie und freundliche Landschaft.
Und nicht zuletzt sorgt das Historische für einige Farbtupfer - wörtlich und im übertragenen Sinne. Hier denkt natürlich jeder sofort an die Königsschlösser Neuschwanstein und Hohenschwangau, die wie nichts anderes die Menschen anlocken. Bis zu 10000 Besucher drängen sich zur Schloßbesichtigung – nicht in einem Jahr, nicht in einem Monat, sondern an einem einzigen Tag! Reizvoll, aber ungleich weniger berühmt ist die Altstadt von Füssen mit ihrer Fußgängerzone, der St. Mangkirche, dem Hohen Schloß, einem vielteiligen Gebäudekomplex, der sich malerisch im Lech spiegelt. Diese Stelle, wo sich der Fluß durch den letzten, sehr harten Felsriegel zwängt – deshalb gibt es hier auch den Lechfall und eine kurze Klamm –, war einst von großer strategischer Bedeutung. So sorgten schon die Römer für die erste Siedlung mit der Bezeichnung Foetibus. Zu schönen Ausflügen laden schließlich die Ruinen rund um Pfronten ein. Da gibt es zum Beispiel den Falkenstein (1268 m) mit ein paar alten, uninteressanten Mauern, aber einem um so schöneren Blick; auf diesem kleinen, nach Süden senkrecht abbrechenden Gipfel wollte König Ludwig II. eine noch gewaltigere Burg als Neuschwanstein erbauen. Noch aus dem Mittelalter stammen die Ruinen auf Hohenfreyberg und Eisenberg (1055 m) nördlich von Zell. Die noch stattlichen Reste von Mauern und Türmen lassen die Größe der einstigen Festungen ahnen.
Noch eine kleine geographische Anmerkung: Es war, um Mißverständnissen vorzubeugen, durchaus sinnvoll, die Alpen in Gruppen mit klar definierten Grenzen aufzuteilen. Dabei schaffen die Täler die einzig logischen Trennlinien. Ein starres System sorgt jedoch stets auch für ein paar groteske Details. So liegen Säuling und Tegelberg zwar im Ostallgäu, zählen aber nicht zu den Allgäuer, sondern zu den Ammergauer Alpen.

Das Lechtal und seine Nebenäste

Wie schon gesagt, die Allgäuer Alpen decken sich keineswegs mit dem Allgäu. Sie reichen weit über diese Landschaft hinaus, Teile des Gebirges liegen im Bereich des Lechtals, andere gehören zum Bregenzerwald. Gerade der naturverbundene Bergfreund fühlt sich von diesen Regionen angezogen, die eine größere Ursprünglichkeit, mehr Stille bewahrt haben, die die breite Masse ungleich weniger besucht.
Auf einer Strecke von nicht weniger als 60 km bildet der Lech die Südostgrenze der Allgäuer Alpen. Trotzdem ordnet jeder ganz automatisch das Lechtal den südlich anschließenden Lechtaler Alpen zu. Das liegt aber nicht nur an der Übereinstimmung der Namen. Das Tal öffnet sich viel stärker nach Süden, von dort münden die großen Nebentäler ein, dort findet man noch einige Bergdörfer. Ab Elmen flußaufwärts steigen hingegen im Norden, also auf der Seite der Allgäuer Alpen, die Hänge ganz unmittelbar und sehr steil an, sind die hohen Gipfel erstaunlich nahe. So schicken der Häselgehr- oder Heuberg und die Rotwand 1100 m hohe Steilgrashänge ins Tal, an der Klimmspitze (2464 m) erreicht die jähe Flanke sogar 1500 m Höhe. Das wirkt wie eine Mauer, an die man sich zwar »lehnt«, weil sie sonnig warm ist, die aber doch eine starke Barriere bildet. So gibt es bis Elbigenalp nicht einen einzigen Hof oder gar einen Weiler, der oberhalb des Talbodens in den Hängen liegt. Erst bei Bach, Holzgau und Steeg sind auch die nach Norden ansteigenden Flanken, also die Sonnenhänge, an einigen wenigen Stellen besiedelt. In Oberellenbögen lag der oberste – längst nicht mehr bewirtschaftete – Hof in 1380 m Höhe.
Bei schönem Sommerwetter hinterläßt das Lechtal einen ausgesprochen freundlichen Eindruck. Der Talboden ist nie schmäler als 500 m, meist überziehen ihn weite Wiesen, die schmucken, stattlichen Dörfer folgen rasch hintereinander, zudem sorgen die Felsgipfel überall für einen dekorativen Hintergrund. Natürlich setzt man auch hier auf den Fremdenverkehr, aber an keiner einzigen Stelle bestimmt er das Bild, überlagert er die dörfliche Struktur. Und das zählt schon zu den ganz besonderen Ausnahmen in Tirol! Zum (verständlichen) Kummer der Talbevölkerung und zum Glück für den Gast, der die Natur und die Ursprünglichkeit liebt, eignet sich das Lechtal für keine spektakulären Erschließungen. Zu steil sind die Hänge, zu scharf eingeschnitten die Nebenflüsse, zu hoch und wild die Berge und zu kleinräumig die Kare, um hier zum Beispiel eine große Skistation zu schaffen.
Es gibt nur zwei besiedelte Nebenäste auf der Westseite des Lechtals, die außerdem nicht unterschiedlicher ausfallen könnten. Eine sanfte Bilderbuch-Bergland-

Häselgehr, 1006 m
750 Einwohner,
350 Fremdenbetten,
Verkehrsamt,
A-6651, Häselgehr,
Tel. 05634/6600.

Elbigenalp, 1039 m
Zentrum des Lechtals,
700 Einwohner,
1200 Fremdenbetten,
Verkehrsamt,
A-6652, Elbigenalp,
Tel. 05634/6270.

Holzgau, 1114 m
425 Einwohner,
1000 Fremdenbetten,
Verkehrsamt,
A-6654, Holzgau,
Tel. 05633/5283.

WASSER-AUSFLUG

Doserbach
Von Häselgehr in nordöstlicher Richtung bequem zu dem malerischen Bach mit kleinen Wasserfällen. 15 Min. Etwas oberhalb (kein Weg) dessen Quelle.

Tannheimer Tal
5 Gemeinden:
Tannheim 1097 m,
Grän, 1138 m,
Nesselwängle, 1136 m,
Zöblen, 1087 m,
Schattwald, 1080 m.
Insgesamt
2300 Einwohner und
7000 Fremdenbetten.
Fremdenverkehrs-Gemeinschaft:
A-6675 Tannheim,
Tel. 05675/6253.

schaft bietet das *Tannheimer Tal*. Der rundum von Bergen eingefaßte Boden ist weit, flach und von Wiesen überzogen, zwei große Wasserflächen, der Halden- und der Vilsalpsee (1165 m), sorgen für einen besonderen Schmuck. Und vor allem die Felsgipfel der Tannheimer Berge mit ihren glatten Wänden schaffen für den Ostteil des Tales auch eine besonders dekorative Kulisse. Alles stimmt hier zusammen, um ein Ferien-»Musterländli« zu gestalten: leichte Erreichbarkeit, einige Hütten als Ausflugsziele, nicht weniger als 25 Gipfel, die mit Wegen erschlossen sind (siehe auch Seite 40), fünf Pistengebiete und weite, sonnige Loipen. Da konnte es natürlich nicht ausbleiben, daß der Fremdenverkehr das Tannheimer Tal und seine fünf Gemeinden eroberte und heute dort die entscheidende Rolle spielt. Es bleibt jedoch alles im passenden Rahmen, präsentiert sich gleichsam als adretter, gediegener Mittelstand und nicht als Großmannssucht.

In Weißenbach zweigt von der Lechtalstraße eine der drei Zufahrten ins Tannheimer Tal ab. Der Aufmerksame wird registrieren, daß er kurz hinter dem ersten Dorf, das Nesselwängle heißt, eine Paßhöhe überquert. So scheint der Hauptteil des Tales gar nicht im Bereich des Lechtals zu liegen. Das zentrale Flüßchen, die Vils, strömt ja nach Nordwesten gegen das Alpenvorland hinaus. Aber das ist ein ganz ungewöhnliches Gewässer: Bei Pfronten biegt die Vils nämlich nach rechts ab und fließt dann wieder ins Gebirge hinein, um schließlich hinter dem Städtchen Vils in den Lech zu münden. Sie beschreibt also einen Dreiviertelkreis.

Unterhalb von Vorderhornbach mündet der zweite besiedelte Nebenast ins Lechtal. Beim *Hornbachtal* handelt es sich geradezu um den Prototyp eines V-Tals mit himmelhohen Talhängen. So liegen zwischen der Schwellenspitze und dem Hornbach 1500 m Höhenunterschied, und es handelt sich dabei um eine durch nichts unterbrochene Folge von Felswänden und Steilhängen. Auch beim Dörfchen Hinterhornbach (1101 m) breiten sich keine weiten Böden aus. Die wenigen Häuser liegen an den teilweise steilen Hängen, während sich hier der Hornbach und der von Nordwesten einmündende Jochbach durch Felsschluchten winden. Die Brücken bieten eindrucksvolle Blicke in diese Tobel.

Der Hochvogel im Norden und die großen Felsgipfel der Hornbachkette im Süden schaffen eine eindrucksvolle Bergkulisse. Das lockt auch einige Feriengäste und Bergsteiger in diesen noch besonders ursprünglichen Bergwinkel, wo 1990 gerade 101 Mensch lebten. Diese

Hinterhornbach, 1101 m
100 Einwohner,
200 Fremdenbetten,
Verkehrsamt,
A-6600 Hinterhornbach,
Tel. 05632/315.

Mit seinem üppigen Schmuck aus Moos und den kleinen Wasserfällen gehört der nur periodisch fließende Doserbach bei Häselgehr zum besonders Malerischen. Das Foto zeigt die Quelle, die man wenige Minuten oberhalb des Weges findet.

Vor der Motorisierung wanderte man meist zu Fuß von einem Tal über den »Berg« – also über einen Paß – ins Nachbartal. Und das auch im Winter! Unfälle blieben natürlich nicht aus; so säumte manches Marterl die Wege.

Zahl ist erstaunlich, wohnten doch 1966 nur noch 68 Menschen im Tal. Aber der Bau einer guten Verbindungsstraße hat die Möglichkeiten für die beruflichen Pendler – vor allem nach Reutte – verbessert, eine Notwendigkeit, nachdem die Landwirtschaft nur noch im Nebenerwerb betrieben wird.
Hermann von Barth kam 1869 zweimal nach Hinterhornbach und berichtete in seiner plastischen Weise darüber. Hier ein paar Kostproben:
»Das Dörfchen bietet ein typisches Bild abgeschiedener Tiroler Bergeinsamkeit. Kirche, Pfarrwohnung und Wirthshaus stehen hart neben einander; noch einige aus Holz gezimmerte Häuser liegen in ihrer näheren Umgebung, die übrigen zerstreut an den untersten Berggehängen. Der Hornbach fliesst verborgen in seiner Klamm, die äusserst enge und mauerschroff umschlossen ist. Riesig streben im Süden die Häupter der Hornbacher Kette in den Himmel hinein. Deckt das erste Winterkleid den grünen Thalboden, fallen die Sonnenstrahlen nur noch durch die Scharten herab und endlich bleiben sie ganz aus. Acht Wochen sieht dann das einsame Thal keine Sonne mehr.
Im Wirthshause ging meine Frage natürlich nach Speise und Trank. Für letzteren war gesorgt. Rother Tiroler aus dem Etschlande verirrt sich auch bis ins Hornbachthal. Um so schlimmer war es um consistentere Nahrung bestellt. Von Fleisch natürlich keine Rede, so hoch hatten meine Phantasieen sich auch gar nicht verstiegen. Aber Brot dachte ich doch erhalten zu können; eitle Täuschung! der aus dem Lechthale bezogene Vorrath war ausgegangen und in Hinter-Hornbach wurde keines gebacken. – Käse, – Butter – ebensowenig; das Vieh ist auf den Alpen. Ausser dem Mehlkasten war in der That kein geniessbarer Vorrath im Hause. Und als ich weiter frug, mit was sie denn das Mehl kochten, wurde mir die tröstliche Antwort – meist mit Wasser…«
»…Ich suchte Einiges über Namen und Ersteigbarkeit der Gipfelthürme in der Hornbacher Kette zu erfahren. Mein Wirth wies mich an einen Bauern, der in seinen jungen Jahren berüchtigter Wilderer gewesen und auf allen Schrofen herumgekommen sei; ich liess mir sein Haus, das eine Terrasse höher am Berghange lag, beschreiben und spazierte hinauf; fand in dem weiland kühnen Felsenklimmer ein eisgraues, gebücktes, an allen Gliedern zitterndes Männlein, stocktaub, dass ich jede Frage ihm in die Ohren schreien musste. Soviel ich aus seinem Kauderwälsch auf meine halb oder gar nicht verstandenen Fragen herauszubuchstabiren vermochte, war es um seine Gipfelkenntnisse nicht gar gut bestellt; als wir uns mit Mühe über den Urbeleskarspitz, auf den ich ja zunächst es absah, verständigt hatten, sagte er kurzweg, da komme man gar nicht hinauf.«
Am folgenden Tag bestieg Hermann von Barth – vermutlich als erster – über die Westflanke und den Nordgrat die Urbeleskarspitze. Anschließend erreichte er noch durch das Wasserfallkar den gleichnamigen Gipfel. Eine stolze Leistung!

Schröcken, Walser und anderes aus Vorarlberg

Die Allgäuer mögen es uns wohlwollend nachsehen, wenn wir uns ausgerechnet mit Schröcken und dem Tannberg etwas eingehender beschäftigen, obwohl sie gewissermaßen am »Hinterrand« unseres Gebietes liegen. Doch die Landschaft ist dort ebenso faszinierend wie die Geschichte der beiden Orte.
Fahren Sie einmal in aller Ruhe von Schoppernau durch das Tal der jungen Bregenzerach nach Schröcken. Mancher mag die Bergwelt in diesem ungewöhnlich scharfen Einschnitt lediglich als morsch, als allzu herb empfinden, an das Wort Verfall denken. Er sollte nach einem Gebiet Ausschau halten, das weit und fröhlich ist. Doch auf der Suche nach dem Urtümlichen, dem Unberührten im Gebirge entdeckt man hier eine Landschaft voller Faszination. Dieses Wort ist nicht zu hoch gegriffen! Hier kann man die Allgegenwart der Natur noch ganz unmittelbar spüren. Der Mensch beherrscht sie nicht, er hat sie nicht »gebändigt«, er konnte nur versuchen, sich so gut wie möglich einzufügen. Für dieses Erleben der Bergnatur reicht jedoch nicht ein eiliger Besuch im Auto, man muß schon zu Fuß über die Wiesen bummeln, einen Blick in die Tobel werfen…
Im Frühjahr nach der Schneeschmelze wird man schon bei der oben erwähnten Fahrt abwechselnd die gewaltigsten Lawinenkegel bewundern – etwa am Fuß der 1000-m-Steilflanke der Üntschenspitze, wo sich der Schnee im Bett der Bregenzerache türmt – und sich über die Flächen mit Tausenden von Märzenbechern freuen. Beides gehört zu den typischen Elementen in dieser Region. Wie überall im Gebirge sorgt auch hier das Gestein für das Landschaftsbild. Im gesamten Bereich um Schröcken herrschen die Lias-Fleckenmergel, ein sehr weicher, schiefriger Fels in den Farben schwarz bis rostbraun. Hier konnte und kann sich das Wasser besonders leicht eingraben, und so schuf es sehr tiefe Täler mit ungewöhnlich steilen Seitenhängen. Das sorgte auch für ein Phänomen: Vom Kalbelesee bis Hopfreben, also auf einer Entfernung von lediglich 6 km, fällt das Tal um gut 600 m.
Rund um Schröcken münden – wirklich von allen Seiten kommend – die Tobel in die Bregenzerach. Nicht nur die großen und wasserreichen Bäche, jedes kleine Rinnsal ist hier scharf in den weichen Boden eingefressen und zergliedert die Hänge in zahllose Segmente. Fast alle Tobel sind so schroff, daß man sie ohne Weg unmöglich überqueren kann. Die Tannbergbrücke überspannt zum Beispiel eine 50 m tiefe Schlucht des Schröckbachs. Hier könnte man seine Schröcken-Bummeltour beginnen.

Aber bitte keine falschen Vorstellungen: es handelt sich nicht um kurze, flache Dorfspaziergänge, sondern um schon etwas längere Ausflüge mit kräftigen Steigungen. So liegen zwischen den Ortsteilen Unterboden und Wald 220 m Höhe bei einer Entfernung von nur einem einzigen Kilometer Luftlinie.
Auf der Route von der Tannbergbrücke zu den Häusern von Oberboden und weiter Richtung Wald – das Sträßchen erlaubt ein gemütliches Gehen – ist man zwischen gepflegten Mähwiesen unterwegs. Doch manche Stellen sind atemberaubend steil, und man bekommt einen regelrechten Vogelschau-Blick auf Unterboden serviert. Nur mit Steigeisen kann in diesem Gelände gemäht werden. Aber auch dann braucht man noch jene Geschicklichkeit, die einzig diejenigen erlangen, die von frühester Kindheit an mit dem Steilgras vertraut sind.
Um 1300 kamen die ersten Siedler in das Gebiet von Schröcken. Um deren Leistungen zu verstehen, muß man sich in diese Zeit versetzen, muß sich die Landschaft in ihrem Urzustand vorstellen: einen wüsten Urwald statt der so makellosen Wiesen, einen völlig unregelmäßigen Boden statt der glatten Flächen. Mit den mittelalterlichen Geräten, mit dem Wissen dieser Zeit trotzte man dem extremen Gelände seinen Lebensraum ab, verbesserte die Flächen immer mehr bis zu ihrem geradezu schmucken Aussehen heute. Man muß auch bedenken, daß es keine Straßen, vor allem keine Brükken gab, keine ordentliche Verbindung mit dem Tal, also dem hinteren Bregenzerwald, bestand. Man staune: erst seit 1935 verbindet eine Autostraße Schröcken mit Schoppernau. In den früheren Jahren gehörte der Ort zu Lech, und der übliche Saumweg führte über den Auenfeldersattel, und zwar nicht nur im Sommer, bei sicheren Schneeverhältnissen auch im Winter. Damals mußten sogar die Toten über den 1709 m hohen Sattel zum Friedhof in Lech gebracht werden!
Die weit verstreuten Ortsteile, die einzeln liegenden Höfe sind typisch für eine Walsersiedlung. Das Gebiet von Schröcken, der Tannberg, das Kleinwalsertal wurden nämlich nicht von den in den Tälern lebenden Alemannen urbar gemacht. Ihnen waren diese Gebiete zu unwirtlich, allenfalls nützte man sie in sehr bescheidenem Maß für einen Alpbetrieb. Es waren die Walser mit ihrem Fleiß, ihrer Genügsamkeit, ihrem ungewöhnlichen Geschick als Bergbauern, die das scheinbar unbrauchbare Land besiedelten.
Ihre »Kolonialisierung« so mancher Höhenregion hat ihren Ursprung in einem der vielen trüben Kapitel der Menschheitsgeschichte. In ihrer Heimat, dem Wallis, lebten die Bergbauern an sich schon unter recht harten Bedingungen. Doch war es vor allem die (von Gott gegebene) Obrigkeit, die für die sich weiter verschärfenden Zustände sorgte. Die Fehden zwischen dem Bischof von Sitten und den Adeligen machten immer neue Abgaben und Steuern notwendig, immer mehr Männer wurden als Kriegsknechte gebraucht. So trieb Angst und Not manche Familie dazu, lieber in der unbekannten Ferne ihr Glück zu versuchen. Als Neusiedler im »Urwald« waren sie auch durchaus willkommen, etwa im heutigen Vorarlberg.
Die Walser in unserem Bereich fanden dank der Herren von Rotenberg in ihrer neuen Heimat fast gegensätzliche Lebensbedingungen. Die harte Pionierleistung würdigend, räumte man ihnen ganz ungewöhnliche Rechte ein, die als »Walserfreiheiten« zu einem Begriff wurden. Sie bekamen Grund und Boden als Lehen, das vererbbar war, sie trugen ihre eigenen Waffen, hatten ihre eigene Verwaltung, ihre eigenen Gerichte. Jeder Bauer regierte als kleiner Fürst auf seinem Hof, zumindest, was die Freiheiten betraf, denn Reichtum war inmitten dieser wilden Landschaft natürlich nicht zu erringen.
Zu den neuen Siedlungen der Walser am Tannberg gehört auch Krumbach im Bereich des heutigen Hochtannbergpasses. Es ist nach dem gleichnamigen Bach benannt, der in zahllosen Windungen durch das hochgelegene Moor fließt. In der »Blütezeit« um 1800 gab es auf dieser weiten, sehr den Stürmen ausgesetzten Paßlandschaft zwischen dem Bregenzerwald und dem Lechtal 14 Höfe mit 75 Bewohnern. Der obere Widdersteinerhof stand in der stolzen Höhe von 1760 m und dürfte damit das höchstgelegene Bauernhaus in den gesamten Nördlichen Kalkalpen gewesen sein. Das sich noch heute an den Simmel, einem runden, begrünten Kopf in der Nähe des Hochtannbergpasses schmiegende Kirchlein erhielt seine Gestalt um das Jahr 1700. Schon in der Mitte des 19. Jahrhunderts zeigte sich ein »rasanter Abstieg« von Krumbach. So lebten 1856 nur noch 20 Menschen dort oben, schließlich blieb einzig der Gasthof Adler als ganzjährig bewohntes Haus übrig. Er wird außerdem noch heute, wie je, von der Familie Strolz bewirtschaftet. Erst nach dem Bau der Paßstraße über den Hochtannberg im Jahr 1953 begann dann neues Leben in Krumbach, jetzt Hochkrumbach, ja, die Skifahrer sorgen inzwischen sogar für (manchmal allzu) regen Trubel in den Wintermonaten. Die Pistenregion um den Saloberkopf zeichnet sich durch besonderen Schneereichtum aus, eine echte Trumpfkarte in den »schlechten« Wintern der vergangenen Jahre.
Doch zurück zu unserer Wanderung bei Schröcken, das, ganz nebenbei, auch erst 1935 mit einer Straße erschlossen wurde. In 1370 m Höhe kommen wir zu den beiden Höfen von Wald. Hier beginnt nun ein Erlebnis ganz anderer Art. Durch die Hänge führt ein Steig hinüber zu den nächsten freien Flächen mit den Häusern von Schmitte. Erst quert man, sozusagen ganz harmlos, die bewaldeten Hänge, bis dann plötzlich ein wilder Tobel mit äußerst steilen Hängen das Gelände durchschneidet. Das gleiche Schauspiel wiederholt sich noch zweimal. Die mittlere Schlucht erinnert an eine gewundene Riesen-Bobbahn mit vollkommen glatten, teilweise mit Gras überzogenen, teilweise aus schwarzem Schieferschutt bestehenden Seitenhängen. Nur die Lawinen konnten eine so gleichmäßige Rinne schaffen. Die hohen Steilgrashänge am Höferberg bieten genügend »Munition« auch für ganz gewaltige Lahnen.

Schröcken, 1269 m
240 Einwohner,
600 Fremdenbetten,
Verkehrsamt,
A-6888 Schröcken,
Tel. 05519/267.

Schoppernau, 852 m
920 Einwohner,
1300 Fremdenbetten,
Verkehrsamt,
A-6886 Schoppernau,
Tel. 05515/2495.

Zum Ausklang: Erste Morgensonne auf der Hohen Künzel (2397 m) (Schneefahnen durch den Föhnsturm), gesehen von Schröcken-Oberboden.

Die Geländekante beim Erreichen der Wiesen von Schmitte gehört zu den schönsten Aussichtskanzeln. Steil zu Füßen liegt das Kirchdorf von Schröcken, und darüber bauen sich die gewaltigen Nordabstürze von Juppenspitze, der Braunarlgruppe (2648 m) und dem Hochberg auf.

Am Fuß des letztgenannten Gipfels sollte man noch einen zweiten Ausflug unternehmen. Hinter dem Hotel Mohnenfluh führt ein Alpsträßchen in den Tobel der Bregenzerach hinab, der von Schieferfelswänden eingerahmt ist, in dessen Bachbett jedoch mächtige Blöcke aus Dolomit liegen. Ein malerisches Bild! Drüben kommt man dann auf die Flächen der Felle- und der Oberwaldalpe, deren ganz rascher Wechsel von scharf eingeschnittenen Bachläufen und glatten, sanften Mattenböden auffällt. Auch das ist natürlich eine Folge der weichen Mergelschichten. Unmittelbar darüber wachsen die bis zu 800 m hohen Flanken des Hochbergs (2324 m) in den Himmel, geradezu ein Schulbeispiel für eine üppige Vegetation in steilstem Gelände. Im unteren Teil wuchert das Buschwerk, im oberen läßt sich – bei dem Blick von unten – das Gras nur schlecht vom dunklen Fels unterscheiden. Das späte Frühjahr, etwa der Mai, wäre die ideale Besuchszeit. Dann kann man einen Eindruck von der Urgewalt der Lawinen, aber auch von der Schönheit einer Blumenwiese gewinnen.

Die meisten Menschen bei uns haben sicher gar keine Vorstellung mehr davon, was sich ursprünglich hinter diesem Begriff verbarg. In meiner Kindheit gab es im Chiemgau noch Wiesen mit einem bunten Meer von Blumen, in dem die Blütenpflanzen deutlich gegenüber dem Gras dominierten. Heute findet man Vergleichbares allenfalls noch auf den Bergbauernmähdern wie hier am Tannberg. Bis zu 70 Pflanzenarten wachsen auf ein und derselben Fläche! Der Milchwirtschaft zuliebe förderte man sozusagen die »Gras-Monokultur«. Damit wurde zwar, wie es so schön heißt, die Produktion gesteigert, aber bestimmt nicht die Qualität. Hier in Vorarlberg gibt es einen auffallend würzigen Bergkäse, das Ergebnis einer besonderen Fütterung: Das Vieh wird ausschließlich von diesen kräuterreichen Wiesen ernährt. Im alpinen Bereich überwiegt ja bei weitem die Zahl der Pflanzen, die für nährstoffarme Böden »programmiert« sind. Für sie wirkt die Zufuhr von Dünger sogar wie Gift.

Nach diesen ausführlichen Zeilen über die ungewöhnliche Landschaft um Schröcken und den Tannberg bleibt kein Platz für weitere Beiträge aus dem Vorarlbergischen. Dabei bietet zum Beispiel das Gebiet von Hittisau (790 m) eine abwechslungsreiche und vielgestaltige Landschaft mit einer Reihe interessanter kleiner Tobel, malerischer Bachläufe und einer ungewöhnlichen Felsblockwildnis: der Rappenfluh in den Westhängen des Hittisberges. Zu stillen Wanderungen und Entdeckungsfahrten lädt auch das abgelegene Dörfchen Sibratsgfäll (929 m) ein. Über ein drittes, besonders schönes Fleckchen, nämlich Schönenbach-Vorsäß, haben wir kurz in der Erzählung auf Seite 14 berichtet.

Stichwortverzeichnis

gerade Ziffer = Text
kursive Ziffer = Abbildung